教师发展力丛书

丛书总主编 武丽志 孟繁胜

从优秀到卓越

教师文化力的12项修炼

主　编／杨　敏

副主编／孙传远　张铁斌

执笔人／杨　敏　孙传远　张铁斌　董丽敏

翁朱华　李爱铭　王宁宁

中国人民大学出版社

·北京·

卢子洲	华中师范大学
冯宇红	湛江市赤坎区教师发展中心
冯健文	韩山师范学院
任广卉	山东省邹城市第一实验小学教育集团
庄建华	山东省邹城市第一实验小学教育集团
刘　静	北京教育学院
刘海星	华南师范大学
齐小梅	北京教育学院
闫寒冰	华东师范大学
许　力	广东省教育技术中心
许　蔚	复旦大学
孙传远	上海开放大学
李文送	岭南师范学院附属中学
李立君	广东财经大学
李记旭	韩山师范学院
李爱铭	上海开放大学
李智平	湛江市赤坎区教师发展中心
杨　丽	四川仕途名师堂教育科技有限公司
杨　洪	四川民族学院
杨芳芳	上海市嘉定区南翔中学
杨晓丽	国家教育行政学院
邱晓婷	苏州大学
余致晓	深圳市罗湖教育科学研究院
宋海英	吉林省教育学院
张　瑾	上海开放大学
张　震	北京网梯科技发展有限公司
张二虎	北京市第二中学通州校区
张妙龄	岭南师范学院
张佳伟	苏州大学

张学波	华南师范大学
张轶斌	上海开放大学
张福生	北京教育学院
陈玉娟	湛江第二十七小学
陈圣德	岭南师范学院附属中学
欧阳慧玲	广东省教育技术中心
罗建新	首都师范大学
罗朝明	西南大学
孟　欣	北京教育学院
赵志峰	人民教育出版社
侯　荔	邹城市教体局
洪　越	苏州市相城区教育发展中心
洪彦龙	上海开放大学
贾汇亮	广东第二师范学院
夏金良	河北省廊坊市大厂第一回民中学
翁朱华	上海开放大学
梁　业	广东省惠州市龙门县教育局
梁富华	邹城市教体局
董丽敏	上海开放大学
蒋凤春	河北师范大学
蒋帮民	山东省邹城市第一实验小学教育集团
惠　兰	苏州市姑苏区教师发展中心
曾维义	重庆市江北区教师进修学院
缪世林	苏州大学
薛东前	陕西师范大学
魏　芸	山东省邹城市第一实验小学教育集团

丛书序言

百年大计，教育为本；教育大计，教师为本！没有好的教师，就没有高质量的教育。教师作为教育发展的第一资源，是国家富强、民族振兴、人民幸福的重要基石，承担着传播知识、传播思想、传播真理的历史使命，肩负着塑造灵魂、塑造生命、塑造人的时代重任。中共中央、国务院高度重视教师队伍建设，2018年出台了新中国成立以来第一个专门面向教师队伍建设的里程碑式政策文件——《关于全面深化新时代教师队伍建设改革的意见》，确立了教师队伍建设的“极端重要性”战略地位。

“兴国必先强师”已然成为共识。那么，具体到教师个体及群体的专业发展实践，好教师是如何养成（炼成）的呢？名师的成长、成功又是否有“规律”可循，有“秘籍”可学呢？由华南师范大学武丽志博士和东北师范大学孟繁胜博士任丛书主编，国家教育行政学院、华南师范大学、苏州大学、首都师范大学、上海开放大学、岭南师范学院等高校以及奥鹏教育的9支教师培训专家团队共同撰写的“教师发展力丛书”较好地回答了这一问题，并给出了一系列切实可行的策略。

“教师发展力丛书”共九本，特色鲜明，是我们百校千课共享联盟推出的第一套非学历融媒体教材，开了一个好头，形成了很好的示范效应。本丛书创意非常好、内容非常实，既可用于教师以自我提升、自我发展为目的的自学，亦可用于教师培训组织（院校、机构）开展相关主题的教师培训。本丛书有利于教师培训工作的内涵建设与质量提升，有利于教师培训工作实施的标准化与科学化，也有利于教师培训的品牌建设与模式推广。具体来说，这套丛书的特色主要包括如下方面：

一、强调立德树人，弘扬传统文化。本丛书中，《立德树人：

师德涵养之道》和《中华传统文化核心经典选读：教师读本》围绕师德师风展开，具有十分重要的基础和核心地位。“德”是教师专业发展必须坚守的“根本”。作为新时代的一名合格教师，要真正做到“有理想信念、有道德情操、有扎实学识、有仁爱之心”，就必须厚植中华优秀传统文化底蕴，夯实高尚师德师风，坚持立德树人、育人为本，努力以德立身、以德立学、以德施教、以德育德。这是打造新时代中国高素质教师队伍的内在要求和重要保证。

二、构建完整体系，打造“六脉神剑”。本丛书中有六本名字非常相似，分别是《从优秀到卓越：教师创新力的12项修炼》《从优秀到卓越：教师信息力的12项修炼》《从优秀到卓越：教师学习力的12项修炼》《从优秀到卓越：教师领导力的12项修炼》《从优秀到卓越：教师研究力的12项修炼》《从优秀到卓越：教师文化力的12项修炼》。这是教师专业发展的六个关键维度，也是本丛书主编基于多年教师培训实践提出的“六脉神剑”，分别是：以教学改革为核心的创新力；“互联网+”时代的信息力；面向终身学习、数字化学习的学习力；立足学生和课程，强化管理、引领价值的领导力；推动教学质量不断提升的研究力；成长为名师所必备的厚积薄发的文化力。这六个维度并行不悖，相互融合，共同支持并成就着教师个体及群体的专业发展。

三、关注青年教师，推进教师进阶。人的一生虽然漫长，但关键的只有那么几步。对于教师来说，走上讲台的头几年最为关键。如何有效推动新手教师尽快完成从学习者到传授者的转变，从追随者到引领者的转变，从职场外到职场内的转变呢？本丛书专门拿出一本《新教师的进阶之路》来讨论并回答这一问题，瞄准教师从教之初的痛点和难点，帮助新教师尽快“站稳讲台”并成为“教学能手”，规范“外在行为”并塑造“内在品德”，朝着“优秀教师”“卓越教师”甚至“未来教育家”的方向努力。

四、内容直击痛点，力求深入浅出。本丛书的主编及所有单本的作者均来自教师培训的第一线，很多作者既是教师培训的授课专家，又是管理者，因此了解教师专业发展的困境和问题，深谙教师专业发展的实际需求和痛点、难点。每一本书的内容组织都是有的放矢，且不绕弯子，既做到了深入浅出，又结合了丰富的生动案例，整套书的可读性非常强。可以这么说，本丛书是作者们多年培训授课经验的总结积累、提炼升华，是培训师们在自己授课领域的智慧结晶，且经过了培训课堂的反复实践检验，因此内容非常实、干货非常多。

五、创新出版模式，扬融媒体特色。百校千课共享联盟一直在组织开发并极力推广基于互联网的融媒体教材，本丛书也不例外。融媒体教材以知识点为中心，“学、测、评、导”一体化，每个知识点配有二维码，支持读者通过扫码随时随地学习，既助力了出版社教材建设的创新转型，又促进了基于融媒体的在线教学。具体到本丛书，每一本都通过封底二维码的方式，链接到专家团队的完整在线课程。本丛书不仅仅是纸介的培训教材、教师读物，还是适用于在线培训的完整网络培训课程，其培训目标明确、内容体系完整、线上线下资源建设齐备，因此适用面极广，极具推广价值。与此同时，融媒体也赋予了本丛书不断更新、不断完善、不断发展的可能。

六、立足网络时代，提升信息素养。信息化、网络化、智能化是本丛书撰写的时代大背景，因此其中的每一本书都有“互联网+”的基因，都是在新技术环境下对教师专业发展的思考和探索。提升教师信息素养，推动教师在互联网生态中发展，是本丛书的设计理念之一。比如《从优秀到卓越：教师研究力的12项修炼》基于网络的文献检索、调查访谈、成果撰写与传播等，《从优秀到卓越：教师创新力的12项修炼》基于网络的直播课堂、翻转课堂、融合创新、智慧教育等，《从优秀到卓越：教师学习力的12项修炼》基于网络的信息获取、加工，以及数字化学习、终身学习，等等。

以上六个特色是本丛书价值的集中体现。教师专业发展的道路是漫长的，每一个教师从“新手”到“成熟”，从“骨干”到“名师”，从“优秀”到“卓越”，本无固定的章法和套路，但本丛书，特别是其中的“六脉神剑”，应当能够给教师们积极的启示和指引。希望大家都能喜欢，并从中受益！

百校千课共享联盟　理事长
全国高校现代远程教育协作组　秘书长　严继昌
2020年7月于北京清华园

前　言

全国高校现代远程教育协作组、百校千课共享联盟和中国人民大学出版社强力联合，推出了“教师发展力丛书”。其目的是加强高校优质课程资源建设，加快推进服务于教师继续教育的融媒体资源建设与知识服务。

本书作为丛书之一，主要针对中小学教师培训而编撰，因此有自己的独到之处：

首先是全新的认识和理念。教师文化力是教师由内而外、由心灵到行为、由职业到理想等个人修养水平的综合呈现。当下对教师素养及文化提升的教育和培训现状不容乐观，最大原因是培训主客双方对教师的文化、文化力认识不清。大多数培训内容陈旧，缺少新认知，认识不到通常所说的教师文化素养提升在社会发展和教育巨变下的今天已经远远落后。基于中小学教师培训角度，对教师文化力进行科学认知和要素建构，是本书的最大亮点。

其次是新颖别致的内容和表达。目前教师文化力提升培训中最缺失的，不是教师技能技巧，而是新颖的教育理念和健康的教育心理。本书结合现实中的中外案例，以生动活泼、深入浅出、言简意赅的语言和表达，促进读者与内容的交融和对话。内容选择力求科学、新颖、系统、实用，使读者容易获得教师文化力提升的全新感受和领悟，达成良好的培训效果。

本书在绪论之下，分为六章：第一章，衣带渐宽终不悔，为伊消得人憔悴：教师的职业认同与职业道德；第二章，腹有诗书气自华：教师的人际关系与形象；第三章，吹灭读书灯，一身都是月：教师的专业知识与专业能力；第四章，沧浪之水清兮，可以濯我缨：教师的自我成长与人格完善；第五章，独上高楼，望尽天涯路：教师的文化视野与人生境界；第六章，随风潜入夜，润物细无声：教师的人文情怀与审美素养。六章内容之间具有很强的逻辑关系，既各自独立，又彼此呼应。

最后是清晰明了的版面和呈现。本书每一章皆由若干小节组成，每一小节又包括案例呈现、理论阐述、实践启示及成长建议这四个部分，层次清晰，循序渐进，步步深入，环环相扣。版面设计清新活泼，灵动多样，综合运用标题、字体、字号、加粗等表现手法，使得内容表达重点突出，逻辑分明，具有很强的可读性和引导性，非常适合中小学（含幼儿园）在职教师学习、培训和阅读。

本书的编写分工如下：杨敏教授负责全书的整体内容架构与版式设计，同时承担绪论和第六章前半部分的编撰；孙传远博士承担第一章；董丽敏副教授承担第二章；翁朱华博士承担第三章；李爱铭博士承担第四章；张轶斌博士承担第五章；王宁宁教授承担第六章后半部分。

本书的顺利完成，要感谢全国高校现代远程教育协作组、百校千课共享联盟和中国人民大学出版社的信任；要感谢编写团队所在的上海开放大学给予的大力支持；要感谢华南师范大学武丽志博士的实时跟进与督促！

由于编撰团队成员专业知识和力量有限，本书一定存在疏漏不妥之处，恳请专家和广大读者多多指教！

编者

2020 年 10 月 28 日于上海

目录

Contents

绪论 文化、文化力与教师文化力

内容提要

文化是人类在社会历史发展过程中所创造的物质财富和精神财富的总和。

教师文化是教师的价值观念及行为规范。

文化力就是文化产生的力量，是一个国家、一个民族、一个机构、一个群体、一个人基于历史、地理、风土人情、传统习俗、生活方式、文学艺术、行为规范、思维方式、价值观念等，内化而成的一种综合力量。

教师文化力是教师文化对学校、学生、教师、社会等的发展所产生的作用力和对社会公众的影响力。

第一节 文化、教师文化

一、文化

（一）文化的语义

从语义层面考察，“文化”在汉语里古已有之。“文”的本义，指各色交错的纹理。如《易・系辞下》：“物相杂，故曰文”，《礼记・乐记》：“五色成文而不乱”，《说文解字》：“文，错画也，象交文”，均指此义。

在本义之上，“文”产生了若干引申义①，主要有：

第一，指包括语言文字在内的各种象征符号，乃至文物典籍、礼乐制度。如《尚书・序》记载，伏羲画八卦，造书契，“由是文籍生焉”。《论语・子罕》：“文王既没，文不在兹乎？”

第二，由伦理之说导出彩画、装饰、人为修养之义，与“质”“实”相对。《左传・昭公二十八年》：“经纬天地曰文。”《论语・雍也》：“质胜文则野，文胜质则史。文质彬彬，然后君子。”

第三，引申为美、善、德行之义等。如《礼记・乐记》中有“礼减而进，以进为文”，郑玄注：“文，犹美也，善也。”《尚书・大禹谟》：“文命敷于四海，祇承于帝。”

“化”，本义为改易、生成、造化。如《庄子・逍遥游》：“化而为鸟，其名为鹏。”《易・系辞下》：“男女构精，万物化生。”《黄帝内经・素问》：“化不可代，时不可违。”《礼记・中庸》：“可以赞天地之化育。”由此，“化”引申出事物形态或性质的改变之义，又引申为教行迁善等。

“文”与“化”并联使用，乃是“人文化成”一语的缩写，出自《易经・贲卦・彖辞》：“刚柔交错，天文也。文明以止，人文也。观乎天文，以察时变；观乎人文，以化成天下。”在这里，文，是指一切现象或形象。天文，是指自然现象，也就是由阴阳、刚柔、正负、雌雄等两两相对的力量相互作用形成的错综复杂、多彩多姿的自然世界。人文，是指人对自然现象进行认识、点化、改造、重组的活动，也就是人文活动。

在英语中，表示“文化”的单词“culture”大约在16世纪中叶出现。

---

① 罗钢，刘象愚．文化研究读本．北京：中国社会科学出版社，2000.

纵观“culture”这个单词的演变，至少经历了三个时期或阶段[①]：

最初，“culture”专指“耕种”，这个意思大致流行于1600—1650年间。

而后，“culture”的意义由原先对土地和农田的“till”（开垦）和“耕种”（cultivate），向对土地和农田及其耕种物的“照顾”和“保护”拓展，进而逐渐被引用和延伸到对人的培养的描写，就有了延伸意义，即“教化”，就是指“通过实施教育对人进行改变和培养”（cultivation through education）的行为和过程。于是，“culture”就被赋予了一层新的意思，“文明程度的智力方面的内容”（civilization of aspects of the intellect）。这种延伸意义产生的时间大致在1650—1805年。

再后来，随着其意义的进一步拓宽、抽象和概括，“culture”被用来笼统地指称社会群体格式化的行为或行为组型（a patterned way of doing things）。由此，该词演变为指代一个集体的习惯、行为方式以及民族的社会风气等。

（二）文化的定义

综合中西方关于文化的意义的表达，《现代汉语大词典》对文化作了如下定义：“人们在社会历史实践过程中所创造的物质财富和精神财富的总和。特指精神财富，如教育、科学、文艺等。”[②]

基于此，文化的概念可认定为：文化是人类在社会历史发展过程中所创造的物质财富和精神财富的总和。

人类文化的具体内容包括：衣食住行等生存物质所需、建筑、历史、地理、风土人情、传统习俗、工具、生活方式、宗教信仰、文学艺术、规范、律法、制度、思维方式、价值观念、审美情趣、精神图腾等。

进入20世纪后，文化的概念在国际文化研究界产生了新的含义和用法。概括起来，代表性的观点如下：

（1）按照英国文化批评家雷蒙·威廉斯（Raymond Williams）的归纳，文化具有三种定义或内涵[③]：

第一，理想性定义：文化是指人类的完美理想状态或过程。持这一定义和观点的，以英国19世纪学者阿诺德（Matthew Arnold）为代表。阿诺德认为，文化是一种过程或东西，即“通过阅读、观察、思考等手段，得到当前世界上所能了解的最优秀的知识和思想，使我们能做到尽最大的可能接近事物之坚实的可知的规律，从而使我们的行动有根基，不至于那么混乱，使我们能达到比现在更全面的完美境界”。当我们说“这个人真没文化，居然作出这样没修养的事情来”之类的话时，往往就是在这一意义上使用文化概念。

第二，文献性定义：文化是指人类的理智性的和想象性的作品记录。持这一定义的学

---

① 宋启军，鲁克园，刘绍忠．“Culture”的词源学视野及其启示．柳州师专学报，2011（6）：41－43.

② 龚学胜，汉语科学研究中心．现代汉语大词典．北京：商务印书馆国际有限公司，2018.

③ 王一川．大众文化导论．3版．北京：高等教育出版社，2015.

者把文化概念的内涵界定得比较宽泛：凡是人类创造的理智的或想象的成果，如文学、绘画、雕塑、音乐、历史、修辞、语言等都可以被称为文化。

第三，社会性定义：文化是指有关人类的特定生活方式的描述。持这一定义的学者认为，文化并不仅仅涉及特定人群中的完美知识，或理智与想象的作品，而且扩展到这个群体的整个生活方式。

(2) 美国文化批评家贝尔（Daniel Bell）则对文化采取二分法①，认为文化具有两种概念：

第一种是指“特定人类的生活方式”，这是人类学家提出的较为宽泛的文化概念。这大致相当于威廉斯提出的文化的社会性定义。

第二种是指阿诺德的文化观，相当于威廉斯提出的文化的理想性定义。

(3) 德国哲学家卡西尔的文化概念②：

首先，他认为文化是特定人类群体表达其生存意义的符号形式，包括神话、宗教、语言、历史、科学和艺术等形态。

其次，他认为人的本质是劳作，劳作的目的是创造符号以便表达人生的意义，所以文化就是人类的符号表意行为或系统。

因此，他认为应该这样来界定文化：文化是人类的符号表意系统。也就是说，凡是人类的符号表意系统，无论其是口传还是笔传、拟物还是摹心、高雅还是低俗、原始还是开化、兴盛还是衰落、稳定还是易变等，都可以被视为文化。

(4) 美国文化批评家杰姆逊（Fretlric Jameson）虽然也认为存在着三种文化的定义，但在具体理解上与威廉斯和贝尔有同有异③：

第一，文化是指“个体的形成或个人的培养”。这大致对应于威廉斯的理想性定义和贝尔的第二种文化概念。

第二，文化是指与自然相对的“文明化了的人类所进行的一切活动”，属于人类学概念。这显然又与威廉斯的社会性定义和贝尔的第一种文化概念大体相同。

第三，文化是指与贸易、金钱、工业和工作相对的“日常生活中的吟诗、绘画、看戏、看电影之类”的娱乐活动。

受国际上关于文化的思想影响，我国学者也展开了“什么是文化”的相关探讨。贾春峰教授提出，文化的内涵“既包括科技教育在内的治理因素，也包括理想信念、道德价值观念在内的种种精神力量，还包括社会文化网络以及作用于现实生活的传统文化的力量”④，这种从构成要素的角度对文化的界定被许多人认同。

至今为止，在全世界，对于“文化”的定义至少已有二百多种。但是，由于文化的概念非常广泛，所以几百年来尽管哲学家、社会学家、人类学家、历史学家和语言学家都一直在努力，试图从各自学科出发来给文化的概念作一个严格、精确、清晰的界定，但实际效果并不理想，迄今为止仍然没有哪一个学者或研究团队的定义获得普遍的

---

①②③ 王一川．大众文化导论．3版．北京：高等教育出版社，2015.

④ 贾春峰．文化力：21世纪经济角逐的主角．论文报，1998－03－15（4）.

认可。

大致说来，文化是一种社会现象，是人们长期创造形成的产物；同时又是一种历史现象，是社会历史的积淀物。具体来说，文化是一个国家、一个民族历史、地理、风土人情、传统习俗、生活方式、文学艺术、行为规范、思维方式、价值观念等的综合，是人类所创造的物质财富、精神财富的总和。

在此基础上，学者们根据文化层次理论，尝试对文化的结构进行较为通俗易懂的分类。主要的分类方法有以下几种：第一，两分法，即分为物质文化层和精神文化层；第二，三分法，即分为物质文化层、制度文化层、精神文化层；第三，四分法，即分为物态文化层、制度文化层、行为文化层、心态文化层。另外，还有六大系统分法，即分为物质文化、社会关系文化、精神文化、艺术文化、语言符号文化、风俗习惯文化等。笔者较为赞同两分法，即文化分为物质文化层和精神文化层。

不管对“文化”下多少种定义，有多少种认知，有一点是很明确的，那就是所有文化的核心基点都是人。这不仅仅是因为文化是人类智慧和创造力的体现，更是因为有人才能创造文化。人的种族、民族、国家不同，创造的文化也就不同。人创造文化，也浸染文化、享受文化、受文化熏陶，同时也受文化约束，最终在冲破约束的过程中改造文化。因此，人是文化的创造者，又是文化的享受者和改造者。正是因为有人的存在，文化才熠熠闪光，充满活力，生命不息。

二、教师文化

一个国家、一个民族有自己的文化，一个机构、一个群体、一个人也有自己的文化。

就职业群体而言，各行各业都有属于自己的文化特征。例如，工人有工人文化，农民有农民文化，教师有教师文化，学生有学生文化。同时，群体中的每个人也都有自己的文化，即个体文化，或个人文化。个体文化，作为人类文化中的一种文化类型，其主要特质是强调个体和个人的作用，具有个体性特性。群体文化和个体文化是互补的，是可以融合的，它们都是提高社会系统功效的重要因素。群体文化是由个体文化构成的，个体文化则更强调人的独立性、独特性。由于个体文化与人的个性、创造性密切相关，更能释放每个人的潜能，所以，个体文化在某种程度上更有活力，更能促进群体文化的提升。

（一）教师文化的探讨

国际上对于教师文化的研究很早就在进行了，理论研究也比较成熟，一般来说分为三个阶段。

第一个阶段是 20 世纪 30 年代，代表人物是美国社会学家沃勒（Waller），他在《教学社会学》一书中开启了教师文化的研究。他认为学校这个场所生成了教师文化的偏差，应该使教师回归普通的人，记录教师文化，追求科学方法，以生动活泼的叙述事实，探索教师文化。

第二个阶段是20世纪70年代，代表人物是芝加哥大学的社会学家洛蒂。他在自己的著作《学校教师——社会学研究》中把教师文化研究推向了新热点：他通过研究教师在生活中所形成的特有的意识和情感，认为教师文化有自己的独特内涵。教师被囚禁在“蛋壳结构”一般的课堂里，依附于权利，依赖测验而追求显性价值，不相信教育理论，相互孤立，彼此对立。他用隐喻的方法考察教师群体的集体心性，认为教师具有复杂的情感、矛盾的心态。

第三个阶段是20世纪80年代，代表人物有两位，一个是加拿大的教育家安迪·哈格里夫斯（A. Hargreaves），另一个是日本学者佐藤学。哈格里夫斯的研究成果十分丰富，他把教师文化分为四种类型（见下文），又建构了第五种教师文化模式，即“流动的马赛克”，研究了教师文化的特征。他认为教师文化的特征主要有五个方面：（1）自发性，即合作关系非外力诱发，是每个教师自发形成的。（2）自愿性，即合作关系是在一起工作的过程中形成的，其实践非义务，也非强制。（3）发展取向性，即合作是按教师专业发展的。（4）超越时空，即教师相互交往，不受时间和场所的限制，可以充分进行。（5）不可预测，即合作的结果不一定表现为成果，也不能简单地预期。佐藤学对教师文化研究的贡献是最突出的，是他给教师文化下了清晰、可实施的定义，即教师文化是指教师的职业意识与自我意识，专业知识与技能，感受“教师味”的规范意识与价值观，思考、感悟和行动的方式等，也就是教师所特有的范式性的职业文化①。

（二）教师文化的概念

教师群体和教师个体，同样具有自己的文化。那么，怎样界定教师文化呢？如上所述，尽管国外有很多学者已经对教师文化作了比较清晰的概念表达，如佐藤学对教师文化的定义，但是在国内，引用较多的还是顾明远先生主编的《教育大辞典》中的教师文化定义：“教师文化是教师的价值观念及行为规范。”②

一些国内研究者也对教师文化进行了各不相同的阐释，但主体内容都与顾明远先生的定义差异不大。

本书采纳顾明远关于教师文化的概念界定，即教师文化是教师的价值观念及行为规范。

（三）教师文化的内涵

对于教师文化的内涵，国际学术界也是众说纷纭，莫衷一是。我国著名教育家顾明远先生认为，教师文化的内涵，包括教师的价值观念和行为方式两大方面，具体来说就是教师在教育教学活动中形成和发展起来的一系列的知识、价值取向、思维方式以及行为习惯等

---

① 佐藤学．课程与教师．钟启泉，译．北京：教育科学出版社，2003：261－269．

② 顾明远．教育大辞典．上海：上海教育出版社，1998．

各方面[①]。

哈格里夫斯则认为，考察教师文化的内涵可以从两个方面进行[②]：一是教师文化的内容，包括特定范围的教师集体共享的态度、价值、信念、习惯、假设以及行为方式等，呈现出来就是教师的所思、所说和所做。二是教师文化的形式，包括处于特定文化群体中的教师之间的人际关系模式和联系方式。

我国教育界的学者和一线实践者，在经过广泛的讨论之后，一般还是倾向于顾明远先生关于教师文化内涵的观点。

（四）教师文化的分类

关于教师文化的分类，学术界的观点比较繁杂，这里简略介绍一二。

哈格里夫斯将教师文化分为四类[③]：

（1）个人主义文化：教师拥有强烈的独立成功观，很少干涉其他教师，他们不喜欢变革，也不愿与同事合作，避免与他人讨论变革。

（2）派别主义文化：学校分裂为许多独立的团体，教师忠诚于、归属于某一个派别。派别内部成员之间联系紧密，但不同派别之间的教师则漠不关心甚至相互竞争，因此学校中教师们很难有共享的目标，革新也难以在全校范围内进行。

（3）人为合作文化：教师之间的合作是由外在行政控制的，这是由某种正规而特定的科层程序强制的、可以预测的、局限于特定时空条件的合作。合作的主要目的在于满足科层制度的要求，而不是学校实践的要求和个人的本意。

（4）自然合作文化：这是经过人为合作文化阶段后的更高级的合作文化。它是渗透在日常教学中的教师之间自发的、自然而然的合作。教师之间相互观摩学习，互相帮助，共同克服困难。

综上，我们对教师文化这一概念作如下界定：教师文化是教师接受或形成教师文化观念所产生的职业能力和精神力量。简言之，教师文化就是指：第一，教师具有广泛的职业知识并能机动灵活地运用到教育教学中；第二，教师内心具有丰盈的职业精神和良好的职业修养。

我国的教育研究专家郑金洲、瞿葆奎二位先生在《教育文化学》一书中，对高等学校教师文化进行了分类，认为教师文化可以分为：以学术为本的文化，以学校为本的文化，以学科为本的文化[④]。也有学者运用二分法，从三个维度将教师文化分为：浅层文化与核心文化，个人文化与合作文化，教师角色文化与生态文化[⑤]。

---

① 顾明远．教育大辞典．上海：上海教育出版社，1998.

②③ A. Hargreaves. Changing Teachers, Changing Times: Teachers' Work and Culture in the Postmodern Age. London: Cassell, 1994: XIII.

④ 郑金洲，瞿葆奎．教育文化学．北京：人民教育出版社，2000.

⑤ 宋宏福．教师文化及其对教师成长的意义．教育与职业，2004（15）.

（五）教师文化的特征

关于教师文化的特征，国内学者主要有以下几种认识：

（1）教师文化“一般具有精神性、融合性、独特性和可塑造性等特征”①。

（2）“教师文化是无形的、抽象的，具有内隐性和渗透性。”②

（3）教师文化的主要特征有如下三点：一是具有多样性与多层性；二是基于学校和课堂形成的人际关系；三是具有传承与再生产过程③。

第二节 文化力、教师文化力

一、文化力

关于文化对社会发展所起的重大作用，已经有很多思想家论及，例如培根的名言：“知识就是力量。”毛泽东曾指出：“新的政治力量，新的经济力量，新的文化力量，都是中国的革命力量。”④ 邓小平提出：“科学技术是第一生产力。”

但是明确提出文化力的概念并加以研究，是西方学者在研究日本为什么会成为经济大国的过程中进行的⑤。受国外学者启发，我国贾庆林、贾春峰教授于1992年提出了“文化力”这一名词：“国外的一些著作，在分析‘文化市场机制’‘经济价值与文化价值’时，提出了文化力的概念。”⑥

但是，迄今为止，国内学界对文化力这一概念的界定尚未展开深入细致的探讨，包括被媒体称为中国“文化力”研究第一人的贾春峰先生，出版了影响力很大的《文化力》一书、曾任文化部常务副部长的高占祥先生⑦。

我们在综合前述有关文化的论述的基础上，尝试给文化力这一概念作如下界定：文化力就是文化产生的力量，是一个国家、一个民族、一个机构、一个群体、一个人基于历史、地理、风土人情、传统习俗、生活方式、文学艺术、行为规范、思维方式、价值观念等，内化而成的一种综合力量。

---

① 万维．课程变革中的教师文化．南京：南京师范大学出版社，2010.

② 古翠凤．文化四维度理论视角下的教师文化研究．教育探索，2005（8）.

③ 同①.

④ 毛泽东．毛泽东思想基本著作选读．北京：人民出版社，2001.

⑤ 黄硕风．综合国力新论．北京：中国社会科学出版社，1999.

⑥ 黄力之．先进文化论．上海：上海三联出版社，2002.

⑦ 高占祥．文化力．北京：北京大学出版社，2007.

二、教师文化力

教育功能的实现，很大程度上是在学校完成、由教师来实施的。学校教育功能的落实，必须充分利用各种因素，在形成自身独特的价值观、信念、策略、环境、制度等文化特质的基础上进行。学校文化也因此具有三大功能，即导向功能、凝聚功能、规范功能。现代学校的一个重要特征，就是以教师为主体，将人类的文化遗产，通过价值批判和取舍，去粗取精，去伪存真，传播给学生。

（一）什么是教师文化力

什么是教师文化力？本书采纳李继星先生在他的《教师文化力》一书中的定义："教师文化力是教师文化对学校、学生、教师、社会等的发展所产生的作用力和对社会公众的影响力。通俗地讲，教师文化力就是教师文化所产生的'能量''力量'，是教师文化作用于学校、学生、教师同人和社会公众后所产生的效应。"[①]

（二）教师文化力的核心要素

我们认为，教师文化力的构成有六大方面十二个要素，见表 0-1。

表 0-1　教师文化力的构成

<table>
<tr><td rowspan="19">教师文化力</td><td rowspan="12">职业认同与职业道德</td><td rowspan="4">职业认同</td><td>认同感</td></tr>
<tr><td>价值感</td></tr>
<tr><td>成就感</td></tr>
<tr><td>事业心</td></tr>
<tr><td rowspan="8">职业道德</td><td>职业理想</td></tr>
<tr><td>职业责任</td></tr>
<tr><td>职业态度</td></tr>
<tr><td>职业纪律</td></tr>
<tr><td>职业技能</td></tr>
<tr><td>职业良心</td></tr>
<tr><td>职业作风</td></tr>
<tr><td>职业荣誉</td></tr>
<tr><td rowspan="7">人际关系与形象</td><td rowspan="5">人际关系</td><td>教师与学生的人际关系</td></tr>
<tr><td>教师与学生家长的人际关系</td></tr>
<tr><td>教师与学校领导者的人际关系</td></tr>
<tr><td>教师与同事的人际关系</td></tr>
<tr><td>教师与家人的人际关系</td></tr>
<tr><td rowspan="2">形象</td><td>教师的职业形象</td></tr>
<tr><td>教师的社会形象</td></tr>
</table>

① 李继星．教师文化力．长春：东北师范大学出版社，2013．

续表

教师文化力	专业知识与专业能力	专业知识	学生知识
			内容知识
			过程知识
			背景知识
		专业能力	反思力
			合作力
			实践力
			学习力
	自我成长与人格完善	自我成长	自我意识
			自我管理
			自我激励
			情绪管理
		人格完善	态度负责
			热情激励
			耐心自制
			富有爱心
			纯正价值观
	文化视野与人生境界	文化视野	文化传承
			国际视野
			哲学思维
		人生境界	精神自由
			人生价值
			意义与幸福追寻
	人文情怀与审美素养	人文情怀	人本观念
			独立人格
			自由灵魂
		审美素养	审美经验
			审美情趣
			审美能力
			审美理想

1. 职业认同与职业道德

职业认同是一个心理学概念，是指个体对于所从事职业的肯定性评价。

美国学者阿瑟·萨尔兹给“职业”作了这样的概念界定：职业是人们为了获取经常性的收入而从事的连续性的特殊活动，是社会分工体系中人们所获得的一种劳动角色，是最具体、最精细、最专门的社会分工。

教师作为一种社会群体，也作为一种职业群体，其职业认同遵循社会认同的基本规律。所谓社会认同，就是指个体一方面认识到自己属于特定的社会群体，另一方面也认识到作为群体成员，能够找到归属感和价值意义。因此，社会认同是社会成员共同拥有的信仰、价值观和行动取向的集中体现，其在本质上是一种集体观念。

教师的职业认同，主要体现在以下几个方面：

第一，对教师这一职业具有较强的忠诚度、向上力、成就感和事业心。

第二，在教书育人的过程中，对所有教育教学活动的性质、内容、社会价值和个人意义，以及教师用语、工作方法、职业习惯与职业环境等，充满热情地去熟悉、提升、完善，从而形成自己的特点。

第三，心理上热爱，情感上投入，行为上敬业。

教师职业道德是教师在教育劳动中所遵循的行为准则和必备的道德品质，对教师职业心理和职业理想的形成、教师道德习惯和道德传统的建构，都起着极其重要的作用，也指导着教师的行为准则和品质建设。它从道义上规定了教师作为一种独特的职业人，在教育教学中应该秉持什么样的思想、感情、态度乃至格调去待人接物、处理事务。

教师职业道德的主要要素有八个：职业理想、职业责任、职业态度、职业纪律、职业技能、职业良心、职业作风和职业荣誉。这些因素各自有别又互相配合，构成教师职业道德的主体。

2. 人际关系与形象

1933 年美国哈佛大学教授梅约创立了人际关系论。人际关系作为一个概念，可以从三个层面来理解：首先，它体现人与人交往中心理关系的亲密程度、融洽程度和协调程度。其次，它包含了认知、情感和行为三种心理成分。最后，它是人们在相互交往中建立和发展的。

学界对教师人际关系作了大致如下的界定：它是教师在学校教育与教学工作中，通过直接交往而建立起来的人与人之间比较稳定的心理关系。

教师人际关系主要有五种：与学生的人际关系、与学生家长的人际关系、与学校领导者的人际关系、与同事的人际关系、与家人的人际关系。

教师作为一个比较独特的社会群体，其人际关系有以下特点：一是文化性。这是因为教师代表着一种社会文化，以传授知识、教书育人为己任。他们在工作中建立的人际关系也因此具有一定的文化性，且相对稳定。二是教育性。教师在学校这个机构中发挥着培养学生的主导作用，是社会公认的教育者。三是示范性。这是指教书育人、为人师表是教师的职责，他们的举止言行、为人处世等都会起到表率和示范作用。

教师职业形象，既是教师群体或个体在其职业生活中的形象，也是其精神风貌和生存状态与行为方式的整体反映。它既是来自社会的，是对教师职业及日常行为的一种总体性评价与概括性认识，也是来自教师群体内部或个体自身的，是对其职业所持有的价值认识与情感认同。

教师职业形象的呈现主要有两大途径，即教师的内在修养和外在形象。内在修养包括良好的职业素质、道德与法律素质、专业素质、心理素质等。外在形象则表现为教师的仪容、仪表、仪态、谈吐等。

教师的内在修养，是教师稳固的职业品质，更是一种长期修炼而成的，具有时代特点的思想、知识、能力等方面的身心特征和职业修养。首先，良好的职业素质，是指教师在教学工作中具备良好的行为规范和准则。其次，良好的道德与法律素质，可以陶冶人的情操，促进社会的进步与发展，强化教师和学生的公民素养。再次，良好的专业素质，是指教师具备本专业良好的业务水平，是为学生学习提供各种帮助、激发学生积极向上、促进学生学习进步以及全面发展的职业基础。最后，良好的心理素质，是教师能够成为学生的“定海神针”，在生活中为学生排除心理干扰，更好地保护学生的必备素养。

教师的外在形象，包括教师的仪容、仪表、仪态、谈吐。在日常教学活动和师生交往中，教师外在形象占有举足轻重的地位，尤其是在师生交往的初始阶段，很大程度上决定了学生对教师的第一印象、师生间的心理距离，以及教师在学生心中的地位，同时也决定了教师对学生的教育效果。

3. 专业知识与专业能力

教师的专业知识，是教师专业素质的重要组成部分，可以体现教师作为一种专门职业的独特性与不可替代性。它是教师从事教学活动所必须具备的智力资源，其丰富程度和运作情况直接决定着教师专业水准的高低。

教师的专业知识包括学生知识、内容知识、过程知识和背景知识四大类。

教师的专业能力主要包括四个方面：一是反思力，即反思的能力；二是合作力，即教师参与同事间合作，与其他合作成员协调互动共同完成任务，实现合作目标的能力；三是实践力，即教师课堂教学实践力；四是学习力，即教师顺利完成有目的的学习活动，把观念、知识、技能等资源转化为观念、知识技能等资本的能力。

4. 自我成长与人格完善

教师的自我成长主要包含四个方面，即自我意识、自我管理、自我激励、情绪管理。

自我意识，是教师自我成长的核心。教师只有认识自己，了解自我，才能成为教育教学工作与生活的主宰。自我管理，就是能够调控自己的情绪，使之在教学工作中适时适度地表现出来。自我激励，是指教师能够依据各种教育教学活动的目标，调动、指挥自我情绪的能力。良好的自我激励能力能够使自己走出低潮低谷，尽快重新踏上教学之旅。情绪管理要求教师学会识别情绪和情绪调控的技能，擅长利用正面情绪与情感策略，提高育人与教学效果。

教师的人格，是教师个人的尊严、价值和道德的总和。它体现的是教师个人行为和品质的集中，更是教师认知、情感、意志、信念、习惯及其过程的集合体。优秀人格的培养，是教师自我完善的最高境界。因此，就意义而言，它不仅是教师教书育人、促进学生成长的重要保证，也是社会进步的价值尺度。

优秀教师的人格完善主要有以下途径：第一，态度负责，也就是对学生和教育工作投入极大的精力，爱生乐教，教书育人，着力促进学生的健康发展和成长。第二，热情激励，能够保持激情，热爱教学工作，投身其中。第三，耐心自制，对学生沉着冷静，也善于控制自己的言行，能够持之以恒地耐心帮助学生。第四，富有爱心，能够保持一颗纯洁之心，关爱学生、相信学生和尊重学生。第五，纯正价值观，对工作、对他人认真负责、尽心尽力。

5. 文化视野与人生境界

教师的文化视野，是指教师能够站在社会历史文化等角度，考察、分析和总结教育教学中的各类问题所涉及的认知范围，并在此基础上展开各种教育教学活动。诸如从文化传承、国际视野、哲学思维等方面入手进行教学，从而体现教育教学的多元性视野、价值性视野、动态性视野、冲突性视野、交融性视野、传播性视野、族群性视野、本土性视野、生活性视野、结构联系性视野等，让教书育人进入广阔的领域和境界。宽广的文化视野，对于教师对文本的认识理解、对教学方法的选择、对教学评价的处理、对教学反思的影响都有极大的助益，意义深远。

教师具有崇高的人生境界，是教师这个职业具有神圣意味的重要标志。对于每个人而言，追求生命的境界，是一个不断超越自我的过程。教师的人生境界，是教师在教育教学乃至日常生活中精神存在方式和存在状态的整体反映，不仅体现了教师对所从事职业的理解和把握程度，对自己存在的意义和价值的体悟程度，也标志着教师的内在精神修养所达到的水平和层次。因此，教师的人生境界，可以作为教育手段或重要影响因素，影响学生的人生境界。教师的人生境界，涵盖了教师的精神自由、人生价值、意义与幸福追寻等形而上的层面。教师要能够在唤醒学生真善美追求的同时，展示自我，实现自我，满足自我求真、向善和创美的需要。

6. 人文情怀与审美素养

人文情怀是一种普遍的人类自我关怀，表现为对人的尊严、价值、命运的维护、追求和关切，对人类遗留下来的各种精神文化现象的高度珍视，对一种全面发展的理想人格的肯定和塑造。

构成教师人文情怀的，是教师的人本观念、独立人格、自由灵魂。所谓人本观念，是指教师在教育教学活动中，坚持一切从人出发，调动和激发学生的积极性和创造性，提高教育效率，促进学生发展。所谓独立人格，是指教师注重自己的独立性、自主性、创造性，也注重培养学生的独立性、自主性、创造性，既不依赖于任何外在的精神权威，也不依附于任何现实的政治力量，在追求真理的过程中具有独立判断能力，在各种社会事务的参与中具有独立自主精神，做到思考独立、实践独立、操守独立。所谓自由灵魂，就是指教师要在精神上保持自由自在，不去依附权威，有批判一切的勇气，有自己独立思考的能力和自己自由的意志。

教师的审美素养，是指教师所具备的审美经验、审美情趣、审美能力、审美理想等各种因素的总和。审美素养呈现出来，一方面是对美的接受和欣赏的能力，另一方面是对审美文化的鉴别能力和审美文化的创造能力。教师提升审美素养，需要学习基本的美学知识，培养和提升艺术鉴赏力、审美能力、艺术创造力与审美情感。

小　结

文化既是一种社会现象，是人们长期创造形成的产物，又是一种历史现象，是社会历史的积淀物。具体来说，文化是一个国家或一个民族的历史、地理、风土人情、传统习俗、生活方式、文学艺术、行为规范、思维方式、价值观念等的综合，是人类所创造的物质财富、精神财富的总和。

教师文化是教师的价值观念及行为规范。它是教师接受或形成教师文化观念所产生的职业能力和精神力量，既指教师具有广泛的职业知识，并能机动灵活地运用到教育教学中，又指教师内心具有丰盈的职业精神和良好的职业修养。

文化力就是文化产生的力量，是一个国家、一个民族、一个机构、一个群体、一个人基于历史、地理、风土人情、传统习俗、生活方式、文学艺术、行为规范、思维方式、价值观念等，内化而成的一种综合力量。

教师文化力由六大方面、十二个要素构成，即职业认同与职业道德、人际关系与形象、专业知识与专业能力、自我成长与人格完善、文化视野与人生境界、人文情怀与审美素养。

第一章 衣带渐宽终不悔，为伊消得人憔悴：教师的职业认同与职业道德

内容提要

教师职业认同，是指教师能从心底接受教师职业，并能对教师职业的各个方面作出积极的感知和正面的评价，从而愿意长期从事教师职业的主观心理感受。从教师职业认同的角度，可以得出四个提升教师文化力的定律：认同感提升忠诚度，价值感产生向上力，成就感滋生幸福感，事业心源自教育爱。与此相关联，教师职业道德则是教师在教育劳动中所遵循的行为准则和必备的道德品质，包括职业理想、职业责任、职业态度、职业纪律、职业技能、职业良心、职业作风、职业荣誉等。

2014年9月9日，习近平总书记在北京师范大学发表重要讲话，提出“使教师成为最受社会尊重的职业”。2016年9月9日，习近平总书记到八一学校看望慰问师生并发表重要讲话，强调“让教师成为让人羡慕的职业”。2016年12月8日，教育部部长陈宝生在《人民日报》上发文，强调要使教师在岗位上有幸福感、事业上有成就感、社会上有荣誉感和增强成为好老师的使命感。

2018年1月20日，中共中央、国务院出台《关于全面深化新时代教师队伍建设改革的意见》（以下简称《意见》），对如何培养高素质教师队伍、强化师德师风建设以及提高教师待遇和社会地位作出顶层设计和明确要求，这是新时期我国教师队伍建设的纲领性文件。《意见》提出，到2035年，教师综合素质、专业化水平和创新能力大幅提升；教师管理体制机制科学高效，实现教师队伍治理体系和治理能力现代化；尊师重教蔚然成风，广大教师在岗位上有幸福感、事业上有成就感、社会上有荣誉感，教师成为让人羡慕的职业。

以上这些讲话、文章和规定都充分说明新时代我国对教师更加尊重，对教师职业发展、职业地位的提升更加重视。

作为教师，我们充满自豪感、幸福感、成就感和荣誉感，但同时更感到了肩头沉重的使命感。我们要进一步加强品德修养，提高思想境界，提升教师文化力，努力培养德智体美全面发展的社会主义建设者和接班人，以更好地服务于社会，服务于人民。

第一节 教师的职业认同

从教师职业认同的角度看，教师文化力主要由认同感、价值感、成就感、事业心四个维度组成，分别对应着教师的忠诚度、向上力、幸福感、教育爱四个方面，由此形成教师文化力之教师职业认同循环矩阵图（见图1-1）。再由此，我们得出四个提升教师文化力的定律：认同感提升忠诚度，价值感产生向上力，成就感滋生幸福感，事业心源自教育爱。下面按照案例—原理—分析—路径的逻辑思路，系统阐述教师的职业认同文化力。

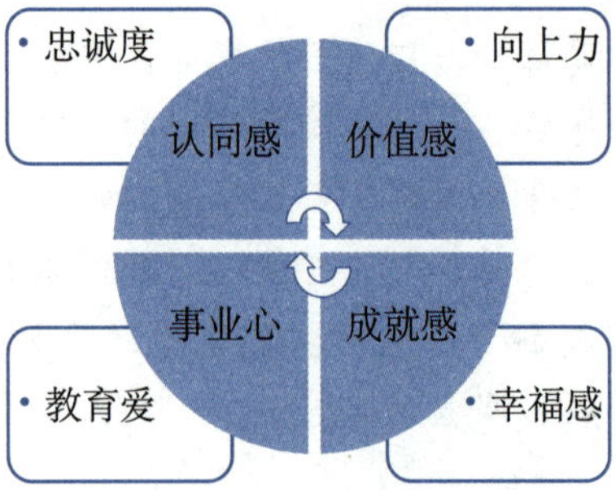

图1-1 教师职业认同循环矩阵图

一、认同感提升忠诚度

百年大计，教育为本。

——邓小平

夫子循循然善诱人，博我以文，约我以礼，欲罢不能。

——颜回

中国现代教育的辉煌成就极大地提升了中国教育的世界影响力，激发了教师的教育热情，加深加固了教师的教育情怀，提升了教师的职业认同感和忠诚度。

教师职业认同感直接孕育教师对教育事业的忠诚度。爱岗敬业、辛勤耕耘是教师生活的写照，也是教师的职责和使命担当，更是教师对中华传统文化“知行合一”思想的践行。因此，有一支认同感强、忠诚度高的教师队伍，对于我国建设教育强国意义重大。

（一）案例呈现：“把我的一生献给孩子们，这是我最大的幸福”

白占成：在乡村越待越有劲儿

白占成，内蒙古清水河县单台子乡小学教师，呼和浩特市优秀教师、师德楷模，内蒙古自治区优秀乡村教师。

虽然地处清水河县，但单台子乡并没有人们想象得那样山清水秀，这里“吃水贵如油，饮水天天愁”，且距县城太远，开车就得 3 个多小时，而且都是事故频发的盘山公路。但就是这样一个留不住人的地方，留住了白占成的心，让他待了 42 年，而且越待越有劲儿。

1974 年，17 岁的白占成初中毕业，回到单台子乡石垛墕村，没想到马上就被村支书“指派”了任务：“咱村没有教书先生，你是唯一读过书的，来当老师吧。”就因为这么一句话，白占成开始了与教书育人的不解之缘。

当时的办学条件很差，教室是一间窑洞，课桌是炕桌，黑板是刷黑的木板，窗户糊着白纸，光线特别暗。9 个学生，最大的 17 岁，与他一般大，最小的才 7 岁，5 个年级的复式班，没有教学经验的白占成，面对的困难可想而知。半年时间，白占成走遍了附近的学校，听老教师的课，也请老教师听自己的课。边教边学，边学边教，白占成终于懂得了教学的门道。

虽说教学上了道儿，但待遇不可谓不艰苦。那时还是挣工分的年代，白占成工作一天算一个工分，国家每月补助才 5 元钱。个人收入如此，就更不用提学校的办学经费了。村里的生产队有时买不回煤炭，看到学生冻得可怜，白占成就带领学生到山坡上捡干柴、牛粪、驴粪来烧，为学生取暖。遇到严寒天气，就干脆将学生领回自己家里学习。不仅如此，为了增加一点收入，白占成还带领学生养兔子、挖药材、种蓖麻，用挣来的钱为学生买作业本、文具盒，买煤炭，让学生不再受冻。

这样艰难的日子，一过就是8年，直到1981年村里包产到户，生产队解散了。但白占成决定："即使一分钱工资没有，也要教书，孩子们不能变成'睁眼瞎'。"

那是白占成生命中最艰难的一年，甚至因为没钱"难受地哭过"。幸运的是，年底他拿到了国家补助的150元工资，这温暖了白占成的心。

白占成在村里越来越有名了，不仅是因为他愿意教书，更因为他教得好。1989年9月，他调到村委中心小学任教。尽管离家远，干农活儿不方便，但白占成毫不犹豫地接过了这副重担。到了中心小学，他做的第一件事就是挨家挨户去家访，了解学生的基本情况。为了尽快提高学生的成绩，白占成把办公室当成教室，辅导学生，到了冬天，干脆就住在学校。更重要的是，他是真心把学生当成自己的孩子，去理解学生的内心世界。因为用心，白占成在当地创造了一个奇迹：当年五年级的8名学生都考上了初中，一名本来不被看好的复读生成绩居然是全县第一。

那时的白占成迎来了教育事业的第一个春天：连续5年被评为乡级、县级优秀教师，1992年"民转正"成为一名公办教师。

2007年9月，因为撤点并校，白占成来到现在的单台子乡小学，并且有了全新的体验——教学前班。已经快50岁的白占成每天为孩子们穿衣服、洗脸、洗脚、换洗衣服，晚上还要叫醒他们上厕所，真是操碎了心。他一直说："娃娃们离开家到学校，就是我的骨肉。"

课比天大，一辈子从来没有耽误过一节课，这是白占成最自豪的事。近年来，学生人数在逐渐减少，可白占成一样认真工作。2011年他取得了专科学历。2016年4月，县教育局举行班主任工作大赛，已经59岁的白占成积极参加；5月，县教研室进行示范课教学观摩，他承担了三年级品德课教学。评课时，教师们一致认为他的课讲得很有激情，乡村学校很少有这样的教师。

"放暑假时，我天天掰着指头算，咋还不开学呢？"记者采访他时，白占成笑言，希望退休后还能返聘回学校，继续教书。"把我的一生献给孩子们，这是我最大的幸福。"白占成郑重地说。

资料来源：康丽，梁颖宇．白占成：在乡村越待越有劲儿．中国教师报，2016-09-07.

（二）理论阐述：教师职业认同是源自心底的泉

教师职业认同是指教师能从心底接受教师职业，并能对教师职业的各个方面作出积极的感知和正面的评价，从而愿意长期从事教师职业的主观心理感受。"发展并维持一种强烈的职业认同是评判教师的专业性和把他们和其他工作者区分开的重要依据。"教师职业需要教师个人及社会均有认同感。教师往往在从事教书育人工作之前，就有了对这一职业的认同感，也有的是在从事教师工作之后，在教育教学实践工作中，慢慢产生了对教师职业的认同感。认同感有强有弱，强烈的教师职业认同感能够增强职业吸引力、成就感、幸福感和荣誉感。

教师职业认同是源自心底的泉。

"认同"一词的英文为"identity"，作名词，意为"本身、身份""一致（性）、相同

(性)”。在社会学中，通常翻译为“认同”；在人格心理学中，被译为“自我同一性”。汉语中的“认同”，既作动词又作名词，意为：认为跟自己有共同之处而感到亲切；承认、认可、同意。认同开始是和自我联系在一起的，特指个体自我统整的体验。后来研究者们在此基础上区分出个体（或自我）认同和社会（或群体）认同（social identity）。个体认同指的是个体对自身独特性的意识，即个体在时空上明确自己是同一个人而不是其他人；社会认同指的是个体认识到他属于特定的社会群体，同时也认识到作为群体成员带给他的情感和价值意义。社会认同表现为三个层面，即价值认同、职业认同和角色认同。而职业认同（professional identity），指的是一个人认为工作不仅是谋生的手段，还是价值实现的需要，在工作中表现出敬业爱岗的精神。

显然，职业认同涉及自我卷入，即个体将职业要求内化为自我的一部分，形成职业角色，自觉自主地按职业要求行动，并能从中获得积极的体验。具有职业认同的人会从内心认为自己从事的事业有价值、有意义，并能从中获得乐趣。福尔克曼（Volkmann）和安德森（Anderson）认为，教师职业认同是个体人格自我与教师角色之间动态平衡的复杂过程，它与自我密切相关。

“知行”是中国传统哲学的重要范畴，其始于《尚书》与《左传》，《尚书》有“非知之艰，行之惟艰”之说，《左传》有“非知之实难，将在行之”之说。“知”指认知或良知，“行”指行为、行动。知行关系在中国哲学史上主要指道德认识与道德践履的关系，其代表人物是朱熹、王守仁等。

宋代理学家朱熹提出“论先后，知为先；论轻重，行为重”之说，即认为人在良知、圣人之言方面的道德认识是容易的，不过之后的道德践履才是重点，人们应该努力进行道德践履。朱熹还比喻说：“知行常相须，如目无足不行，足无目不见。”

明代思想家王守仁，也称王阳明，他反对将知行分作两截，主张求理于吾心。他认为：知行是一个功夫的两面，知中有行，行中有知，二者不能分离，也没有先后。与行相分离的知，不是真知，而是妄想；与知相分离的行，不是笃行，而是冥行。他提出知行合一，一方面强调道德意识的自觉性，要求人在内在精神上下功夫；另一方面也重视道德的实践性，指出人要在事上磨炼，言行一致，表里一致。王守仁的“知行合一”学说深化了道德意识的自觉性和实践性的关系，克服了朱熹等提出的知先行后的弊病，但是同时也抹去了朱熹知行说中的知识论成分。王守仁的观点虽然有利于道德修养，但忽略了客观知识的学习。不过可以肯定的是，无论何种知行观，都认为知行是不能分离的。

（三）实践启示：知行合一，才能越走越幸福

前面案例中的白占成老师具有较强的职业认同感，“在乡村越待越有劲儿”。他在工作中爱岗敬业，爱护学生，关心学生的健康成长，并将教师职业作为自己终身追求和实践的事业，可以说，白占成实现了自己的人生价值。

在教师的心目中，“课比天大”，白占成老师也一样，一辈子从来没有耽误过一节课。农村的教学条件再艰苦、困难再大、待遇再不好，都没有动摇白老师上课的责任心，他认为上好课是教师的天职。由此，白老师的教学技能不断提升，教学效果也逐步提高，孩子

们、家长们、教育行政管理人员都非常认可他的教育教学成绩。这对教师来说就是最大的鼓舞。

白占成从教几十载，他是单台子乡教育发展的见证者，也是乡村孩子成长的守护者。在这位老教师身上，看不到倦怠，看不到抱怨，感受到的是满满的激情。白占成老师忠诚于教育事业，充分验证了“知行合一”这一中国传统文化思想。

（四）成长建议：走出舒适地带

教师职业认同感可有效提高教师对教育事业的忠诚度，是教师提升文化力的持久动力。

提升教师职业认同感与教师专业发展密切相关。教师职业认同程度影响教师专业发展，而教师自主的专业发展又能促进教师职业认同程度的提高。

教师增强职业认同感和提升文化力需要克服职业倦怠，走出舒适地带。中国教育科学研究院研究员储朝晖告诉记者，社会对某些教师角色的不认可，家长对教师的要求越来越苛刻，学校内部升学竞争压力加剧，来自行政部门的各种考核、检查、评比增多且标准不明晰，缺少兼容性和人性化安排等种种因素，导致教师职业倦怠不断蔓延。清华大学教育研究院教授石中英在2018年基础教育人才发展20人北京论坛上表示，教师职业倦怠问题是教师队伍建设中常见的问题，是心理问题也是行为问题，表现为教师对专业工作缺乏兴趣、热忱和变革的愿望。

增强教师职业认同感需要个人和学校共同努力，携手并进。总体来说，可以从以下三个方面入手：一是激发从教价值感；二是提升专业成就感；三是增强团队归属感。

二、价值感产生向上力

捧着一颗心来，不带半根草去。

——陶行知

千教万教教人学真，千学万学学做真人。

——陶行知

在习近平新时代中国特色社会主义思想和党的十九大精神指导下，我国着力推进教育现代化，建设教育强国，各级各类教育均取得显著成就。

2019年9月教育部网站公布的数据显示：2018年我国共有各级各类学校51.88万所，比上年增加5 017所。全国各级各类学历教育在校生2.76亿人，比上年增加539.40万人，增长2.0%。全国各级各类学校专任教师1 672.85万人，比上年增加45.96万人，增长2.8%。

我国教师队伍的规模还在日益扩大，不仅是数量在增加，素质也在提高。教师是一项不可替代的职业，它让无数教师体验到了价值感和向上的动力。

（一）案例呈现：因创造，得自由

徐莉：因创造，得自由

徐莉，湖北省武昌实验小学教师；首届荆楚教育名家，楚天卓越教师；21 世纪教育研究院课程研究中心主任；知名儿童课程设计师，为儿童教育项目及相关从业者提供专业咨询；2016 年第二届全人教育奖提名奖获得者；两届 LIFE 教育创新年会创新案例分享嘉宾。

徐莉用 17 年的时间探究教师执业的边界：一个老师，在课程设计和实施上，拥有的自主权究竟能够有多大？用一张张任务单，替代大部分的集中讲授，让任务带领孩子们自由自主地学习，这是徐莉的常态课——你很难判断这是一节什么学科的课，这节课也很有可能不在教室里完成，而且时间也并非传统的 40 分钟。

徐莉的课，有历时一个月的大主题探究，有历时一天半日的体验活动，有连堂的专题学习，有单课时的交流分享……非常灵活，学习方式也丰富多样。“不希望被学科定义”的徐莉不会因为某个学科的限制，去决定自己做什么和不做什么。就她现在的任教模式来说，徐莉既不是进行级任制教学的包班教师，也不是从事科任制教学的学科教师，她有意识地在课程组织模式上选取更加灵活、多元的复合模式。但事实上，“拥有‘想教什么就教什么，想怎么教就怎么教’的自由其实是件令人十分疲惫的活儿”。徐莉说这是“肩负自由的疲惫”。

但徐莉熬过来了，“我愿意尽一己之能，甚至不惜一次次从头开始，走进一个又一个学科，做个永远的学徒”。她下了一番苦功夫，也有足够的勇气把自信写在脸上。“我喜欢做不知道怎么做的事情，所以做课程设计，然后不畏惧在课程实施中经历各种不确定。”徐莉还特别强调一句，这“对于我而言不是困难，而是非常好玩的事情”。

徐莉的“特立独行”起初并不被允许，在工作的第四个年头，身为语文教师的她被安排在教导处工作，由于杂事繁忙，按照惯例徐莉需要转教“副科”：社会科。徐莉那时候是懊恼的，“不管课上成什么样都很难过，觉得自己就像个演员，眼睛看哪里、手指哪里都有人指点安排，我感到很痛苦”。不过，这也更加促使徐莉开始审视“自上而下”的课程改革。徐莉说：“教师本应参与课程标准、内容的制定，而不仅仅是一个被动的执行人。”由此，徐莉执拗地开始了一个普通教师的艰难突破。

2001 年，第八次新课程改革大幕启动，武昌实验小学成为最早起步的学校，她恰恰是学校核心课题组的成员。徐莉一直在寻找破解时间难题的路径与方法。终于，在 2008 年的新学期，徐莉获准在同一个班担任多门学科的教学工作，可以将一节一节的 40 分钟连续起来安排。如此，她拥有了教学时间上的自由，她的“级任制教学＋科任制教学＋弹性课段教学＋协同教学＋连续性进步教育”探索也从此大放异彩，得到了无数的鲜花与掌声。

徐莉一直关注业内最具创新精神的个人、学校、机构，以及各个行业最优秀的那部分人。在第 16 个年头到来的时候，她开始反思“自己因何走到了这里”。但她依然在做那个学生眼中“会七十二变的孙悟空”，“做傻子才做的事”。

对世界充满好奇，热爱学习，唯独不喜欢“被安排”，徐莉就是那个不愿妥协的人。她喜欢把时间留给有趣的事儿，作为一名课程设计师，徐莉有着广泛的兴趣爱好。她是教师、作者、阅读推广人、培训师，还是三级评茶师、品酒师、书法爱好者、观鸟爱好者……她还期待着，可以到英国去读博物学。

挣脱束缚、归向自由，这就是徐莉。如今的她，仍在努力回答“一个教师的课程自主权究竟能拓展到多大?”。

资料来源：黄浩．徐莉：因创造，得自由．中国教师报，2018－09－12.

（二）理论阐述：师德是一种追求、一种修为、一种力量、一种心灵碰撞

从古至今，中国都有“尊师重教”的风气。孔子的“诲人不倦”“关怀备至”“因材施教”“教学相长”等教育思想至今仍具有很强的现实价值。荀子明确提出了“尊师”之说：“天地者，生之本也；先祖者，类之本也；君师者，治之本也。”可见，荀子将教师的地位提高到与天地、先祖和君主并列的高度。荀子认为教育具有教化人的作用，所以他强调：“国将兴，必贵师而重傅；贵师而重傅，则法度存。”唐代文学家韩愈提出“师者，所以传道授业解惑也”，对教师职业进行了定位。《中华人民共和国教师法》（2009 年修正）第 3 条明确规定：“教师是履行教育教学职责的专业人员，承担教书育人，培养社会主义事业建设者和接班人、提高民族素质的使命。教师应当忠诚于人民的教育事业。”

2011 年 12 月教育部颁布的《高等学校教师职业道德规范》中对于“服务社会”有专门的规定：“勇担社会责任，为国家富强、民族振兴和人类进步服务。传播优秀文化，普及科学知识。热心公益，服务大众。主动参与社会实践，自觉承担社会义务，积极提供专业服务。”我国《幼儿园教师职业道德规范及行为准则》第 1 条就指出，幼儿园教师“对幼儿要有强烈的社会责任感”。总体来看，中国历史上一直比较重视教师职业的社会价值，这种价值由古代的传道演变为现在的传播科学文化知识和富国强民的技术，而对于教师内在价值问题并未进行过认真探讨。

教师是培养人的职业，社会对教师职业的道德规范要求应比其他任何职业都高。2008 年版《中小学教师职业道德规范》继承了我国优秀的师德传统，并充分反映了新形势下经济、社会和教育发展对中小学教师应有的道德品质和职业行为的基本要求。

师德是一种追求、一种修为，更是一种力量、一种心灵的碰撞，它时刻指引着千千万万人民教师在教书育人岗位上执着奉献，也透过教师身上闪耀的人性光芒，不断给予学生向上向善的力量。

（三）实践启示：“会七十二变的孙悟空”

徐莉特立独行，像一棵小松树，倔强地在山崖上生长。不管空间有多大，不可否认，对自主的渴望造就了今日的徐莉。她认同自己是一名课程设计师，不断创设符合学生身心发展规律的课堂，在这个过程中她感到自己无比幸福。

徐莉敏感，执着，善解人意，竭尽所能争取教师的课程自主权。她似乎真的会“七十二变”。

在一些人看来，教师的职业发展和自我实现往往是受限的，外显形态上的“自由”似乎很稀缺。然而，一个个实践着“全人教育”理念的教师，却仍遵循着内心自由的召唤。

自由，是从外在摆脱凌驾于人之上的外物的束缚，转而向内求、反求诸己，不断自我磨炼、打造，进而成为独一无二的自己。

徐莉说自己是“一个喜欢做不知道怎么做的事情的人”，因为选择做一个课程设计师，她必须进行跨界，“攻坚”自己本不擅长的科目，并寻求融会贯通之道。其中的辛苦与付出难以尽述，然而她甘之如饴。

这让人想起 2010 年美国年度教师奖获得者萨拉·布朗·韦斯林，她说：“我是一个终身学习者。我心目中的优秀教师不会以专家自居，而是永远让自己保持初学者的心态。”

一个优秀的教师应该是一个迷恋儿童生长的人，也应该是一个不懈追求自我成长的人。僵化的思维是人身上一层又厚又硬的壳，带着这层壳的人，不能给孩子成长的自由，还会反过来禁锢孩子。所以，教师一定要不懈地追求自我成长，同时带领着孩子们自由生长。徐莉正是这样的教师。

徐莉的学生们把她称作“会七十二变的孙悟空”。而徐莉自诩为“一个不希望被学科定义的老师”。于是，我们看到了一个足以让人眼花缭乱的“复合型”教学模式：级任制教学＋科任制教学＋弹性课段教学＋协同教学＋连续性进步教育。这岂不真是孙悟空的七十二变吗?

（四）成长建议：创造、创新

教师职业的价值感来自哪里？如何增强教师的职业价值感？这都离不开创造和创新。

教师因何而倔强地向上发展？这体现了教师劳动的价值——教学是一种创造性劳动。

只有一个拥有创新精神的教师，才能创造性地研发出基于儿童需求的课程。选择做孩子们的专属“课程规划设计师”，徐莉并不是心血来潮，而是有着对儿童成长发展的细致体察和对课程设计体系的深度思考：“我给孩子们定制选修课的出发点是，我并不认为他们到大学之后才有能力为自己的兴趣和所长作出选择，他们在很小的时候就可以发现自己喜欢什么、擅长什么。希望更多的同行可以认识到，在教育实践中存在一个非学科的领域——课程规划设计与实践，用简单的学习活动和教学活动，就可以让孩子们尽可能地在这种‘复合疗法’里面，找到自己的兴趣和能力所长，并找到自己学习和自我发展的机会。”

这样一个无限思考孩子自由成长可能性的教师，其眼光必然放诸无尽的远方，而其姿态却是俯下身去与孩子保持等高，做他们需要的教育。

徐莉的同事说：“她不把自己定位为一个学科教师，而是一个教育者。”

三、成就感滋生幸福感

> 快乐就是这样，它往往在我们为着一个明确的目的而忙得无暇顾及其他时，突然来访。
>
> ——苏格拉底

我国从 2006 年开始实行的特岗教师政策是中央针对西部地区农村义务教育实施的一项特殊政策，通过公开招聘高校毕业生到西部地区“两基”攻坚县、县以下农村学校任教，引导和鼓励高校毕业生从事农村义务教育工作，创新农村学校教师的补充机制，逐步解决农村学校师资总量不足和结构不合理等问题，提高农村教师队伍的整体素质，促进城乡教育均衡发展。

在 2006—2015 年的整整十年间，我国有 50 万大学生毕业之后自愿申请到农村学校，以特岗教师的身份教书。他们的足迹遍布 22 个省、1 000 多个县，为 3 万多所农村学校注入了新鲜血液，他们被称为“换血的一代”。

（一）案例呈现：19 个孩子的“包班教师”

刘菊峰：19 个孩子的“包班教师”

她以特岗教师的身份，跨省从教，在破败的乡村教学点把困苦的日子过出诗一般的韵味；她以“包班教师”的角色，唤醒 19 个孩子生命的自觉，一路走出成长的风采；她用教育的力量唤醒乡村孩子柔弱的生命和灵魂，延伸乡村文明的根基和希望。她就是刘菊峰，一位 19 个孩子的“包班教师”。

2010 年，原籍山西的刘菊峰从大同大学数学系毕业，通过河北省特岗招聘考试，成为当年全国 6.6 万名特岗教师中的一员，走进了河北省阳原县东城镇七马坊中心学校六马坊小学。

刘菊峰清晰地记得当时的学校：锈迹斑斑的校门，灰头土脸的瓦舍，荒草丛生的校园，几间窗户上钉满塑料布的教室里，十几个衣衫不整、蓬头垢面的孩子趴在破烂的课桌上。“来到学校第一天，孩子们用异样的眼神看着我，自卑、羞怯。”刘菊峰回忆起最初的情形，她尝试以握手的方式主动与每一个孩子认识，却没得到任何回应。

刘菊峰开始家访，贫困的现实刷新了她的认知。学生小涛家里可谓家徒四壁，父亲残疾，母亲重度精神病，小涛又被查出患上胶质母细胞瘤。但刘菊峰没有放弃任何一个孩子，她总是和孩子们谈心，给他们创造一个又一个机会，给他们以信心……找到切入口的刘菊峰很快走进了孩子们心里，孩子们也越来越懂事，再也不会让她满大街去寻找，也不会像从前那样带着敌意仇视着周围的一切。

起初，刘菊峰担任一年级班主任以及几乎所有学科的教学工作——她成了 19 个孩子的“包班教师”。数学课上，孩子们没有计数器，她就利用“天时地利”带领孩子们穿梭在校园的果树之间。树上挂满的小酸果成了孩子们计数器上的珠子，落在地上的枯树枝成了计数器上串珠子的小棒。就这样，数学课上出了别样的风采。曾经在大学选修过的美术和音乐，这时候发挥了大作用。刘菊峰记得教孩子们的第一首歌就是她从小唱的《学习雷锋好榜样》，后来这首歌成了班歌。由于条件简陋，一台电视机、一台“大疙瘩”电脑、一排小凳子就是刘菊峰与孩子们一起展现才能的全部家当。她在前边领着唱，孩子们在后边扯着嗓子跟着唱……

一个人的精力是有限的，一个教师的能力也是有限的。每一个孩子都是教育的资源，如何利用好这些“资源”，让他们产生更大的价值？刘菊峰一直在琢磨，她“利用”孩子们不服输的劲头，时不时鼓励一些孩子的行为，“刺激”其他孩子你追我赶做得更好。“我希望用自己的微薄之力点亮孩子甚至孩子家庭的心灯，为他们打开未来无限宽广的世界。”刘菊峰说。

2013 年，刘菊峰特岗三年到期，按时入编并享受公办教师待遇。村民们开始担心，怕这难得的好教师也像其他人一样进城高飞。他们不知，走过了最初最清苦、孤独的岁月，刘菊峰坚守的心早已在六马坊村生根发芽。更何况，随着国家对农村教育的重视，刘菊峰所在的六马坊小学正像大多数教学点一样受到重视，逐渐开始修葺重建，办学条件得以改善。

2016 年，刘菊峰做了母亲，怀里抱着自己的孩子，心里还挂念着学生。终于，好消息传来：她带的班级学生都以优异的成绩升入初中，其中 6 个学生还考上了重点中学并且进入尖子班。也就是在那一年，获得村里人广泛支持的刘菊峰参加了镇里的党代会，并被推选为村妇联副主任，这让她更有干劲了。送走了一届学生后，刘菊峰再次担任了一年级班主任，带着 18 个孩子踏上了新的征程。2017 年，六马坊小学的学生从 2010 年的 65 名增加到 100 多名。2018 年是刘菊峰的收获之年。因为工作业绩和教育事迹突出，教师节前夕，她受邀作为河北省 6 名师德代表之一，参加了全省教师节座谈会，得到省委书记、省长的称赞。

“村小不变强，农村教育很难有希望。我没有那么大的‘野心’，只是希望通过自己的努力，让更多的孩子留下来也能学得好。”刚刚三十而立的刘菊峰说。让刘菊峰开心的是，过了这个春节，就要和她的孩子们再次见面了，迎接他们的是又一个充满希望的春天。而她，还是村小里那株灿烂的雏菊，盛开在教育的春天里。

资料来源：韩世文．刘菊峰：19 个孩子的“包班教师”．中国教师报，2019-01-30.

（二）理论阐述：成就感是一个人获得自信、快乐和动力的源泉

成就感是人的愿望与现实达到平衡时而产生的一种心理感受。成就感可以增强一个人的自信心，是一个人获得自信、快乐和动力的源泉，它会激励人们不断奋斗以达到更高的目标。

“得天下英才而教育之，三乐也。”孟子所云“得天下英才而教育之”的快乐，说的就是教师的一种幸福感。教师职业幸福感是指“教师在自己的教育工作中自由实现自己的职业理想的一种教育主体生存状态”①。幸福感是教师做好教育工作的重要前提，是事业有成的坚实基础，是教师专业发展的内在动力。教师能否体验到职业的幸福，与教师的思想境界、人生目的、价值取向密切相关。

教师职业幸福的最终目标就是：教师“幸福地教”，学生“幸福地学”。

教师的幸福感往往伴随着成就感产生。具体体现在以下几个方面：

第一，教师的幸福感来自收获的各类人才。教师是把祖国的昨天、今天和明天连接起来的桥梁，教师的劳动铺就了一条学生成才之路。为了学生早日成才，他们总是默默无闻地辛勤耕耘着，岁月消磨了他们的青春，劳累熬白了他们的鬓发，但他们义无反顾，无怨无悔。教师是人类灵魂的工程师，他们使自卑的心灵自信起来，使羸弱的体魄强壮起来，

---

① 张兆芹，庞春敏．教师职业幸福感及其提升策略．教学与管理，2012（4）：25-28.

使狭隘的心胸开阔起来，使迷茫的眼睛光明起来。他们让愚昧走向智慧，让弱小走向强大。教师为人类播撒希望的种子，当学生走向四面八方时，他们能体验到播种者的幸福；教师为人类传递和开创文明，当学生以出色的表现回报社会时，他们能体验到奉献者的幸福。“得天下英才而教育之”“青出于蓝而胜于蓝”，这既是教师的光荣，更是教师的幸福。

第二，教师的幸福感来自收获的真挚感情。教师的直接劳动对象是人，人是有感情的，特别是教师与学生之间培养的感情尤为真挚。年复一年，教师就像从一条河的岸边接一届届新生上船，用满腔热情和真挚的爱，把他们送到理想的彼岸，让他们奔向远大的前程。学生们对教师的满腔热情和真挚的爱，就是在三年、五年、十几年，甚至几十年以后还牢记在心中。公式、定理可能淡忘，而师生之间培养起来的真挚感情却难以忘怀。

第三，教师的幸福感来自收获的创造性的劳动成果。教师劳动过程的特点，就在于教师劳动的对象是活生生、有思想、有感情的人，而人是有差异的，要做好教育工作，就得充分发挥创造性。正是这种工作性质，决定了教师必须学识渊博，并且每时每刻都要开动脑筋，针对不同的教学情况和学生的差异，创造性地处理各种问题。当教师成功地讲好了一堂课，成功地组织了一次主题班会，成功地探索出学生内心世界的奥秘，成功地挽救了一名误入歧途的学生，成功地培养出一名出类拔萃的学生，教师的内心会无比快乐，能够充分体验到教师职业的内在尊严和幸福。

此外，教师的幸福感还来自他的创造性劳动能够得到的社会的理解、支持和尊重。教师的劳动是艰苦而崇高、平凡而伟大的，全社会应当予以真诚的理解、尊重和积极的支持。十一届三中全会以来，党和政府努力改善教师的工资福利待遇，全社会逐步形成了尊师重教的风尚，为教师幸福感的产生提供了良好的外部环境。就内部环境而言，学校的领导和管理人员，也应当对教师予以关心、支持和尊重，既要关心教师思想政治上的进步，又要支持教师教学业务水平的提高，还要改善教师的待遇，从而使教师心情更加舒畅，愈加感受到作为一名教师的尊严和幸福。

（三）实践启示：甘做永远的“点火”者

作为特岗教师，刘菊峰既很平凡，又很伟大。在极其艰苦的条件下，能够选择留下来任教，本身就需要勇气。案例中的教学点是中国基础教育的神经末梢，当时还处于撤并的边缘。刘菊峰深知农村家庭培养孩子的不易，只有知识才能改变这些孩子的命运。在纠结和深思之后，她还是选择了留下来。

刘菊峰用无私的奉献温暖了每一个孩子的心，改变了一个又一个孩子的学习面貌，也成就了很多孩子继续学习的梦想。她成就了每一个孩子的生命，甘做永远的“点火”者。

在为教育事业奉献的过程中，孩子们的爱戴拥护、村民们的支持、领导的信任和表扬，都给刘菊峰带来了强烈的成就感，这也催发了她上进的信心和动力，促使她进一步提升教学成绩，最后获得了幸福感。

（四）成长建议：如何一步步增强职业成就感和幸福感

教师为何会产生职业倦怠感？教师职业幸福感源自何处？如何不断增强教师的职业成就感和幸福感？

人们一直将教师比作燃烧的红烛，燃烧自己照亮别人，然而教师的工作并不只是奉献，教师在奉献的同时也会收获幸福感。要实现教师的职业幸福，必须提高教师的幸福能力。教师的幸福能力是指教师对幸福的感受力、创造力。教师要提高幸福能力，需要做到以下三点：

第一，教师要充分认识自己的职业意义，并将自己的生命意义与之联系起来，必须有较高的德性水平和人生境界。把一片爱心捧给孩子，不求一丝回报，这才是教师最真挚的感情。教师只要热爱生命、热爱这个职业，就能从中体验到无穷的乐趣和幸福，这才是世界上最大的财富。

第二，教师应当具有良好的知识结构和高超的教育能力。“崇尚科学精神，树立终身学习理念，拓宽知识视野，更新知识结构。潜心钻研业务，勇于探索创新，不断提高专业素养和教育教学水平。”这是《中小学教师职业道德规范》对教师的要求。教师的知识不仅是“心理学化”了的学科知识，而且必须是“文化化”“生活化”的知识。没有对学生及其学习机制的切实了解，没有民族和世界文化的整体支撑，就不能将学术语言生活化，一个教师即便能够从事教育教学工作，那他也是一个枯燥乏味、没有成效的教师，当然是不能收获教育幸福的。

第三，教师还应当具有审美的素养。幸福能力从某种程度上讲就是一种对主体自由的审美能力。幸福感就是一种生活的美感。因此，缺乏美感的人也一定缺乏幸福感。审美是发现幸福、创造幸福的重要法宝。要收获教育幸福，教师既要有较高的精神境界、创造性的教育能力，还应当具有对教育活动过程以及教、学双方的审美能力。这一审美能力既是乐教、乐学的中间环节，也是进一步激发创造力的重要因素。教师应当自觉掌握教育的审美评价尺度，学会以审美的心态看教育、看学生、看自己。

总之，教师要自觉遵守教师职业道德规范，加强师德修养，坚持终身学习，不断提高自身素质，淡泊名利，以良好的心态对待工作和生活，才能提高幸福能力，收获职业幸福，做一个幸福的老师。

四、事业心源自教育爱

没有爱就没有教育。

——顾明远

每一个决心献身教育的人，都应当容忍儿童的弱点。

——苏霍姆林斯基

在我国，有 330 多万乡村教师承担着 5 200 多万乡村中小学生的教育任务，他们默默无闻却又责任重大。通过“寻找最美乡村教师”活动，越来越多的人开始关注他们，乡村教师也感受到了越来越多的温暖。

由中央电视台和光明日报社共同主办的“寻找最美教师”大型公益活动已经举办了八年，其中，2011—2014 年为“寻找最美乡村教师”，2015—2019 年为“寻找最美教师”。在这些活动中，我们认识了无数美丽的教师，他们的故事和案例中的于贵勤一样让我们感动和流泪。是他们心中那份对教育的爱，为众多孩子支撑起了幸福成长的天空。

（一）案例呈现：于贵勤——用爱和生命去坚守

于贵勤：用爱和生命去坚守

2012 年 7 月 12 日，黄昏，筋疲力尽的于贵勤缓缓地锁上学校的大门。几天前，学生们早已放假，作为一校之长的她却留在学校，她要整理好这个学期的教学档案。56 岁的她已经退休了，仍被特批留任，继续担任这个学校的校长。

她是最合适的人选。因为是她，使这个原本没人知道的山村学校走出了大山；是她，带来了这所学校的每一步改变。没有她，就没有现在的孤山小学。更重要的是，没有人能代替她对这所学校的爱；没有任何东西，能坚固得过她对这片土地的坚守。

1990 年，34 岁的于贵勤从县重点小学分配到承德县三家乡孤山小学。

现实比于贵勤想象的要残酷得多。12 间破旧不堪的平房，没有院墙，没有窗户。穿着几乎露屁股的衣服的三四个孩子挤在一个桌子前，仅有的几把凳子只能作为摆设，根本无法坐人。而自己的小家，一个约 18 平方米常年没人居住的小黑屋，锅台上长着蘑菇，另一端则连着根本住不下一家四口人的土炕。地上有几处明显的耗子洞，黑漆漆的像挑衅的眼睛。

于贵勤哭了。这是什么地方啊，她就像一个被抛弃在荒郊野外的无助的孩子。作为老师，她看不到事业的希望；作为女人，她也看不到生活的希望。

那一夜，她失眠了，辗转反侧。

看着黎明悄悄扯开夜色露出头角，听着昨日还在哭闹的孩子在身边已经发出均匀的呼吸，于贵勤心里也渐渐亮堂了：希望是自己给的，不是摆在那儿的。就像这黎明，需要冲破黑暗。

“好好干吧，干好了再走。”于贵勤对自己说。心安定了，一切便稳当下来。然而，现实的残酷才只是个开头。

于贵勤带的是毕业班，通过上课她发现，学生们的文化水平仅仅相当于三年级。“怎么办?”，这是于贵勤必须要攻克的第一个难题。在取得校长的同意后，她利用放假时间给孩子们补课。

那年冬天太冷了。于贵勤便把 24 个孩子领到自己的家里上课。没有黑板，她拿出了家里的面板；没有板擦，她便用毛巾代替；没有凳子，她跑到外边找到木头自己做……

一年后，这个历年来都顶着全县倒数第一帽子的学校，愣是以合格率 100%的成绩把孩子们送进了初中。也是这一年，于贵勤成了孤山小学的校长。

夏天，孩子们在没有院墙的学校里玩耍，经常看见从附近山上爬下来的蛇趴在操场上。冬天，没有窗户的教室四面透风，孩子们穿着拖鞋和单薄的衣服站着上课。山里的孩子就是苦啊！站在黑板前的于贵勤心里很疼，她想让那些一心求知的山里孩子，不受动物的侵扰，坐着上课。然而，就是这样最基本的要求，这个贫困的学校也无力满足。

没有钱买，于贵勤就想到了“化缘”。1993 年的腊月，她准备到承德市寻求帮助。在这个距离县城 120 多公里的偏僻山村，每天只有一趟班车通往市区，乘车的地点还在 4 公里之外。清晨 4 点钟，于贵勤便起床往村外走。黑漆漆的村子，只能依稀看见幽幽的路边树影，寒风吹着树枝哗哗作响。于贵勤顶着内心的恐惧，一路小跑。前日下了小雪，路面湿滑，等到于贵勤跌跌撞撞地跑到地方，棉袄全都湿透了，可是班车却已经开走了，地面上只剩下两道车辙印……

她站在寒风中瑟瑟发抖，泪水顺着脸颊流下来，冰凉冰凉。等到僵硬的身体暖和过来了，于贵勤坚定地对自己说：“我是他们的校长，我有责任管他们！”

对于学校来说，说她是校长，不如说她是个勤杂工。学校的楼房盖起来后，问题又来了。数九寒天，要保证教室的温度，必须 24 小时里每隔 40 分钟添一次煤，这又累又脏又得精心的活儿没人愿意干。看着老师们为难的表情，于贵勤说：“我干！”

一边上课，一边实施学校的管理，一边给学校烧锅炉，于贵勤把自己分成几个人用。每个冬天，她都住在学校里，晚上，每隔 40 分钟就起来添一次煤。学生们的教室和宿舍暖和了，可锅炉房的偏房里却冷得要命，她需要盖 6 床被子才能勉强暖和手脚。反反复复，来来回回，有好多次，于贵勤都拄着两米多长的火炉钩子在锅炉房里睡着了。发现这一幕的老师吓得够呛，她却拍拍身上的炉灰，笑着说：“屋子暖和就睡着了，没事儿。”

对于学生来说，说她是老师，倒不如说她是母亲。村里李德福、李德民、李德新三兄弟，父亲去世，母亲改嫁，三个孩子跟着 70 多岁的爷爷奶奶生活。面对着三个即将失学的孩子，于贵勤咬咬牙：“上学的钱我出了！”本就不富裕的家庭再加上另外三个孩子的开销，生活捉襟见肘。开学后，于贵勤交完三个孩子和自己两个孩子的学费后，手头只剩下 5 毛钱。她紧紧地握着这 5 毛钱，生怕被人抢去，似乎这是全家人生活下去的希望。于贵勤忘不了，李德民在上大学的那一天，哭着喊她“妈妈”。在孤山小学的 22 年里，200 多名贫困生在她的资助下重返课堂，并相继走出大山。

有人说于贵勤傻。她说：“如果我的傻能让这些孩子都通过文化知识走出大山去，我就傻一辈子吧。”

资料来源：中国网络电视台．于贵勤：用爱和生命去坚守．(2012－07－20)［2020－03－02］．http://zmxcjs.cntv.cn/20120720/100042.shtml.

（二）理论阐述：“没有爱就没有教育”

事业是指人所从事的，具有一定目标、规模和系统而对社会发展有影响的经常性活动。事业心是指人们对自己所从事的事业执着追求的情感、坚定不移的信念。

不管做什么事情、干什么工作，有了事业心，才会产生进取心和自信心，才会激发主动性和创造性，才会有做事的激情、创业的豪情、敬业的痴情。

虽然仅有事业心并不能够保证一定可以取得事业的成功，但没有事业心的人绝对不可能有什么大的成就。每一个成功人士都有一颗很强的事业心，都希望自己成为一个优秀的、出类拔萃的人。

教师的事业心源自教师对教育、对学生的爱。著名教育家顾明远先生说过："没有爱就没有教育。"

教育爱是"教育者所具有的对其本职工作的浓厚的情感"[①]，是"教师职业情感的灵魂"[②]。教育爱的思想由来已久。国外的昆体良、裴斯泰洛齐、凯兴斯坦纳、斯普朗格，我国的斯霞、邓石岩等分别从不同角度对其进行了研究。瑞士民主主义教育家裴斯泰洛齐提出"教育的主要原则是爱"[③]，即"教育爱"，他重视道德教育，"教育爱"也是裴氏道德教育思想的本质核心。他一生都在践行着"教育爱"的思想，将自己的一生奉献给了贫苦儿童的教育事业，数十年如一日。

传统教育把教育爱看作教师的一种修养和职业道德。现代教育进一步把教育爱看作儿童健康成长不可缺少的动力和要素，是儿童基本的心理需要。

（三）实践启示：给学生浓浓的爱和关切

于贵勤是2012年"最美乡村教师"获奖人，从她的事迹可以看出她对学生满满的、浓浓的爱和关切。用她自己的话说："当老百姓的官儿，就得给老百姓多办点事儿。尽管校长不是啥官，可是我能做到的必须都得为这个学校、学生们一点点做到，心才能安。"

于贵勤的同事这样评价她：对于学校，她是家长；对于学生，她是母亲；对于老师，她是老大姐。当时，面对破旧不堪的学校，她没有选择放弃，而是付出自己的全部心血来打造它，甚至忽视了家庭。没有她，就没有孤山小学的今天。

她的学生这样评价她：在我童年的记忆里，雷锋只是个影子。但在我有限的生命里，于校长却让我感受到了雷锋精神是什么概念，她就像雷锋一样活在我们的身边。

（四）成长建议：主动给予，且持之以恒

教育爱是一种主动和公平的活动。它能促进学生的成长、增益学生的幸福，并最终使其成为他自己。教育爱是一种对学生的情感给予，但这种给予必须是无条件的，唯有如此，教育爱才是公平的；这种给予也必须是主动的，且持之以恒，唯有如此，教育爱才是真实的[④]。

教育爱作为一种教育品性还体现为一种文化性[⑤]。这种文化性可在中国的历史文化长河中寻觅，也可在自由理性的制度文化中得到彰显。教育爱作为一种理念乃至实践，在我国教育发展的历史长河中源远流长。有许多卓越的教育思想家都直接或间接地提出过许多有关教育爱的思想。孔子是全世界公认的伟大思想家和教育家。孔子的思想和言行处处闪

---

① 王毓珣．关于教育爱的理性思索．中国教育学刊，2001（4）：25.

② 傅宝英．从教师"教育爱"谈师范生教师职业情感培养．湖南师范大学教育科学学报，2004（1）：101.

③ 赵祥麟．外国教育家评传：第2卷．上海：上海教育出版社，1992：49.

④ 秦元东．论教育爱．学前教育研究，2009（7）：32－35.

⑤ 谢桂新，柳海民．教育爱的新视界．教育科学，2011（3）：17－23.

烁着对教育事业、对学生的爱的光芒。近代著名教育家陶行知对儿童的关注和尊重，是他爱的思想中最精彩之处，如他提出儿童的“六大解放”，即解放儿童的头脑、解放儿童的眼睛、解放儿童的双手、解放儿童的嘴、解放儿童的空间、解放儿童的时间。这“六大解放”体现了陶行知对教育事业、对学生的爱和智慧。现代的斯霞老师把爱学生当成教师的天职，她一辈子做小学老师的教育人生可以用一个“爱”字来概括。她认为：“一切成功的教育都必须基于爱，借助于爱，归结于爱。”

第二节　教师的职业道德

陶行知说：“学高为师，身正为范。”立德为先，修身为本。习近平总书记指出，评价教师队伍素质的第一标准是师德师风。

职业道德，就是同人们的职业活动紧密联系的符合职业特点要求的道德准则、道德情操与道德品质的总和，它既是对本职人员在职业活动中的行为标准和要求，同时又是职业对社会所负的道德责任与义务。

教师职业道德，又称“教师道德”或“师德”，是教师在教育劳动中所遵循的行为准则和必备的道德品质。它是社会职业道德的有机组成部分，是教师行业特殊的道德要求。它从道义上规定了教师在教育劳动过程中以什么样的思想、感情、态度和作风去待人接物，处理问题，做好工作，为社会尽职尽责。

教师职业道德可从多个维度加以阐释。《中小学教师职业道德规范》明确了新时代中小学教师应从爱国守法、爱岗敬业、关爱学生、教书育人、为人师表、终身学习六个方面遵守教师职业道德。本节从教师的职业理想、职业责任、职业态度、职业纪律、职业技能、职业良心、职业作风、职业荣誉八个维度刻画教师职业道德，分别对应原动力、传承力、学习力、自制力、创造力、引领力、感召力、激发力。这些因素从不同方面反映出教师职业道德的特定本质和规律，同时又互相配合，构成一个严谨的教师职业道德结构模式（见图 1－2），整体彰显教师文化力的文化根基。

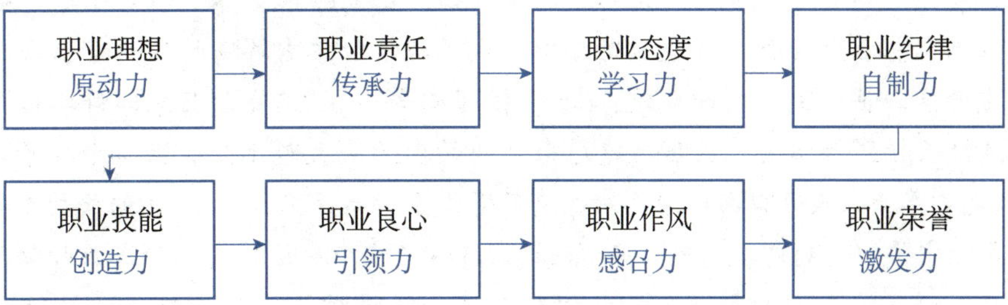

图 1－2　教师职业道德结构模式

一、职业理想：原动力

世界上最快乐的事，莫过于为理想而奋斗。

——苏格拉底

人生最高理想，在求达于真理。

——李大钊

教师的职业理想很简单、很朴素，也很直白，就是要教好每一个学生；教师的职业理想也很崇高、很伟大，就是做一名好老师。教师的职业理想是每一位从教者追求完美的根本动力，它激励教师们不懈奋斗，持续努力，作出很多意想不到的骄人成绩，实现一个个孩子的梦想。

（一）案例呈现：拒绝两百万年薪去支教的“傻校长”

名校长的“傻决定”：拒绝两百万年薪去支教

杭州市学军中学校长陈立群要退休了，作为全国重点高中校长、教育部中学校长培训中心兼职教授、享受国务院特殊津贴的专家，他在全国教育界都广获认可，有民办高中开出两百多万元的年薪挖他，但这个“名校长”却做了一个决定，让很多人看不明白。

2016 年，他卸任浙江省的国家重点高中校长，来到贵州黔东南苗族侗族自治州台江县，成为这个国家级贫困县唯一一所中学的校长。这是所高考成绩在全州垫底的“差校”，他要在这所“差校”实践平民教育的理想，在苗族人口占比 98%的“天下苗族第一县”，给这帮苗族孩子开启人生的另一种可能，更要影响成千上万户苗族家庭的未来。

来台江前，他最放心不下 90 岁的母亲，但老母亲得知儿子要去支教后，非常支持：“我身体好着呢，不信我跟你打赌。”

台江县教育局局长龙峰向陈立群校长发出大胆的邀请后忐忑不安，不知道能否得到陈立群的同意。邀请说出口，龙峰自己都觉得不切实际，况且就算陈立群答应了，台江这座偏远且贫困的县城，又能拿什么招待好这位名校长呢？然而陈校长没开条件，“解决吃住就行”。就这样，陈立群来到距离杭州 1 400 公里外的贵州山区，开启了他分文不取的支教生涯。

他首先要用“雷霆手段”唤醒老师们的责任心。但显然，一味“雷霆手段”也不是他的初衷，如何提振教师士气、激发教师潜能，成了陈校长急需解决的另一道难题。

新学期开学，他收到一封辞职信：“我是铁了心要走。”这突如其来的辞职信是刘明老师写的。陈校长赶到台江县人民医院，原来刘明的妻子头天晚上生了第二个孩子。刘明坦言，3 000 元要养活家里六口人，难。他也是不得已才想离开工作了 15 年的民族中学，去薪水更高的民办中学。听到这，陈校长挽留的话实在说不出口。他何尝不知道教师收入微薄的难处？他只能说，学生们都很想你，盼你能回来。刘明听了眼睛一红：“辞职信我收回吧……”

陈校长几乎每个月都要面临这样的挽留。因为待遇跟不上，台江民族中学每年都有十几位教师离职。为了解决教师待遇问题，他没少跟当地教育部门争取，增设目标考核奖、教学质量奖等，但当地财力实在有限，到手的补助杯水车薪。

于是，他把20多万元奖金捐出来，那是他的国务院特殊津贴和杭州杰出人才奖奖金，在台江设立“奖教金”，每年奖励9名教师，每人5 000元。

他去过最远的一个孩子的家，需要先开车一个半小时，再坐烧着柴油的小船45分钟，最后步行半个小时。更让陈校长焦虑不安的是另一座横亘在人心里的“大山”，台江县至今仍然没有脱贫，群众依靠外出打工赚取微薄收入，留守在家的儿童数量居高不下。

当地流行的观念是“读书无用论”“早点打工好”；大节三六九，小节天天有；喝酒、斗牛、打麻将，等着别人送小康。陈立群到任后召开家长会，看到有的班家长还没老师多，可见教育在当地人心中的位置。台江民族中学作为全县唯一的高中，过去几年，高考成绩在全州垫底。一些学生靠着国家和社会的资助，注重享受而不思进取，学生对手机的迷恋超乎想象，早恋、抽烟、沉迷游戏等现象很普遍，每年都有百余名学生辍学。面对这样的孩子和家长，他又能如何？

他打的另一张牌就是严格管理，宣布进入“校园安静环境学习月”。原先像是四处撒欢儿的野马驹的学生，突然被新校长的这根缰绳一拉，像是有一记无形的教鞭抽在了心上，一盘散沙式的学习氛围逐渐发生了改变。浮躁止于宁静，惊雷响于无声。

如果说行为习惯可以刻意培养，那么对学生精神层面进行引导，才正是陈校长大显身手的时候。他通过国旗下演讲、成人仪式，去激发学生的斗志。这些学生们从没有听过的活动，给他们打开了一扇人生的新大门。经常有学生给陈校长写信：“是您的到来，才让我有了走出贵州这个不平凡的想法。”

因为陈校长，台江民族中学的一大批学生改变了生活的选择，改变了命运的轨迹。2017年6月，他带的首届毕业生高考，全县人都把目光投向了这唯一的高中，当揭开榜单看到成绩的那一刻，从家长到亲友无不感到欣喜：一本从40多个翻到100多个。

往年，台江中考前100名的学生中，留在台江民族中学的只有十来个人，而2018年这数字翻了几倍，达到95人，全县中考状元也第一次留在民族中学。2019年，全校885名学生参加高考，有561人考取了本科，本科成绩完成率达到了183%。老师们体会到了前所未有的幸福感。得到了老百姓的认同，老师们也就越来越有尊严感了。

尊师重教的民风慢慢形成了。陈校长号召老师们走进寨子，把社会最底层撬动起来，让大家充分认识到教育的意义：考出一个孩子，脱贫一个家庭，带动一个寨子。陈校长的微信头像，是台江县小江小学，那是一所教室用木板钉起来、四面通风的老旧小学。陈校长以此激励自己，争取给孩子更好的求学机会，才能用教育阻断贫穷的代际传递。

他谢绝了省、州、县一切奖金补贴，也谢绝了一切宴请饭局，别人宴请时，他总以“我是来支教的”来谢绝。他要为台江培养一支不走的教师队伍。所有的帮扶都是暂时的，所有的支教都是要结束的，关键在于增强可持续发展的造血功能。台江县周边县城的小初高校长，都是他的徒弟。不仅仅是台江民族中学的老师受益，全县老师都受益。

资料来源：重庆晨报．名校长做“傻决定”：卸任后拒绝两百万年薪去支教，分文不取．(2019-09-10) [2020-03-02]．https：//www.cqcb.com/manxinwen/manxinwen/2019-09-10/1850661_pc.html.

（二）理论阐述：职业理想是一面白帆，鼓满劲风让人生远航

职业理想是人生理想的重要组成部分，是人们对未来职业的向往和追求。职业理想是社会发展的产物，是随着生产力的发展和社会分工的出现而逐步产生和发展起来的，它决定着人们在职业生活中的事业心和责任感。

树立或拥有科学的职业理想是非常重要的。职业理想首先是职业选择的向导。一个人一旦确立了科学的职业理想，就应当朝着实现这一理想的方向去努力。职业理想也是取得职业成功的动力。每个人都有自己的职业理想，为了实现自己的职业理想，每个人都要积极进行相关知识和能力的积累，努力创造条件并最终取得职业成功。职业理想还是事业成功的精神支柱。有了这样的精神力量，无论遇到什么样的困难、曲折，都会朝着已经确立的职业目标前进，直到取得事业上的成功。要树立正确的职业理想，必须全面地认识自己、全面地了解社会，还应树立正确的人生观、职业观。

职业理想是一面白帆，鼓满劲风让人生远航。

（三）实践启示：“心灵唤醒”与“精神教育”

陈立群 34 年中当过 5 所学校的校长，写过 16 本书。面对不同的生源和起点，他都能把后进的学校带到拔尖的水平，成就了响当当的“全国名校长”美誉。

他的职业理想是什么？就是要消除贫困，通过教育改变落后山区孩子的命运。

无论是对学生，还是对老师、家长，他都重视“心灵唤醒”“精神教育”。通过激发学生们的进取心和责任心，很多贫困家庭的命运得以改变。他说：“给钱总是要花光的，给物资总是要用完的，唯有把农民的孩子培养好，才能使家庭的贫困不会成为世袭。”

他不计个人得失，拒绝了每年 200 多万元的高薪，来到贫困山区，分文不取，反而资助学生、奖励老师。陈校长在贵州支教三年期间，走访过 100 多名学生的家，资助学生家庭累计达 10 多万元。他说：“给我百万，还不如看到一个贫困学生考上大学令我开心。”他也坚信，只要给孩子一点光亮，孩子就会还你一片天空。“你无法想象这里有多贫困。”陈校长说，他自己的包里总是准备着现金，用于接济家里有困难的孩子。

从学军中学校长的岗位上退下来以后，有不少民办学校开出丰厚薪酬聘请陈立群，但他不为所动。陈立群“不为功利，不求功德，只为心愿”，他认为外界的帮扶可以帮助改善但无法消除贫困。“教育是贫困治本之策。”陈校长的支教计划原定为一年，期满后他选择了留任。“不少新生和家长都说是冲着我来的，我至少要把他们送进大学校园！”

陈立群一心治学，在短时间里就将一个落后的“烂”学校变为了好学校。他刚接手时，台江县民族中学的成绩在全州排名垫底，校风散漫。“孩子们都很聪明，但心思没有花在学习上。”陈校长制定了规章制度，并实行全封闭式管理，全校 3 000 多名学生全部住校。现在学校跑操秩序和晚自修纪律都非常好，可以和杭州的学校相比。

（四）成长建议：走近最理想的教育

教师的职业理想是教师献身于教育工作的原动力。教师在把教育工作作为自己的终身事业，有了明确的职业理想以后，就会对教育教学工作产生积极性，从而越来越热爱自己的本职工作，建立起只要勇于实践、勤于积累、辛勤劳动定会成为优秀教师的信心。教师在教育教学过程中，要积极地观察每一个学生，认真地聆听每一个学生的发言，设身处地地感受学生的所作所为、所思所想，走进他们的情感世界，与他们成为好朋友，久而久之师生之间有了良好的信任，自己的教育理念就能奏效了。

教师的职业理想还为更多的人，尤其是学生树立了一盏明灯。当代中国教育大家朱永新以他特有的人格魅力征服了广大教育者的心，展示了他自己的“教育理想”。他富有人文精神和创新精神，为中国教育改革建言献策；他创办的教育在线网站，已经成为中小学教师的精神园地；他倡导的新教育实验，正在改变着中国的教育；他对中国教育现状的深刻思索以及对教育理想不懈追求的精神，感动了千千万万人的心。

朱永新满怀激情，用诗一般的语言描述了他心中的教育理想：理想的学校、理想的教师、理想的校长、理想的学生、理想的父母、理想的课堂、理想的德智体美劳的教育……这种教育理想，震撼了教育者的心灵，点燃了广大教师心中的热情，激发了人们沉睡已久的教育激情，成为广大教师创造教育、享受教育、提升生命质量的动力。

二、职业责任：传承力

教师是人类灵魂的工程师。

——米哈伊尔·伊凡诺维奇·加里宁

教师是知识种子的传播者，文明之树的培育者，人类灵魂的设计者。

——弗兰西斯·培根

我国《教师法》第 3 条明确规定：“教师是履行教育教学职责的专业人员，承担教书育人，培养社会主义事业建设者和接班人、提高民族素质的使命。教师应当忠诚于人民的教育事业。”该条文笼统地概括了教师的职业角色和职责，为指导各级各类学校教师明确具体角色、职务、责任等奠定了基础。

2012 年，我国教育部印发的幼儿园、中小学教师的专业标准是对合格教师专业素质的基本要求，是教师实施教育教学行为的基本规范，是引领教师专业发展的基本准则，是教师培养、准入、培训、考核等工作的重要依据。

（一）案例呈现：用中国智慧破解教育难题

闫合作：用中国智慧破解教育难题

闫合作，河南省济源职业技术学校教师，河南省教育厅学术技术带头人，河南省孔子学会副会长，河南省国学文化促进会副会长，河南省儒学文化促进会讲师团副团长，济源市政协委员。

卓越的人都有自己的精神岗位。

对闫合作而言，职业技术学校的语文教师只是其物质岗位，他更看重的是自己的精神岗位——做唤醒教师职业生命的“现代孔子”。这是他的人生梦想，他志在为中华文化、中华教育的复兴尽心尽力。

20年前，闫合作开始研读《论语》《道德经》等中华经典。20年来，闫合作基本不看电视，每天晚上9点左右上床睡觉，凌晨4点左右起床，阅读经典、读书写作，上午8点以后投入一天的日常工作。“我的7本专著，都来自每天早晨的3个多小时。”闫合作微笑着说。

以闫合作的研究成果、著作、文章、学识，求职位、评职称是轻而易举的事，然而闫合作从不争名求利，总是退而远之。他研究中国文化，深知不争之理，只愿默默付出，天天成长。

在研读《论语》的过程中闫合作发现，古代的注释已经不能适应现代社会的发展需要，“不同时代对孔子的阐述都不一样，一个时代应该有一个时代的孔子”。闫合作认为，此项工作意义重大，他决心尽自己的绵薄之力，对经典进行全新解读。

2 500多年前，孔子带领弟子周游列国，“我为什么不重温圣人的伟大旅程呢?”。2008年，闫合作决定重走孔子周游列国之路：既想通过这种方式“亲近”孔子，又想以此宣传他总结出的“孔子教学法”。

闫合作招收了“弟子”，最终确定随行者6人，与他共走“孔子之路”。“都知道孔子因材施教，但很少有人真正去实践。”闫合作称，此次重走孔子之路，就是要将他研究的孔子教育智慧与新课改结合的理论运用到实践中。此外，每到一处他都做公益演讲，把自己的教育方法推介给沿途的家长和学生。

早在2006年，闫合作就已将自己多年研究《论语》的心得结集成《〈论语〉说》出版。因为书中有些观点和解释与传统观点迥异，闫合作一度成了新闻人物。

对于整部《论语》20篇，闫合作都重新做了注解：

“温故而知新，可以为师矣。”许多人的认识是，温习旧知识而有新的体会，就可以当老师了。这种解释的影响很不好。温习旧知识而有新体会，很多人都可以做到，这样就可以当老师了吗? 其实，“温”是寻找的意思。三国时期的哲学家何晏指出：“温，寻也。寻绎故者，又知新者，可以为人师矣。”在这里，“故”不是指旧知识，而是指“缘故”“缘由”。孔子本来的意思是，能寻找缘故，知道根源，才可以为人师。

“举一隅而不以三隅反，则不复也。”现代译文的大意是，告诉他方形的一个角，他不能由此推知另外三个角，就不再重复去教他了。在闫合作看来，孔子并不是这种意思。孔子是强调教师要注重课堂讲授能力，而不是指责学生的愚笨。“不复”不是“不再重复教学生”，而是不再重复所举的“一”。学生不能反三，是教师举的“一”没举好，不要再重复，要换一种说法来讲。如果你的“一”能举好，任何人都可以反三。

闫合作的经典新解，既伴随有质疑的声音，也赢得了不少专家的支持，有观点认为是“国学补缺”。中国人民大学孔子学院院长张立文读了他的书后，专门给他写信说：“你的注解很好，很大众化，能让更多的人接受。”

与许多专家培训教师的方式不同，闫合作除了讲座，还亲自给教师上“孔子教学法”的示范课。在这方面，闫合作有一项让全国教师惊叹的绝活：上公开课不提前公布上课内容，而是走进教室让听课教师当场点课，然后再当场作课。

记者跟踪采访闫合作时，曾见证过这样的场景：河南省鲁山县第二高中的礼堂里，台上几十个学生和台下近千名教师在安静地等待上公开课的教师走上讲台。

“到现在为止，今天的上课内容还没有确定。我知道在座的大部分都是中小学语文教师，请你们任意点课。”闫合作拿着话筒，边走边说地上了讲台。也许是感到意外，甚至是不敢相信，台下的教师们迟迟没有动静。闫合作又把刚才说的话重复了一遍，台下仍然没有人站起来。尴尬持续了一分钟，终于一位年轻男教师站了起来：“我想请您上《藤野先生》……”点课的教师落座后，闫合作就开始上课。

下课时，礼堂里响起了热烈的掌声，当闫合作转身走下讲台时，掌声依然热烈……

闫合作之所以敢让教师现场点课，是因为他研究的“孔子教学法”大道至简，其内涵可概括为“一句话，两件事，三种效果，四条标准”。一句话是指“学而时习”；两件事是指组织教学和教学组织；三种效果是指教育变简单、学习变轻松、课堂变有效；四条标准是指学生学习主动、知识课堂掌握、课堂面向全体、师生幸福成长。

现在，闫合作研发出了以“孔子教学法”为核心的中式教育体系，并在河南、山东、河北、内蒙古等多个地区的学校进行实验，取得了显著的效果。越来越多的实验教师的课堂和生活都发生了质变。

曾经，河南省洛阳市第四十三中学教师程中英是一个要强、执着、说一不二的人，这种强势的性格让她的孩子、爱人活得辛苦，她自己也觉得生活无望。然而，持续听了闫合作的讲座后，做义工、做个案……让程中英发生了脱胎换骨的变化。

“是闫老师让我放手，让我退后，让我将孩子成长的舞台还给孩子。我开始不再要求、逼迫孩子，而是接纳、肯定、欣赏孩子；不再过分包办，而是让他自己选择、自己承担。”程中英充满感激，“现在，我的孩子阳光、自信，说话有理有据，思维清晰，办事周到细致，成了别人学习的榜样”。

资料来源：王占伟．闫合作：用中国智慧破解教育难题．中国教师报，2017－09－13.

（二）理论阐述：“学为人师，行为世范”

职业责任是指人们在一定职业活动中所承担的特定的职责，它包括人们应该做的工作和应该承担的义务。教师职业责任既是对教师职业的规范和要求，又是教师从事工作的依靠和归宿。

爱岗敬业是教师职业精神的重要内容，是教师坚持为人民服务的宗旨、具有高度的政治责任感和职业责任感的具体体现，也是教师实现自身价值，追求人生幸福的最现实、最可靠的途径。在实际工作中，珍视为人师表的这份荣耀，时时处处严格要求自己，才能获得学生的爱戴、家长的信赖和领导的认可。

教师的基本职责就是教书育人。孔子说过，“温故而知新，可以为师矣”；扬雄说过，

"师者，人之模范也"。这些说法综合起来，实际上反映出社会赋予教师的基本职责就是教书和育人：教书，就是传授知识，传递文化，为此，教师自然要有"高的学"；育人，就是要使人成材，材者，须德才兼备，故而教师除了有"高的学"，还得有"正的身"。此即"学高身正"[①]。

教师是培养人和塑造人的职业，是人类灵魂的工程师。所谓"学为人师，行为世范"，教师的一切言行举止，都是学生的榜样。因此，教师的思想政治素质和职业道德水平，就成为决定他教育教学水平的关键。一个具有强烈职业光荣感、历史使命感和社会责任感的教师，一定能成为爱岗敬业，忠于职守，自觉履行教书育人的职责，以高尚的情操、满腔的热情去教育引导学生全面发展的良师益友。

（三）实践启示："亲近孔子"的"孔子教学法"

作为一名职业学校教师，闫合作作出了不同寻常的成绩。他对中华经典进行全新解读，已出版7部专著。他上公开课，总是让教师现场点课，不给自己留备课时间。他开创了以"孔子教学法"为核心的"中式教育"，让众多教师发生了脱胎换骨的变化。

闫合作在中华经典中汲取养分成就自己的同时，也改变了更多人的命运。在案例中的程中英老师看来，每一次讲座，闫合作都将自己从经典中读出的智慧提炼成几句通俗易懂而又耐人寻味的话，让人在不知不觉中觉悟、反思、改变。他已经将优秀传统文化融入自己的血脉，能时时处处用自己所探索的"孔子教学法"讲教学、讲教子、讲夫妻之道、讲企业管理、讲生财之道……让听众学而时习、主动参与、听有所获、学有所用。

他追寻孔子周游列国的足迹，带领学生一起"亲近孔子"；他研读《论语》，对其进行适应现代社会发展需要的解释。这都源于他对孔子的热爱与推崇。

（四）成长建议：以智慧、情感、意志、信念、自我意识去施加影响

教师职业是塑造人的灵魂的工作。它首先需要将"以人为本"作为一切工作的根基。

1. 以人为本是中国文化最根本的精神

与西方文化相比，以人为本的人文精神是中国传统文化最根本的精神[②]。以人为本的中国文化是中华民族对人类的一项重要贡献。

我国最早明确提出"以人为本"的是春秋时期齐国名相管仲。据《管子》一书记载，管仲对齐桓公陈述霸王之业时说："夫霸王之所始也，以人为本。"意为霸王的事业之所以有良好的开端，是因为以人民为根本。管仲提出的"以人为本"思想尽管与现在的含义有所不同，但应该作为中国传统文化的基本精神，加以继承和发展。

坚持以人为本，同中国共产党全心全意为人民服务的根本宗旨和代表中国最广大人民的根本利益的要求，是一脉相承的。新发展观明确把以人为本作为发展的最高价值取向，就是要尊重人、理解人、关心人，就是要把不断满足人的全面需求、促进人的全面发展，

① 刘庆昌．爱智统一者可以为师．今日教育，2019（1）：41－42.

② 楼宇烈．中国文化的根本精神．北京：中华书局，2016：46.

作为发展的根本出发点。人类生活的世界是由自然、人、社会三个部分构成的，以人为本的新发展观，从根本上说就是要寻求人与自然、人与社会、人与人之间关系的总体性和谐发展。

21 世纪以来，我国基础教育新课程改革遵循的理念即是“以学生发展为本”，大力倡导建立自主、合作、探究的学习方式，重点培养学生的创新精神和实践能力。

2. 立德树人是中华优秀传统文化与当代教师开展教育工作的根本任务

“立德树人”是中华优秀传统文化，中华文化主要是伦理道德文化。党的十八大报告指出，立德树人是教育的根本任务。十八届三中全会进一步提出，要坚持立德树人。从某种程度上讲，立德树人是对“培养什么人”以及“怎样培养人”的一种积极回应。在当前教育改革的背景下，“立德树人”是教育的根本任务，所以，正确认识和理解“立德树人”就显得尤为重要和关键。

立德树人的基本途径是通过传承中华优秀传统文化，培养社会主义事业的建设者和接班人。2018 年 9 月 10 日，习近平总书记在全国教育大会上发表重要讲话，阐述了“培养什么人、怎样培养人、为谁培养人”的问题，明确提出培养“立志为中国特色社会主义奋斗终身的有用人才”，“让广大教师享有应有的社会声望”。

习近平总书记曾说：“教师重要，就在于教师的工作是塑造灵魂、塑造生命、塑造人的工作。”“一个人遇到好老师是人生的幸运，一个学校拥有好老师是学校的光荣，一个民族源源不断涌现出一批又一批好老师则是民族的希望。”党中央不断强调尊师重教，教育部不断加强教师培养培训，就是为了让更多的教师胜任塑造灵魂、塑造生命、塑造人的工作，就是为了让孩子们有更多的好老师。

苏联教育家苏霍姆林斯基在《给教师的建议》一书中给了我们诸多有价值的启示：“我们工作的对象是正在形成中的、个性的、最细腻的精神生活领域，即智慧、情感、意志、信念、自我意识。这些领域只能用同样的东西，即智慧、情感、意志、信念、自我意识去施加影响。”“我们的工作是培养人，这就使我们担负着一种无可比拟的特殊责任。”[①]“没有教育者个人对受教育者的直接影响，就不可能有深入人性的真正教育。只有个性才能影响个性的发展和定型，只有性格才能养成性格。”“要使教育者同时又是受教育者。”[②]

然而，现实状况却不容乐观。一项对全国 31 个省、自治区、直辖市的高校、中学、小学共计 3 348 位教师的职业道德行为的调查结果显示：大、中、小学三个教育阶段的教师，其职业道德行为表现出明显的水平差异，中学教师对待工作最主动，责任感最强，大学教师次之，而小学教师在这两方面的表现是最低的。存在的比较明显的问题是：职业道德并没有完全内化为他们的情感、意志等，我国不同教育阶段的教师是根据自己的教学任务和工作压力等外部因素来调整对待工作的态度的，外部因素是造就教师职业道德素质的原因，教师并没有真正在思想上提高自己的职业道德修养[③]。

---

① B. A. 苏霍姆林斯基．给教师的建议．修订版．周蕖，等译．武汉：长江文艺出版社，2018.

② 康·德·乌申斯基．学校的三个因素//B. A. 苏霍姆林斯基．给教师的建议．修订版．周蕖，等译．武汉：长江文艺出版社，2018.

③ 冯莉．中国教师职业道德行为调查分析．上海教育科研，2006 (4)：4－6.

三、职业态度：学习力

每一个不曾起舞的日子，都是对生命的辜负。

——尼采

态度是世界上最神奇的力量，它栖息于思想深处，左右着我们的思维和判断，控制着我们的情感与行动。一个人的生活状态、人生方向完全受控于其生存态度的牵引。用什么样的态度对待生活，就有什么样的生活现实。积极的态度可以使我们到达人生的顶峰，尽享成功的快乐和美好，消极的态度则会使我们一生陷于困难与不幸之中。

对于教师而言，踏实、勤恳、认真、负责、公正、勇气、良心等积极的职业态度非常重要。

（一）案例呈现：教师比学生更需要学习

吴非：教师比学生更需要学习

吴非，本名王栋生，全国特级教师。1950 年生于南京，1968 年去农村插队，1982 年 1 月毕业于南京师范大学，任教于南京师范大学附属中学，现已退休。著有《课堂上究竟发生了什么》《不跪着教书》《致青年教师》《王栋生作文教学笔记》等。

吴非说："我在退休时，曾想到，如果说自己的教育经历有什么值得总结，值得对人说一说的，那可能莫过于把自己教成了一个比较好的学生。我把自己教成了一个学生，我把自己教回到课堂，我把自己教回了童年……这也许就是为什么在离开课堂之后，我仍然对教育保持着热情，仍然对世界保持着好奇心，仍然在思考着学校里和课堂上的细节。"

教师比学生更需要学习

教师职业的任务，是让学生"学会学习"，所以，教师自己必须是真正善于学习的人。因为只有教师知道如何去学，学生才有可能跟随他学习。

承认自己需要学习，才可能有真正的学习。从走上讲台的第一个星期起，我就想到，随着"教学"的开始，属于我的学习也开始了。因为面对的这五十多个人，他们的智慧总和必然大于我，我唯一高于他们的，是比较丰富的社会经验，然而这种不足道的"优势"很快也会消失。

30 多年来，高等师范学校毕业（以下简称高师）即从事教学成为常态（近年一些学校才要求"硕士学历"）。我的同事，大多数是在 22 岁左右毕业来到学校的。在他刚走上讲台时，谁都会认为他的"专业水平"处在并不高的状态；其实，此时的他，缺少的只是经验和资历，一般而言，他的知识水平比工作了十多年的教师要"新"一些。

根据我国的劳动退休制度，如果 22 岁高师毕业，男教师得工作 38 年，女教师得工作 33 年，才到退休年龄。从理论上说，一个人在大学学习到的专业知识技能，不大可能支撑他站立讲台三十多年；那些知识，也不可能三十多年不过时。如果一名劳动者的技艺永远停留在 22 岁的水平上，是很可怜的，他所做的工作，新一代机器已能代替他；而一名教师的教育思想和教学艺术如果定格在22岁这个符号上，则是可怕的，因为在以后的三十多年内，他只能用陈旧的方法向学生教授陈旧的知识。

教师只有比学生更善学，才可能会教

相比而言，教师的工作很容易走向平庸。

2004年课改开始时，很多老教师反对使用新编教科书——这是我们预料之中的，毕竟课改需要他们多付出一些时间理解消化新教材，而他们感到精力不足了；但没有想到的是，一些中年教师也反对，原因是他们认为“刚刚熟悉教学，进入了平衡期”。

这是多么古怪的一幕！我从这里进一步体会到的是：课改最大的障碍，就在于一旦具体到教师的专业提升意识，便会出现的这种惰性或是职业倦怠。社会对教师职业的各种误解，也是因为教师自身没有把教学当作“专业”，没有意识到教学需要能力的提升。

教师只有比学生善于学习，他才可能会“教”，因而才可能是“师”；也只有比学生更知道需要学习，他的“教”才可能是有价值的。

回顾自己的教育经历，一个很重要的精神支撑，就是保持独立思考的习惯。教师在教育教学中要能发现问题，并始终正视问题，重视个人思考的价值。我是个愿意“相信”的人，但我更加尊重事实，希冀发现真相，这就让我不断地发现周围的问题，从课堂，从教科书，从学生的反应，从检测与考核评价，从学校的教育行为……那些年，我对语文教育产生的疑问，日后都成为我教学与科研的出发点；由此而生的相应的思考，以及为寻找出路所作的探索，对我后来从事的语文教科书编写，乃至树立正确的教育观，都起了重要作用。

教师要善于向一切人学习，包括自己的学生

教育不能仅仅凭借爱心，也需要智慧。仅仅有对教育的热爱，不一定能胜任教学任务。前年，和一位心脏外科专家交流，说起爱心与智慧的话题，他说：“我不太同意社会的一般看法，我认为智慧比爱心更重要：医术高超，病人的痛苦就少；以儿童心脏手术来说，胸腔打开的时间越短越好；仅仅有爱心，可能不行。”行医与教学未必是一回事，但他的话也令我深思。对一名富有爱心的教师而言，他可能先得有智慧；行医是“救命”，或许是千钧一发，而“教育”将长久地影响人的一生，因而，教师的“术业”可能更重要。

“了解自己”，是学习的起点。多年来，我深切地感到，我的智慧是有限的，好多领域的知识我不了解，好多应当读的书我没读过，这就让我始终把继续学习当作生活的主要内容。每位教师都可能有自身的教学优势，要敢于“扬长”，但也要敢于“不避短”，善于向一切可以学习的人学习，当然也包括向学生学习——每个人身上可能都有值得我学习的东西，学习他不是为了成为“他”，而是为了成就“我”。有这样的意识，就能不断开拓学习的新途径。

我在50岁时参加语文教科书的编写，在长期的工作中，认识了很多比我年轻的教师，我只注意他们强于我的地方，这样，我丰富了自己的视野，学到了更有趣的知识。如果我自以为是、倚老卖老，可能就不会像现在这样时有感悟。

长期的教学实践让我发现了更多有趣的问题，探究与思考使自己能以学习为乐事。退休了，我发现自己真的比30年前聪明了一些，在对职业的认识上有了新的高度，这种感觉真的很好。

资料来源：腾讯教育．吴非：教师比学生更需要学习．（2014-09-26）[2020-03-02]．https://edu.qq.com/a/20140926/059913.htm.

（二）理论阐述：教师职业态度的核心要素是尽心尽力、尽职尽责

职业态度是指个人对所从事职业的看法及在行为举止方面反映出的倾向。一般情况下，态度的选择与确立，与个人对职业的价值认识，即职业观与情感维系程度有关，是构成职业行为倾向的稳定的心理因素。它易受主观方面因素如心境、健康状况，以及客观环境因素如工作条件、人际关系、管理措施等的影响。肯定的、积极的职业态度，可以促使人们去钻研技术，掌握技能，提高职业活动的忍耐力和工作效率。其形成与发展是人们对有关职业知识的吸收、职业需要的满足、所属群体的期待，以及职业实践获得的体验等因素综合作用的结果。

教师的职业态度应该是尽心尽力、尽职尽责地培养社会主义的建设者和接班人。教师应该有积极进取的思维方式、乐观向上的阳光心态、勇于挑战的行为倾向。在实际工作中积极的职业态度表现为敬业、勤业、乐业。教师对教育不仅要有认同感，还要有敬畏之心。只有心存敬畏，才能专注于职业，坚守自己的职责本分。勤业是指勤劳肯干，舍得对自己的教育工作投入大量时间、精力和感情。最后还要从自己的教育工作中获得快乐，把工作作为自己生活中的乐趣的人，可以比一般人拥有更恒久、更充实、更快乐的人生。

（三）实践启示："终身学习者"与"终身教育者"

吴非老师是一位"终身学习者"。他清楚地意识到，教师的知识需要不断更新，更要不断创新和实践。他认为，教师比学生更需要学习，更要善于学习，还要向学生学习。在学习过程中，他善于独立思考，且极具"问题意识"。语文教育，乃至全部的基础教育，究竟有没有规律可循？时下的学科教育为什么经常违反教育常识？目前的考试制度及形式有没有改革的可能？……这些问题，直到现在，他仍然在不停地思考。

吴非老师也是一位"终身教育者"，退休后仍然在坚持思考教育和实践教育。他说过："评价一位教师的工作，简而言之可以是三句话：能否让学生喜欢你的课，能否让学生喜欢你任教的学科，能否让学生有终身学习的意识。"如果做到以上三点，则可以算是教师最大的成功。

吴非老师认为，教育不能仅仅凭借爱心，也需要智慧。要开展智慧教育和教学，还得不停地思考、实践和创新。

吴非老师积极、乐观的职业态度使他非常热爱自己的教师职业。他对工作充满激情，从来没有感觉到苦与累，这也引导他一步步走向成功。

（四）成长建议：“宝剑锋从磨砺出，梅花香自苦寒来”

终身学习是指社会每个成员为适应社会发展和实现个体发展的需要而进行的，贯穿于人的一生的、持续的学习过程。20 世纪 60 年代中期以来，联合国教科文组织及其他有关国际机构大力提倡、推广和普及终身学习理念。1994 年，“首届世界终身学习会议”在罗马隆重举行，终身学习在世界范围内成为共识。在终身学习时代，“活到老，学到老”最初作为中国乃至世界各国古老文化传统中勉励人们持续不断地学习的俗语，已经成为大多数人习以为常的生活状态和学习方式。

终身学习，说的是人一生都要学习。从幼年、少年、青年、中年直至老年，学习将伴随人的整个生活历程并影响人一生的发展。这是不断发展变化的客观世界对人们提出的要求。从人类诞生之日起，学习就成为整个人类及每个个体的一项基本活动。不学习，一个人就无法认识和改造自然，无法认识和适应社会；不学习，人类就不可能有今天达到的一切进步。学习的作用又不仅仅局限于对某些知识和技能的掌握，学习还使人聪慧文明，使人高尚完美，使人全面发展。正是基于这样的认识，人们始终把学习当作一个永恒的主题，反复强调学习的重要意义，不断探索学习的科学方法。同时，人们也越来越认识到，实践无止境，学习也无止境。世界在飞速变化，新情况、新问题层出不穷，知识更新的速度大大加快。人们要适应不断发展变化的客观世界，就必须把学习从单纯的求知变为生活的方式，努力做到终身学习。

对于教师来说，更应该终身学习，而且要比其他人预先学习。吴非老师的看法就是“教师比学生更需要学习”。

中国传统道德提倡勤学苦读。《增广贤文》中收录有唐代著名文学家韩愈的诗句“书山有路勤为径，学海无涯苦作舟”，意思是：在读书、学习的道路上，没有捷径可走，也没有顺风船可驶，如果你想要在广博的书山、学海中汲取更多更广的知识，“勤奋”和“刻苦”是两个必不可少的，也是最佳的条件，表明了勤奋是学习的主要通路。此外还有“宝剑锋从磨砺出，梅花香自苦寒来”“三更灯火五更鸡，正是男儿读书时”“读书不觉春已深，一寸光阴一寸金”等劝学的诗句。另外，古代还有苏秦发愤刺股、匡衡凿壁偷光、葛洪借书苦读、王育折蒲学书、车胤囊萤勤学等刻苦求学的故事。多少年来，这些佳句和故事不仅成为激励无数学生奋发努力、读书上进的座右铭，也成为教师勤学苦读、完善自身职业的动力。

当然今天看来，勤学苦读固然重要，但也要讲究科学的学习方法。不仅如此，还要学会智慧教育，特别是在智能教育时代，要做一名有智慧的教师。

四、职业纪律：自制力

> 纪律是自由的第一条件。
>
> ——黑格尔

根据我国《劳动法》第 3 条的规定，劳动者享有取得劳动报酬的权利，同时，也应当遵守劳动纪律和职业道德。

根据我国《教师法》第7条第4项的规定，教师享有按时获取工资报酬，享受国家规定的福利待遇以及寒暑假期的带薪休假的权利。但同时，教师也必须遵守国家宪法和法律。例如：我国《中小学教师职业道德规范》第5条明确规定，教师应“自觉抵制有偿家教，不利用职务之便谋取私利”。

2015年6月，教育部专门印发了《严禁中小学校和在职中小学教师有偿补课的规定》（教师〔2015〕5号），具体有六条，对严禁中小学校、校外机构和教师进行有偿补课等作出了详细规定。可见，教师职业不仅享受法律法规的权利保障，也要遵守法律法规的规范要求。

（一）案例呈现：“滴水之恩，当涌泉相报”

叶连平：“最后一口气在讲台上呼出”

2019年7月中旬，在安徽省和县乌江镇卜陈村“留守未成年人之家”，92岁的退休教师叶连平开始了暑假的忙碌。从2000年开始，叶连平就利用节假日免费给周边的学生补习语文和英语课。根据不完全统计，19年来，已经有1 000多个孩子在这里得到过帮助。

叶连平生活的卜陈村，位于和县乌江镇中东部，邻近省级公路，村里的年轻人多数外出打工，留下的都是老人和孩子。不仅孩子们的学习无人辅导，每到节假日，还容易发生安全事故。另外，农村学校外语教学原本就薄弱，家长普遍没有能力辅导。

原本是语文老师的叶连平决定利用自己的英语特长，为孩子们补习英语。他找来英语教材，系统地研究，还根据不同的英语水平，把孩子们分了班，更有针对性地上课。

19年来，他没向学生们收过一分钱。

为什么不收钱？叶连平说，虽然在物质生活上我是低水平，但在精神生活上要高标准。“我拿着国家的工资，我吃着国家的粮，那是人民的钱，我没有权利再跟国家、跟政府、跟组织要账。我不抽烟、不喝酒、不打牌、不吃零食。到外边买书，我自己带着干粮和火腿肠，一碗阳春面、一瓶矿泉水我都不买，省下来的钱，要取之于民而用之于民。”

然而，对自己苛刻的叶连平对学生却分外大方。一位在南京理工大学读书的学生，考上了研究生。因为家中困难，无力支付学费，学习必要的笔记本电脑也无力购买。叶连平一次给了他一万元。他说，教育就像种田，你播下种子它丰收了，用不着你讲，但行好事，莫问前程。

为了这些留守儿童，叶连平几乎花光了自己30多万元的积蓄。2012年，他又拿出2.1万元，连同当地政府和社会捐赠，成立叶连平奖学基金，至今发放了10万多元，用于资助学习优秀的132名贫困学生。

记者问：“您干的是好事，怎么会有人骂您呢？”

叶连平说：“其他人办补习班收费，我不收费，抢了他们的生意。他们用我们当地的土话骂我，用普通话来说就是‘老二百五’。我管它二百五也好三百六也好，他们讲他们的，我不理他们。”

叶连平一辈子无儿无女，和老伴相守过着清贫的生活，至今还住在30多年前盖的平房里。有的孩子因为住家比较远，来回不方便，叶连平就让孩子住在自己家里。

在采访中，叶连平向记者展示一个一年级小女孩送给他的卡片，上面写着“父亲节快乐！”。叶连平说：“我说，我不是你父亲啊。她说，你就是我父亲。这张卡片微不足道，但我很重视。当老师的，付出了，流汗了，你不会吃亏，你得到的反馈远远大于你的付出。”

2018 年暑假，叶连平骑车时意外被撞伤了腰椎。手术后，医生让他卧床休息 100 天。但手术后仅四天，叶连平就坚决出院，回到孩子们身边。

现在，叶连平不能骑自行车了，但仍然是上午连续讲三个小时，下午连续讲两个小时。讲课时连口水都不喝。他说，他要跟时间赛跑。

叶连平不是安徽和县本地人，他在山东青岛出生，来到卜陈村，与他早年的经历有关。年轻时，叶连平曾跟着父亲来到南京，进入当时的美国大使馆工作。父亲做厨师，他做勤杂工。在做勤杂工的三年多时间里，叶连平学会了一口流利的英语。

然而，美国大使馆的工作经历却让他在接下来 20 多年的岁月里遭受到了不公正待遇。1965 年，叶连平被下放到卜陈村，无依无靠。乡亲们叫他回家吃饭，给他找地方睡觉，介绍他到窑厂上班。这些帮助让叶连平度过了那段最为困难的日子。

1978 年，叶连平进入卜陈初中，成为一名语文老师。当时，已经落实政策的叶连平有机会回到南京，但他没有选择回去。因为教学效果突出，当地的两任教育局局长都希望把叶连平从农村学校调到县里的中学，叶连平也都谢绝了。

叶连平说：“咱们老话说‘滴水之恩，当涌泉相报’，我留下来，哪儿都不去，乡亲们的孩子需要我。农村学校为什么教育质量上不去？因为条件太差了！我们这里一个大学生都不来，来了也留不住，所以农村的教育是每况愈下，这就是我着急的地方。”

近几年，在叶连平的感召下，每到暑假和节假日，都有大学生志愿者来为孩子们补习功课。今年暑假，叶连平教过的一名学生主动提出要给弟弟妹妹们补课。杨鸿雁大学毕业后在马鞍山市从事设计工作。现在，她经常抽出时间来看望叶连平。除了帮着辅导孩子，还帮着打理叶连平奖学基金的事情。

因为大学生志愿者的到来，不仅英语，孩子们的数学、物理等课程都可以得到辅导。叶连平非常珍惜这样的机会，他希望孩子们能够跟哥哥姐姐们多学些知识，更多了解外边的世界，树立远大志向。

叶连平说，我希望我最后的一口气是在讲台上呼出去的，而不是在床上。我现在的口号就是那十六个字：生命不息，战斗不止，鞠躬尽瘁，死而不已。

“我不同意诸葛亮的话，他是死而后已，我是死而不已。我希望等到我走的时候，能够被组织上承认，我是一个合格的共产党员，就心满意足了。”叶连平说。

资料来源：澎湃新闻 . 92 岁仍给留守儿童补课，他希望最后一口气在讲台上呼出 .（2019 - 08 - 04）[2020 - 03 - 03] . http：//www.sohu.com/a/331433910_260616.

（二）理论阐述：职业纪律是必须共同遵守的行为准则

职业纪律是指在特定的职业活动范围内，从事某种职业的人们必须共同遵守的行为准则。它包括劳动纪律、组织纪律、财经纪律、群众纪律、保密纪律、宣传纪律、外事纪律等基本纪律要求，以及各行各业的特殊纪律要求。职业纪律的特点是具有明确的规定性和一定的强制性，同时具有明显的纪律性和约束性。

执行职业纪律可以维护正常的安全生产和工作程序，保证社会主义劳动生产顺利有序地进行，促进经济发展；可以促使劳动者安全规范地行使自己的劳动权利，提高劳动效率，进而提高单位的工作绩效；可以提升单位科学管理水平，促进企业内部管理的制度化；有利于企业文化的形成，提高其精神文明建设水平。

职业纪律与职业道德共同寓于同一主体——劳动者——之中，调整的对象均为“劳动行为”，终极目标都是保证社会主义生产劳动的正常进行，促进精神文明建设。但二者也有不同。职业纪律属于法律关系范畴，职业道德属于思想意识范畴；职业纪律的直接目的是保证劳动者完成劳动义务，职业道德的直接目的是实现企业的最佳经济效益；职业纪律以惩罚和激励相结合为实现手段，职业道德的实现主要依靠社会舆论，凭借人们的内疚和反省。

（三）实践启示：19年如一日，爱生如子

年逾92岁的退休教师叶连平从2000年到现在，义务为1 000余名学生辅导功课，19年从未向学生收过一分钱，一瓶矿泉水都舍不得给自己买，精神可嘉。

叶老师清正廉洁，不惧怕别人谩骂自己是“傻子”。他无儿无女，却在父亲节收到了学生的礼物，他是孩子们共同的亲人，受到众多学生和家长的爱戴。在叶连平老人家的心里，只有孩子，只有教育，却没有自己。这是真正甘于奉献的教育工作者！

叶老师有积极的生活态度和良好的生活习惯。他要跟时间赛跑，把剩余的人生和时间都花在孩子的身上。

叶老师热爱教育事业，关心农村的教育质量和发展，他的初心来自感恩，他要用剩下的精力和时间回馈社会和国家。

叶连平老师的行为带动了众多他辅导过的学生，以及被他的故事感动的年轻人。他的伟大之处就在于无私奉献。他说过，希望自己“最后一口气在讲台上呼出”。

（四）成长建议：严于律己，以身作则

教师作为学生的表率，必须模范地遵守职业纪律，以丰富的学识和高尚的人格魅力影响、感染学生。应该严于律己，以身作则，在实际教育教学活动中严格要求自己，做到上课期间不接听手机，在科研工作中不弄虚作假、抄袭剽窃、篡改侵吞他人学术成果、违规使用科研经费以及滥用学术资源和学术影响，不索要或收受学生及家长的礼品、礼金、有价证券、支付凭证等财物，并时刻警醒自己不要做其他违反教师职业纪律的事情。

有偿补课与全面贯彻党的教育方针和立德树人的根本任务背道而驰，是应试教育的产物，反过来又加剧了应试教育的不良竞争。学校为了提高升学率和知名度，利用节假日组织学生集体有偿补课，既加重学生课业负担和人民群众经济负担，又滋生教育腐败。有些

教师为了追求名利，本末倒置，热衷于有偿补课，把在学校的本职工作当副业，将有偿补课当主业，影响教育教学质量，败坏校风校纪。极少数教师甚至利用职务之便，采取“课上不讲课下讲，校内不讲校外讲”的方式，强迫所教学生参加有偿补课，败坏师德。有偿补课影响学生身心健康发展，破坏教育公平，损害教师和教育行业声誉，社会反映强烈，必须严格禁止。

五、职业技能：创造力

要根据时代变化和实践发展，不断深化认识，不断总结经验，不断实现理论创新和实践创新良性互动。

——习近平

新时代，我国正在努力建设一支高素质、专业化的教师队伍。2018 年 1 月 20 日，中共中央、国务院出台的《关于全面深化新时代教师队伍建设改革的意见》提出：大力振兴教师教育，不断提升教师专业素质能力；根据基础教育改革发展需要，以实践为导向优化教师教育课程体系，强化“钢笔字、毛笔字、粉笔字和普通话”等教学基本功和教学技能训练。

（一）案例呈现：那个科学入口的引路人

邓从新：那个科学入口的引路人

邓从新，湖北省特级教师、湖北名师、全国模范教师、全国五一劳动奖章获得者、全国青少年优秀科技辅导员。

今年开学时，邓从新带的五、六年级 4 个班的科学课变了样。“同学们，在正式上课之前，我们一起看几集娱乐节目。”邓从新故作神秘地按下了播放键。

那是上海电视台制作的一档大型青少年科学梦想真人秀节目《少年爱迪生》，里面记录着全国各地青少年的“发明创造”——通过多功能起身助力装置帮助老年人起身与蹲下，通过电能无线穿墙实现隔墙取电，用特别的清洁配方研制出更安全的清洁剂……这些神奇又好玩的作品都是同龄人发明创造的，这令学生们大开眼界，更令他们惊奇的是，看着看着，他们发现，本校学生李妍的作品“农膜摇摇乐”也在节目中现身。

那不是我们学校的师姐吗？这个“彩蛋”让学生们兴奋不已。抑制不住发明创造的冲动，他们拉着邓从新问，老师，我们也能上电视吗？邓从新趁机说，电视台的大门永远是向你们敞开的。从现在起，你们就留心观察、用心思考，随时给我提供科学发明的小创意吧。

孩子们马上忙活开了。菠萝外皮有凸起的刺毛，如果发明一把带夹子的小刀，削皮时就直接夹住菠萝旋转一周，是不是会省去许多麻烦？扫地时总会遇到黑暗的角落，如果在扫把上装一盏灯，是不是就能清楚地看到角落里的脏东西，然后将它们一扫而尽？孩子们的创意谈不上多么新颖，但都来自生活。

在《少年爱迪生》这档电视节目里亮相的，大多是来自城市的孩子，他们的发明往往显得“高大上”一些。

几个与邓从新一起“见过世面”的学生回来后，心里很忐忑：城市里的孩子玩的都是高科技电子产品，我们农村娃折腾的这些玩意儿是不是太土了？黄歇口镇中心小学是一所乡村学校，由于条件限制，当地科技教育的开展总是捉襟见肘。早年间，家长听说学校“折腾”科技教育，也是一脸不以为然。

但邓从新不这样认为。他告诉学生，科学研究不分城市与农村，无论研究什么，科学研究的方法总是一致的。

在邓从新看来，引导孩子从好奇到创新是科学教师的使命，哪怕条件再简陋，也要激发学生探索科学的兴趣。

“农村落后，但不能让农村孩子落伍，要用科技活动安顿好留守儿童，让他们在科技活动中增添自信。”正是秉持着这样的信念，30多年来，邓从新始终扎根黄歇口镇这片不大的农村土地，通过自制教具、自编教材，将家门口的科学教育作出了大名堂。

在邓从新眼里，农村科学教育大有可为。他经常引导学生观察身边的人和事：沼气是怎么产生的？家乡的萤火虫为什么减少了？太阳一年四季东升西落的轨道一样吗？再如，当地有哪些常见的动植物？它们的生长环境、生活习性、生长规律是怎样的？这些司空见惯的素材，都成为科技教育活动不竭的源泉。

正是在观察生活的过程中，一个个鲜活的创意喷薄而出。

30多年科学教育经验的积累，让邓从新在这门学问上日渐精深，也让学生对他喜爱有加。但邓从新说，自己并没有独家秘诀，只要让学生养成“发现问题—提出问题—作出假设—设计实验—解决问题”的学习习惯，教好这门课就“轻而易举”。

邓从新常常对学生说“科学自观察始”。为了培养学生的观察能力、发现问题的能力，邓从新经常带学生一起走出课堂，走进市场，走进超市，走进田野，走进森林……总爱问他们：“这是什么？”“这有什么作用？”“它有什么优点？”“还有哪些不足？”“你能想出改进的方法来吗？”

因为科学教育而闻名的黄歇口镇中心小学被选为太空种子种植试点学校，邓从新抓住机会，一边与学生种植太空种子，一边引导学生对育苗、定植、开花、挂果等环节进行观察记录，并定期对观察记录进行分析整理，与学生们交流讨论，看有什么新发现。为此，他设计了“病虫对太空种子和地面种子生长的影响”“温度、水分对太空种子和地面种子萌发的影响”“太空种子楼顶种植和地面种植的研究”等10多项对比实验，满足不同学生对种植太空种子的探究欲望。

1999年3月，邓从新在组织学生课外调查时发现，当地卫生院内生长着一棵杜仲树，枝繁叶茂，生长旺盛。种植杜仲，不仅可以增加农民收入，还能为海底电缆绝缘材料提供原料。这一下就激发了学生探究在当地种植杜仲的热情。邓从新便在校园开辟了一块200平方米的试验基地用来种植杜仲，他带领学生播种、催苗，并定期来到田间观察、除草、施肥，经历了整整一年的时间。这一年中，每个学生都写下了厚厚的一本观察日记。

“学校教育学生，学生影响家庭，家庭带动社区。”第二年，学校租赁农民5亩土地培育杜仲苗10 000余株，全部销售给当地农民。经过5年的种植和销售，农民的房前屋后、田边地头都种上了杜仲树。在华中农业大学茶学专家的帮助下，他们还专门研制出了杜仲茶。

在邓从新看来，只要引导得当，每个孩子都有成为科学家的潜质。如今，学生们成立了种植兴趣组、养殖兴趣组、发明创造兴趣组等10多个科技活动小组，学校将每年的5月和10月定为科技活动月，每年举办一次科技活动节，每学期评选表彰100名“明天小小科学家”。这些活动已经持续开展了20年。

邓从新很低调，平常连走路都轻声轻步，你很难一眼从人群中认出他来；但要问学生们邓从新是谁，学生们一定会带你找到他，说：喏，那个带领我们走进科学的人，就是邓老师！

在黄歇口小镇教书30多年，邓从新与孩子们亲如家人，他对当地的地形地貌、风土气候等信息也如数家珍，但除了这些，他简直像个初来乍到的陌生人。一次，一群朋友邀他去镇上吃夜宵，数了好些当地知名的小吃店，问他想去哪家，他却表示，这些地方全然没听说过。

邓从新的书柜里有2 000多册关于科学教育的书籍，从30年前第一次接触《科学启蒙教育》这本杂志开始，他便与之结下了不解之缘。这本杂志几经更名，邓从新也从杂志的读者变成了作者，与杂志社编辑成了共同践行科学教育的好朋友。

家长对科技教育的态度也渐渐转变，认识到科学教育对培养学生兴趣、启迪学生思维有重要作用。前几天，邓从新与一位家长沟通带孩子去武汉参加第31届湖北省青少年科技创新大赛终审答辩，家长二话不说表示同意，还要亲自开车带孩子与他一起去武汉。

如今的邓从新，已有了专门的“科学教室”。看了北京市中关村三小教师李虹霞写的《创造一间幸福教室》一书后，他也在畅想：在教室里养殖河蚌、田螺等动物，在周围摆列一排喜阴的蕨类植物、盆景等，还要建一排书架，将家里的科普书籍都贡献出来，让孩子们自由阅读……

资料来源：黄浩．邓从新：那个科学入口的引路人．中国教师报，2016-04-27.

（二）理论阐述：教师的职业技能是教师素质的具体体现

教师的职业技能是指教师在教育教学实践过程中，通过训练形成、巩固下来的迅速、准确、流畅、熟练地完成教育教学任务的一系列行为及智力活动方式的总称。

教师的职业技能根据学科、类别而有所不同。就我国中小学教师的专业标准而言，教师的“教学能力”主要包括：教学设计能力、教学实施能力、班级管理与教育活动能力、教育教学评价能力、沟通与合作能力等。

新时代教师的新责任在于培养创造性人才①。北京师范大学教授朱旭东认为：中国社会已经进入自然智能和人工智能并存的时代，它对教育提出了不同层面的挑战。对于学生

① 朱旭东．新时代教师新责任：培养创造性人才．中国教师报，2018-09-12.

发展而言，既要培养他们掌握人工智能的能力，又要教会他们与人工智能共处；对于教师而言，他们既要将人工智能为其所用，又要与人工智能“竞争”；对于教育环境而言，尤其是学校和教室，将会成为其文化的一部分。那么，集体性个体主义学习就需要改变其结构和模式来培养创造性人才。

（三）实践启示：“咬定青山不放松”

邓从新是湖北省监利县黄歇口镇中心小学的一名普通的科学教师，但是却因为科学课程指导得好而闻名遐迩。

30 多年出色的小学科学教育生涯，让邓从新收获了无数荣誉和奖项。但回过头，他觉得更重要的是在那里找到了人生的意义。为了“不让农村孩子落伍”，他带领学生看到大千世界的神奇，然后他摘掉光环，钻进学校的一亩三分地，继续和孩子们一起走进田园、走向丛林，在炊烟与蛙声中做着属于他们的朴素“科学梦”。

邓从新教会了学生观察生活的方法。他很少会直接告诉学生，这个现象是怎么回事，那个原理是什么——他会把更多的问题带到“科学讨论会”上，让学生自己得出结论。“教师的作用关键是引导，只要引导得当，孩子们的思维会碰撞出令人意想不到的火花。”邓从新说。这是他十几年前就悟到的“真理”。

邓从新的“五步教学法”重点在于让学生学会创新。种植杜仲树的成功经历让邓从新感悟尤深，他选择学生身边的问题开展科技活动，激发学生探究的兴趣。他让学生从科学的角度去认识种杜仲的每一个环节，学生所学到的就不仅仅是种杜仲的过程，更重要的是他们经历了一次种杜仲的科学之旅。

邓从新就是有一股“咬定青山不放松”的琢磨劲，在反复锤炼与一步步前进中，他渐渐感受到了人生的乐趣。

学生对科学产生了浓厚的兴趣，不再盲从，不再自卑。这让邓从新感觉很温暖、很幸福。如今，邓从新依然愿意坚守在农村，在这片他深爱的土地上探索科学教育的奥秘，继续他的“幸福人生”。

（四）成长建议：在教学实践中一步步提升

教师的职业技能是教师在长期的教育教学实践中形成的。教师的教学技能因教师的任教学科、任教学校类型，以及个人风格特点而有所区别。

掌握必需的职业技能是教师可以顺利乃至完美完成教育任务的基础。在实际教学活动中要讲好普通话。教学工作主要是通过教师的语言来实现的，教师应该注意让自己的语言具有科学性、逻辑性和启发性，并结合姿态、表情、手势使语言更具表现力。要熟练掌握粉笔字，写得既快又清楚漂亮。由于多媒体具有图、文、声并茂甚至有活动影像等特点，容易引起学生的兴趣并培养他们的创造性思维，所以还要熟练掌握多媒体的使用。另外还要熟练掌握教学组织技能、动手操作技能、演示技能等教学必要技能。

六、职业良心：引领力

良心是一种根据道德准则来判断自己的本能。

——康德

一个民族有一群仰望星空的人，他们才有希望。

——黑格尔

良心是一个最古老的道德范畴。教师是凭良心工作的职业，教师的职业良心是教师职业道德规范体系的重要范畴之一。教师站在讲台上，看到的不仅是单纯善良的孩子，还有家长期盼的眼神和沉甸甸的热望。爱孩子，这是动物也会做的事，可是要教育他们，这就是国家的一桩大事。教师应该深感责任重大，耐心地为敏而好学的学生授业解惑，对屡教不改的学生进行教导。

（一）案例呈现：将学生引向更广阔的精神世界

杨赢：将学生引向更广阔的精神世界

2017年5月19日，距高考还有18天。上午第二节语文课，江苏省南京市燕子矶中学高三（6）班的学生每人手上捧着一本李泽厚的《美的历程》，安静地读着。

高考在即，阅读依然按部就班。这样的冒险做法，在学生中引起的争议从来没有停止过。“听说别的班又做了什么练习，而我们班还在看考试不会考的《老卡》（学生给《卡拉马佐夫兄弟》起的别名）。”宿舍里的“夜谈”，经常会有学生表现出类似的“着急”。而有些勇敢的学生，早就直截了当给杨赢提意见了：语文课要多做题，减少读书的比重，《美的历程》干脆别读了。

杨赢非常明白学生的想法，但他告诉学生，前一段时间我们刚刚看过《让子弹飞》，相信我，高考也是可以“站着把钱挣了”的。

有趣、自由和闲适的课堂

6月9日，高考结束了，胡子牧收拾了一大箱子书回家，爸爸看到他带回崭新的《江海名师》《步步高》等语文复习资料，惊讶地问：“难道你们没用吗？”“没时间用。”他回答。“那你们语文课都干什么了？”爸爸更好奇了。

胡子牧说，我们语文课要做的事太多了，不仅要赶进度，还要读书，课前演讲，读新闻，看电影，逛书店，演话剧……好多语文老师想不到、做不到、不敢做的事，杨赢老师都带着大家做了。

不过，这看似“任性”的“瞎玩”背后，杨赢可是很有原则的——课堂一定是有趣、自由和闲适的，他追求的课堂，就是把各式各样的人物聚在一起自由地交流有趣的事，在悠闲的氛围中获得精神的成长。

刚开始当老师的时候，杨赢曾经非常苦恼，他发现学生不喜欢读书，尤其畏惧经典。无论是教师还是学生，整日都在上课和作业无休止的二元循环中度过，教师既没有能力唤醒经典作品的生命力，也没有能力让学生感知到经典作品的有趣。

杨赢努力把自己的课堂变得有趣。他教《记念刘和珍君》，不仅仅讲课文，还把网络上历年流传的文章仿写版给学生看，中国现代发生的许多热点时事，都被网友们用《记念刘和珍君》体加以发挥创造，这不正是经典的永恒魅力吗？这样的鲁迅，学生会感到无趣吗？他知道学生喜欢玄幻小说，就推荐他们看中国和西方玄幻文学的老祖宗：中国的《山海经》《西游记》《封神榜》《镜花缘》等，西方的古希腊神话、北欧神话《萨迦》《尼伯龙根的指环》《亚瑟王和他的圆桌骑士》《贝奥武甫》等；学生喜爱玩游戏，他会告诉他们游戏中的许多灵感也来自经典作品，比如《暗黑》《魔兽世界》中的各类种族就取自古希腊和北欧神话。学生恍然，噢，原来游戏也是有深厚历史文化背景的。

自由的课堂，必然是学生做主的课堂，既然是学生做主，首先就要把时间还给他们。杨赢是一个"讲起课来纵横古今，滔滔不绝，有无穷表达欲"的人，但在课堂上，除了必要的知识背景交代，他都会设置争议性话题与学生共同交流。就像胡子牧说的，杨赢老师"喜欢让我们自己上课"。

"只要你能讲得下去，我这一整堂课给你讲都可以。"还真有学生讲了一整堂课，大家兴致高昂，一个打瞌睡的都没有。在杨赢的课堂上，不管是上散文课还是诗歌课，学习任务分摊到各个小组，每个小组对作家进行研究，再专门用一节课时间进行成果展示，书本上那些死气沉沉的名字立即变得生动有趣了起来——原来每个人的背后都隐藏了这么多的"爱恨情仇"。

杨赢相信一位语文界老前辈的话："靶子瞄得越准，打得越偏。"他试图慢下来，努力瞄得不那么准，因此他的课堂有时看起来有点"不务正业"。他在教室里放电影，然后组织交流讨论，让学生在观影中感受人性的美好与善良；他讲音乐与文学，从舒伯特到普契尼，让学生在音乐中感受文字，由文字体会音乐；他与学生们聊游戏，告诉他们热爱游戏不是罪，游戏中也有大世界、大文化；他带着全班学生演话剧、逛书店，到江边踏青，欣赏美丽的植物；高考前一天晚上，杨赢还给学生们播放了今年的奥斯卡最佳动画短片《鹬》。据说，杨赢还想找一天晚自习带学生出去看月亮，但因机缘不巧一直未能成行……

在课堂上，杨赢做的更多的事还是读书。

高中 3 年，利用课堂时间，他每个学期带学生读一本书，包括《巨流河》《苏菲的世界》《人类群星闪耀时》《悲惨世界》《卡拉马佐夫兄弟》等。

《悲惨世界》是杨赢带领学生啃的第一个大部头。开始时，他抱着尝试的心态，并没有把握学生是否能够读得进去。没想到，一卷一卷读下去，学生们自然而然地沉浸在这个奇妙而复杂的世界之中，一直到学期结束，他们把这部长达 100 多万字的小说通读完毕。有不少学生说，很难相信自己一个学期竟然把一部 100 多万字的小说读完了。更何况，这部史诗级作品给了他们太多的触动。在阅读的过程中，他们跟着主人公一起经历灵魂的挣扎和成长，体味人世的悲凉和希望，对人性多了许多的理解和同情，一颗人道的种子通过小说悄悄地埋在了学生的心底。更重要的是，《悲惨世界》探讨的诸如灵魂与救赎、革命与暴力、贫穷与愚昧、法律与道德、尽责与宽恕等话题植根于社会的现实之中，对学生理性思维的发展有着极大的促进作用。

《卡拉马佐夫兄弟》这本书，给许多学生带来了比较痛苦的阅读体验，陀思妥耶夫斯基对人性深度和广度的挖掘，挑战了孩子们的心灵。有人说，自己是战栗着读下来的。不过，杨赢觉得他们应该读一些跳出阅读舒适区的作品。作为一次尝试，杨赢觉得还算成功，学生们不仅读完了，还写出了读后感。

杨赢还带他们接触了 19 世纪的浪漫主义文学和 20 世纪的现代派文学，读了歌德的《少年维特之烦恼》、加缪的《局外人》、卡夫卡的《变形记》。

“只要教师带着学生去读，给学生机会，学生是会认真去读的。只要教师尊重学生的个性，提供展现的平台，让学生能够自由地提问交流，其中激起的火花令人目眩。因为这些作品是极具思辨性的伟大著作，它让学生受到了思维的挑战，学生的解读和作品的文本构成了一种奇妙的和谐。”高中之始，杨赢曾经写给学生几句话：认认真真读几本好书，老老实实背几篇经典，稳扎稳打积累词语素材，有序有法做一些题目，不急不躁想清楚问题。这就是他对语文学习的理解。

杨赢并不排斥分数，在真正的语文学习中求得分数，是杨赢孜孜以求的，他称之为一条“精神的活路”。

大学毕业时，杨赢的老师对他们讲过一句话：“有人说，教师要给学生一杯水，自己就要有一桶水。但更重要的问题是，要指给他们一条河。”他至今牢牢记着。杨赢说，从这个意义上讲，教师不是教科书知识的贩卖员，而是人类文化的摆渡员，他要做的是将学生经由教科书摆渡到人类最伟大的文化中去，最终送他们登上人类文化的方舟。

备的是人生之课

教师要想有此担当，只能亲炙书本，而非教科书。

杨赢备课从不拘泥于教科书，而是每天不间断地读书。“读书渐多，积累日厚，你才能清楚你讲的每一课可以镶嵌在人类广袤文化谱系中的什么位置，便可以以全新的视野观照教育。”

杨赢的办公桌总是太拥挤。桌上桌下都是书，文艺史哲，并存不悖，古今中外，共处一室，他自己则被埋在书的海洋里。学生找他谈话，他往往会随手抽出一本相关的书籍。有学生和他说起王鼎钧的《桃花流水杳然去》，他立刻就问有没有读过齐邦媛的《巨流河》；遇到爱看历史的学生，杨赢就与他们一起聊斯塔夫里阿诺斯的《全球通史》；遇上喜欢科幻小说的学生，他就与他们一起聊刘慈欣的《三体》。

以前，杨赢总觉得学生不喜欢读书，后来他发现，是环境让学生无法喜欢——要读书，手边总要有书，有足够的书供他们自由选择才行。因为负责学校文学社工作，杨赢有机会获得了一间大教室作为活动场地。于是，他拿出 800 本自己的藏书放在这间教室里，建立了一个小小的图书馆，作为第二课堂让学生自由阅读。目前，这间教室里图书的数量还在不断增加。

每个毕业的学生手上都会有杨赢送的书，也许是过生日时送的余光中的《乡愁四韵》，也许是参加辩论赛时送的鲁迅的《花边文学》，也可能是读书报告会抢到的《麦田里的守望者》……杨赢说，与学生分享图书让他对教学有了新的认识：教学就是共享，只要我们放开手，就能有意想不到的收获。

平时，你可能看不到杨赢备课，他读的每一本书，也不是为了应付明天的课。其实，他的备课是大备课，是用一生时间准备的，备的是人生之课。也只有这样的备课，才能赋予教书行为以灵魂，使其上升为教育；也只有这样的备课，才可以让他从芜杂的细屑事务中超脱出来，具有更广阔的视野和胸襟。

持微火者

杨赢的学生很有特点。他们转到其他班级时，以善辩和渊博而著称，每当赢得同学们敬佩的掌声时，他们总是谦虚而自豪地来一句："噢，这些都是以前杨赢教我的！"

更让人印象深刻的是，这些学生很温和。

犹记得高三开始，杨赢让学生写随笔。没想到，随笔变成了垃圾桶，学生的各种吐槽接踵而来。但杨赢始终十分宽和，他告诉学生写文章要温和、理性、多元。随着时间的流逝，学生们的随笔开始渐渐发生变化，有的在写战争和爱情的小说，有的在写科幻小说，有的甚至将杨赢看作一个笔友，向他吐露生活中一些让人渴望又让人烦恼的事。杨赢也是一如既往温和、理性、多元地接受。

"语文课成为这个荒诞世界里一丝最真实的温情。"学生甘馨说。

2014届毕业生奚邦荣曾模仿雨果造了一句格言——"要么成为老杨，要么一事无成"。上了大学之后回望，他更是把老师看作自己的思想启蒙者。他说，在了无光明的道路上，杨赢手持微火，既照亮自己，也照亮他人。而对学生而言，那几步路走对了，剩下的路便好走了。

在努力让教育远离功利的过程中，杨赢时常会用"好处"劝说学生——读书吧，读书会帮助你考出好成绩。"每次看到一张张疲惫的面庞，看到有的学生看电影都能睡着，我在想，这样做究竟能有多大裨益？"他也时常怀疑自己。

一届一届的学生中，毕业时能真正爱上读书的其实为数不多，寥寥无几。这时，杨赢也不免有些黯然，但随即觉得自己这样想是否又陷入了功利之中，他坚信，这些阅读和学习经历的作用会在他们以后的人生中不断地显现出来，而且会越来越明显。

"那美好的仗没有打完，所走的路没有走尽，我希望带着学生去共读一本又一本伟大的经典著作。"杨赢说。

资料来源：马朝宏. 杨赢：将学生引向更广阔的精神世界. 中国教师报，2017－06－21.

（二）理论阐述：教师职业良心的修养——自悟、自主、自觉和自省

职业良心是指特定职业的从业人员领悟了社会对自己的要求，因而具有的为社会尽到具体义务的明确意识，或简单地说，就是从业人员对职业责任的自觉意识。

职业良心在职业活动中起着重要的作用。在从业人员作出某种行为之前，职业良心具有动机定向的作用。在职业活动进行过程中，职业良心能够起到监督作用。在职业活动结束以后，职业良心具有评价作用。

职业良心对从业人员的职业活动有着重大的影响，往往左右着从业人员职业道德生活的各个方面，贯穿于职业活动的全过程，成为从业人员的重要精神支柱。因此，必须重视培养从业人员的职业良心。

教师的职业良心，指的是教师在教育实践中对社会对教师提出的道德义务的高度自觉意识和情感体认，自觉履行各种教育职责的使命感、责任感，以及对自己的教育行为进行道德调控和评价的能力等。

教师的职业良心表现在教学工作的每个环节，具体包括恪尽职守、自觉工作、爱护学生、团结执教四个方面，反映了教师与社会、自身、学生和同事之间的四层关系。

教师职业良心的修养主要是靠自悟、自主、自觉和自省。

（三）实践启示：在阅读中给学生铺开一个广阔的未来

杨赢老师不拘一格，不生搬硬套，努力使课堂变得更有趣。他追求一种有趣、自由、闲适的课堂，目的是促进学生精神的成长，背后显露出教师的人文底蕴和自信。杨老师备课是下了功夫的，否则不可能把课讲得举一反三，触类旁通。杨老师让学生上课不是自己偷懒，而是给学生自由，发挥学生的主观能动性和创造性。杨老师带领学生在课堂上阅读“闲书”，看似闲庭漫步，内在蕴含的是学生体验生命成长的过程。

杨赢老师坚信，真正的语文学习不是做题，而是在与文本的对话、对文本的思考中得到思维能力的提升、阅读习惯的改善和对文本敏锐度的加强。即便是到了高三，仍需要在基本的阅读能力上下功夫，这才是真正的语文学习。做题固然需要，但那不是最重要的。

杨赢老师备课是用一生的时间去准备的，备的是人生之课。教师的劳动和创造过程好比一条大河，要靠许多小的溪流来滋养，只有不断地通过学习和读书补充它的水量，才能使这些小溪永远保持活力。杨赢读的书很杂，不仅读文史哲等社科类书籍，物理等学科也有所涉猎。正是这些“闲书”，让他看到了更广阔的天地。

杨赢老师以身示范，以读书和阅读启迪人生道理，为学生的未来发展负责，把学生带到人类文化的源头，对学生产生了很大的影响。正如学生对他的评价，杨赢老师是一位“持微火者”，照亮了学生前进的道路和方向。

（四）成长建议：唤醒学生的生命感、价值感

教师要带给学生的不仅是知识的增长，更重要的是精神成长和智慧生成。这也是教师的职业良心。

我国近代著名教育家蔡元培说过：“教育的最终目的不是教给学生知识，而是人格修养。”德国的著名教育学家斯普朗格曾说过：“教育的最终目的不是传授已有的东西，而是要把人的创造力量诱导出来，将生命感、价值感唤醒。”马克思也说：“教育绝非单纯的文化传递，教育之为教育，正是在于它是一种人格心灵的唤醒。因此说教育的核心所在就是唤醒。”

生命需要唤醒。教育唤醒就是唤醒学生生命中的灵性和欲求。人总是有着一种生命的创造冲动的，这说明人具有内在自我发展的动因，并外在地表现为不满足于已有的定论，不相信唯一的答案，不屈从于任何外在的压力而放弃自己的主张。因而，我们的教育应该呵护、关怀人的这种生命的冲动意识，使学生在现实中能够大胆地去追寻自我，大胆地去展现自我，在追寻和张扬中使各种能力得到充分的发展。

七、职业作风：感召力

一个人光溜溜地到这个世界来，最后光溜溜地离开这个世界而去，彻底想起来，名利都是身外之物，只有尽一个人的心力，使社会上的人更多得到他工作的裨益，才是人生最愉快的事情。

——邹韬奋

（一）案例呈现：学生心中的大人物

薛艳秋：学生心中的大人物

薛艳秋的大学时代很耀眼，本科从中国矿业大学毕业后，考上了北京体育大学硕士研究生，专修跆拳道专业，拥有跆拳道教练证等多个证书。毕业时，薛艳秋被评为北京体育大学优秀毕业生，北京多家跆拳道馆、健身机构向她抛出橄榄枝，许以高薪。她曾经实习过的北京一所知名小学也向她发出邀请。但是，薛艳秋却作了一个让同学大跌眼镜的选择——回家乡，到农村学校当教师！

在薛艳秋这位体育高才生的心中，一直有件难以释怀的事情：整个初中时代，她只上过一节体育课。她就读的乡镇初中只有一名体育教师，这个教师平时不上体育课，只有到了中考前，才会给每个班上唯一的一节体育课，指导一些体育考试动作要领和注意事项。

相比之下，薛艳秋实习的那所北京的小学，仅体育教师就有9位之多，学校的各种体育设施一应俱全，体育教研组的研讨氛围非常浓厚，按说留下来任教是很好的选择。

“每当看到这些优越的教育教学条件，我就越发为家乡学校的学生着急。”薛艳秋是学体育专业的，她非常清楚青少年时期的体育锻炼和运动兴趣对人一生的发展有多么重要！

因为家境清贫，薛艳秋是靠国家助学金、奖学金完成学业的，她更明白教育对自己、对大山里的孩子意味着什么。

“留下来只是锦上添花，回家乡才是雪中送炭。我必须回去为家乡学校做点什么。”说起选择“下乡”的原因，薛艳秋一脸真诚，眼神清澈，“我是家中小女儿，你说我现在这种选择，是不是‘忠孝两全’啦?”薛艳秋调皮地反问记者。

2014年9月，薛艳秋通过湖北省新机制教师招考，正式成为湖北省襄阳市樊城区竹条实验中学的教师。竹条实验中学坐落在牛首镇竹条街道办事处，地名因当地居民早年以编制竹货篾货谋生而来。学校四周是大片庄稼地。

这样的环境对薛艳秋来说并不陌生，甚至有亲切感。只是令她没想到的是，学校已经有了20多名新机制教师，这是湖北省农村学校招聘教师的主渠道。“真没想到有这么多年轻教师，我读中学的时候，学校中老年教师比较多。看来现在农村学校的师资确实有了很大改善。”

年轻教师多了，学校的活力和朝气自然也不一样。薛艳秋一来就被学校委以“重任”：

负责七年级5个班的体育教学，每个班每周两节课；负责全校每天早上跑操、大课间活动和课间操；任七年级一个班的班主任；偶尔还要“客串”思政课、音乐课教师。

“同学们，我姓薛，‘薛宝钗’的‘薛’。”薛艳秋以这样的开场白开始了她“教在乡村”的第一课。学生们顿时哄堂大笑起来，课堂上一片沸腾，而她的第一节课主要都用来维持教学秩序了。

这时，薛艳秋想起了大学老师的话：“你是体育教师，以后介绍自己的时候，就说是‘薛仁贵’的‘薛’，要有豪气。”她开始琢磨：我的豪气该怎样体现在课堂上？

薛艳秋观摩了学校其他体育教师的课，发现每节课的热身活动基本都是跑操，学生要么嘻嘻哈哈，要么无精打采。薛艳秋一下子有主意了！

薛艳秋把体育课热身活动时间变为“开心5分钟”，放上节奏明快的音乐，教学生做健美操，玩软式排球和拓展小游戏。学生们兴致勃勃，课堂气氛由之前的“闹腾”变为了“欢腾”，薛艳秋的课也逐渐成为最受学生期待的课。

农村学校条件简陋，薛艳秋带领学生创设出各种体育项目，玩得不亦乐乎。

学校操场是沙土地面，训练用的软垫全校只有五六块。薛艳秋让每个学生自带一个蛇皮袋，装上稻草，自制训练软垫。大家一字排开在操场上练习仰卧起坐、前滚翻、后滚翻，场面蔚为壮观。

竹条街上竹子多，薛艳秋便动员学校买来竹竿，全校师生每人一根，课间时师生一起跳竹竿舞，校园顿时“嗨翻天”。

麻绳是农村常见物品，薛艳秋和学生一起发明了各种花样跳绳、拔河比赛，小小麻绳派上了大用场。

慢慢地，学校篮球队、女子运动队、健美操队、田径队、跆拳道队都组建起来了，竹条实验中学的体育课也渐渐在樊城区小有名气。薛艳秋带领学生参加全区中小学生体育运动会，学校破天荒取得了女子团体第二名、男子团体第三名的好成绩。

那一天，学生们围着薛艳秋，兴奋地说：“薛老师，你比薛仁贵带兵还牛！”

为了让更多的对体育运动感兴趣、有特长的学生有发展空间，2016年，樊城区教育局又支持学校创立了“竹之梦体育俱乐部”，设立了跆拳道、篮球、田径、羽毛球、武术等项目，感兴趣的学生可以报名成为会员，薛艳秋和其他4位体育教师一起负责在俱乐部义务指导学生训练。俱乐部成立不久，就已经有150多名学生会员。

薛艳秋在农村长大，所以对农村孩子渴望学习的心理感同身受。她深知，农村孩子缺乏的是自信、激情，作为教师，要帮助他们打开心扉，使他们目光看得更高远，心胸放得更宽广。

薛艳秋刚接手的那个班，有8个学生是单亲家庭，有4个学生学习成绩长期全年级垫底，班级学生学习习惯不好，整个班级精神面貌也欠佳。

学校有教师周转房，但是因为新机制教师比较多，宿舍不够分配，薛艳秋主动要求住在女生宿舍楼，方便查寝和照顾学生。

每天早晨，薛艳秋带领全班学生跑操，要求孩子们一起高呼口号。开始有学生不愿意喊，或者不好意思喊，薛艳秋就带头喊，对喊口号响亮的学生给予表扬。慢慢地，薛艳秋班级的学生跑操队列整齐、口号嘹亮，成为学校跑操样本，学生们开始有了一种自豪感。

有一次，两个学生在教室里打架，闹得很凶，同学们都等着看薛艳秋怎么“收拾”。薛艳秋来后，看了看两个学生的伤势，发现没有大碍后，就让学生继续上课，没事儿人一样走了。下午放学的时候，薛艳秋请两个打架的“当事人”到她宿舍去做客。她下了一锅面条，请两个学生和她一起吃，边吃边聊天，就不提打架的事。面条吃完了，薛艳秋说：“一个班级就是一个大家庭，你、我、他都是一家人，你们同意吗？”两个学生红着脸握手言和，回到教室后，他们与同学讲自己的“挨批待遇”，讲薛艳秋与他们说的话。说来也神了，这个班后来再也没有发生学生打架的事件。按学生们的话说，“薛老师就像我们的姐姐，我们不能伤她的心”。

更神的是，这个学业成绩总是拖全年级后腿的班级，一年后各项排名竟然可以经常上榜首了！

后来，薛艳秋又接手了一个班，神奇的变化同样在这个班上演。薛艳秋似乎有了一种魔法，她到哪个班，哪个班的学生表现就格外活跃，班集体就很有战斗力。

2014年学期末最后一次班会，薛艳秋照例让学生自己策划、主持。这一次，学生们策划了一个主题——“感动七三班的人物”，表彰一学期以来为班级作出贡献的同学。薛艳秋坐在教室后排静静地欣赏学生们的展示。最后一个奖项，班长郑重其事地说：“下面，我们要颁发七三班最大的一个奖项——大人物奖。我们的颁奖词是：她虽然是一位普通的女教师，却有着不一样的毅力。尽管我们会犯一些错误，她生气过，但只有几秒钟，过一会儿，她又晴空万里了。她用爱一点点地感动着我们，她不仅是良师，还是我们的朋友，她是我们心中的大人物——薛老师！”热烈的掌声响起，随着班长一声“敬礼”，全班学生齐刷刷地转向薛艳秋，敬礼。

那一刻，薛艳秋的眼泪哗哗地止不住流。“你对学生好，学生就会当你是朋友。”薛艳秋说。

2015年教师节，薛艳秋作为特岗教师的优秀代表，参加了教育部教师节表彰大会，受到了李克强总理的接见。领奖归来那一天，学生们自发在教室门口列队迎接薛艳秋，学生们高喊：“我们的大人物回来啦！我们的大人物回来啦！”

在薛艳秋和她的学生身上，这种惊喜和感动常常发生。2016年3月20日是薛艳秋预定的婚期，她悄悄向学校请了婚假。没想到的是，就在她要请假回家的那个周五的班会课上，学生们请薛艳秋暂时离开5分钟。5分钟后她回来，看到教室黑板上已经写满了祝福：“薛老师，我们爱你，祝你幸福！”学生们还制作了一个大大的心形贺卡送给她，上面有全体学生的签名。

“有许多人问我，回农村教书后悔吗？你说，我怎么会后悔？学生带给我的感动和幸福，远远比我给他们的要多。”薛艳秋站在开满花的玉兰树下，笑得格外美。

资料来源：刘婷. 学生心中的大人物. 中国教师报，2016-04-06.

（二）理论阐述：职业作风是一种态度，更是一种内在激情

职业作风，是指从业者在其职业实践和职业生活中所表现出的一贯态度。

职业作风是职业道德在从业者职业行为中的习惯性表现。从总体上看，职业作风是一种习惯势力。社会主义的优良职业作风具有积极的潜移默化的教育作用。它好比一个职业道德的大熔炉，能把新的成员迅速锻炼成有良好职业道德的从业者，同时使老的从业者继续保持优良职业道德传统。一个职业团体有了优良的职业作风，就可以互相影响、互为榜样、互相监督，形成良好的职业舆论和职业风尚。这样，就可以使符合职业道德要求的好思想、好品质、好行为发扬光大，使不符合职业道德要求的坏思想、坏品质、坏行为受到抵制。

总之，职业作风具有深刻的道德意义，甚至可以说，职业作风就是职业道德。

教师职业作风，就是指教师在自身职业活动中表现出来的一贯的态度和行为。人民教师应该树立以下优良职业作风：实事求是，坚持真理；工作积极，认真负责；忠诚坦白，平等待人；发扬民主、团结互助。

教师的职业作风，反映了教师在职业活动中的态度和行为，这本身就是教育的一种无形和巨大的精神力量，具有明显的示范性特征。教师的职业特点要求教师建立热心追求真理、勇于探索的学术风气，敢想敢说，敢于向权威挑战，“格物穷理”，敢领学术之先，在教育科学和现代科学中有大作为。要着力在教师中发扬团结奋斗、互相协作的风格，依靠群体优势开拓教育的新局面，实现教育行为由“个体小生产”向“社会化大合作”的转变。

（三）实践启示：感召力来自教师公正

薛艳秋是体育老师，但她不仅教学生体育课，还任班主任，兼上思政、音乐等课程，更重要的是要通过体育培养学生的思想情操和道德品质。

薛艳秋极具感召力。她组织能力特别强，负责组建了学校篮球队、女子运动队、健美操队、田径队、跆拳道队等，使得竹条实验中学的体育课渐渐在樊城区小有名气。

薛艳秋还极具亲和力。她能有效处理学生打架事件，让学生心服口服，更加亲近老师。

薛艳秋带的班级很有集体凝聚力、战斗力。她能使学习成绩在全年级拖后腿的班级一跃而成为在全年级名列榜首的班级。后来变成，她到哪个班当班主任，哪个班的学生便生龙活虎，富有战斗力。她教学成绩突出，进京接受表彰受到了李克强总理的接见，成了学生心目中的“大人物”。

薛艳秋的感召力来自教师公正。所谓教师公正，是指教师在教育和教学过程中，公平合理地对待和评价每一个学生。在实际工作中，教师应该坚持真理，秉公办事，奖罚分明。这样有利于调动每个学生的学习积极性，无形中培养学生公正无私的道德品质，也有利于形成良好的教育教学环境。薛艳秋老师就是这样的人，无私无畏，无怨无悔，始终坚定地行走在乡村教育的道路上。

（四）成长建议：倾心付出，无怨无悔——“教育是一个良心活”

做教师需要倾心付出，无怨无悔。因为，“教育是一个良心活”。

做教师也要具备领导力和感召力，要充分展示教师个人的人格魅力，这样才能把孩子们吸引和集聚在你的周围，使之“亲其师而信其道”。

教育，是决定国之根本的事业，教育者只有将其当成事业，才能拥有源源不断的生命力。教师自身的潜能，主要来源于感召力。感召力，可以是人格的力量，可以是专业的光芒，可以是梦想的坚持，也可以是情怀的感动。无论哪一样，都能感召孩子们聚在一起，面朝着光明与希望，跟着你向前进。

八、职业荣誉：激发力

一辈子做教师，一辈子学做教师。

——于漪

2019年9月18日，国家主席习近平签署了主席令，授予42人国家勋章、国家荣誉称号。其中，“改革先锋”、语文特级教师、上海市杨浦高级中学名誉校长于漪荣获“人民教育家”荣誉称号。“一辈子做教师，一辈子学做教师”是她的名言。教师这个职业寄托了她一生的追求与热爱。

（一）案例呈现：把教育信仰写进课堂

把教育信仰写进课堂

1978年下半年的一天，我突然接到上海市杨浦区委办公室的电话——区委书记要来学校，接我去市政府大礼堂开会，说我评上了特级教师，要参加颁证仪式。那时自己没有专门提交申报特级教师的手续，尽管开过不少座谈会，听过不少课，但我全然不知。我心想：上面“保密工作”做得真好。

这是怎么一回事？原来，1978年全国教育工作会议上，邓小平同志提出：“要采取适当的措施，鼓励人们终身从事教育事业。特别优秀的教师，可以定为特级教师。”根据邓小平同志的讲话，教育部、国家计划委员会制定了《关于评选特级教师的暂行规定》，在全国开始了评选特级教师的工作。

我最早只在报纸上看到北京评出了3位小学特级教师的新闻，人数少之又少，多少万人里挑一个，那是很神圣的事，我从未将其与自己联系起来。而今，如此大的荣誉意外地落在我头上，让我又惊又喜。当时颁证的情况如今仍历历在目。不过，兴奋的同时我不得不冷静思考：凭什么天上掉下这么大的馅饼给我，对我特别青睐？那次中学教师共评上8名，其中7名来自市重点名校，唯独我从教的学校是名不见经传的区重点。我想，被评上有相当大的偶然性，相当程度上是机遇。

我简单地分析了原因，可能是自己所带的年级组由乱到好，所教的两个快班学生都考上了高校，取得了很好的成绩，也可能是1978年之前自己就积极投入教学改革，上过一些公开课。但这些都是稀松平常的事，出于教师肩负的责任，大家都会这样做，而且许多人做得比我好。

我突然想到可能是另外一次机遇：1977年10月，学校突然接到一个通知，要我带学生到上海电视台上语文课，还是电视直播。我问通知人用什么教材，他说根据自己的情况而定。那时，粉碎“四人帮”刚刚一年时间，还没有新编的教材，我只好用不到一周的时间自己选。选什么做教材呢？我想到了解放思想，想到了“文革”乌云终究遮不住太阳，于是高尔基的散文诗《海燕》突然浮现在眼前。我到图书馆和一位管理员在杂物间把捆扎的书一捆一捆打开来找，总算找到了。那时没有打字机，只能自己刻蜡纸，一张一张油印出来给学生当教材。

电视直播的场地十分简陋，所谓的教室几扇窗是用木条随意钉起来的。但师生都很兴奋，因为从没有到电视台上过课，更何况是直播。学生全神贯注，朗读、讨论、质疑、解答，那种意境、那种精神在教室里环绕。课结束时，学生不约而同地说：“我们刚从海边回来。”这让我和学生都兴奋不已。

那时刚有九寸的黑白电视，谁家有电视，亲戚朋友邻居都会去看，节目很少，但上课是稀罕事，于是就成了家家户户的关注点。

这种影响完全是机遇造成的。我清醒地意识到：关于特级教师，评上的不一定是最好的，最好的也不一定能评上，其中有种种偶然。不过我想，既然好运降临到我身上，就不能让荣誉蒙上灰尘。我一定要让偶然性为必然性开辟道路，加倍努力，边学边干，边干边学，走一条老老实实学做特级教师的路。

“眼睛向外，但更要向内”

1978 年下半年的一个傍晚，我接到通知，参加全国妇联组织的座谈会。会上，我发言讲述对教育的期盼，也许是戳中了大家的内心，不少与会者受到了感染。各行各业的发言汇成江、汇成河，要大干、实干、巧干，甩开膀子在建设的道路上奔跑。会上大家精神振奋，热血沸腾，我亦深受教育与感染。

想不到，又一个“突然”来到身边。全国妇联通知我参加中国妇女代表团访问日本活动。经过多年的封闭，我们对国外的情况一无所知，所以先要学习、了解一下。

代表团成员有 10 余名，从事教育工作的仅我一个。谈要求时，我提出希望能参观一下日本的中小学，了解他们的教育教学情况。我如愿以偿，得以到学校听课、参观。给我印象最深的是，日本中小学教学设备先进，管理科学有序，而且全面培养学生的自律能力。比如，教师教“血液”这个主题，教室里大尺寸的电视就播放录制好的血液循环图，鲜红的血液在血管里是怎样流动的，动脉、静脉是怎么回事，形象化的教学一目了然。专用教室更是有各种各样的先进设备，当堂做的作业，每个学生只要按课桌上的按钮，教师在工作台上立刻就能收到信息，最快速的是谁、用多少时间，最慢的用多少时间，并立即统计出百分比。教师根据具体情况，或补充讲解，或个别指导。

当时我想，他们对学生课堂学习情况的了解是有客观依据的，而我们主要靠的是察言观色，推测的成分比较多，究竟怎样更合适呢？

日本学校的管理井然有序，计划性强，学生一学年的校内校外活动都安排得具体、明确。比如交通安全教育，学生从家到学校要走哪几条路，过哪些路口，乃至过什么桥，都很细致、周到地标明。这种教育不是简单地说说，对小学生而言，就是要落实到位。学校一尘不染，下课走廊里悄然无声。教室卫生全由学生自理，一年级小学生也不例外。12

月初，清晨飘着小雪，小学生还穿着短裤踢球、玩耍、锻炼体质……

凡此种种，促使我对教育尤其对基础教育进行了深入思考，我第一次把基础教育与国民素质紧密地联系在了一起。

有了这样开阔视野的际遇，我觉得，他山之石，可以攻玉，既要眼睛向外，借鉴他国他人先进经验，更要眼睛向内，植根本土，拿出民族志气、民族自尊，办好自己的教育。此次访问增强了我奉献教育的自觉性。

访问一周后回国，正值党的十一届三中全会闭幕之时，中组部招待所到处洋溢着那种欢乐的气氛，欢声笑语不断。改革开放的大幕拉开，它向世人宣布，中国人将努力大展宏图，创造奇迹，造福人民。

我是改革开放的极大受益者，享受到了厚重的恩泽。其实，这哪里是个别现象？许许多多教师都改变了命运，做了教育的主人。政治地位提高，各级人民代表大会都有基础教育界的代表与各界代表共商国是；经济地位随着社会经济发展持续改善；最了不起的是可以解放思想，为教育好后代出谋划策，锻炼本领，奉献智慧。

资料来源：于漪. 把教育信仰写进课堂. 中国教师报，2018-12-26.

（二）理论阐述：“桃李满天下”——教师最大的职业荣誉

职业荣誉感，是指一定的社会或集团对人们履行社会义务的道德行为进行肯定和褒奖，作为从事本职业的个人因意识到这种肯定和褒奖所产生的道德情感。无论你的职业是什么，只要达到了一流的水平，为社会作出了贡献，都能够实现自己的价值。

教师的职业荣誉感主要来自学生取得的成绩和成就。“桃李满天下”，这是教师最大的荣誉和幸福。

教育是一个民族最根本的事业，寄托着国家发展和民族复兴的希望。教师是教育之本，肩负着教书育人的神圣使命。学生如同一棵棵小小的树苗，在教师这个园丁的浇灌下慢慢长成参天大树，这是一件非常值得教师自豪的事。同时，来自社会大众的尊敬使得教师具有非常强的荣誉感，从而促使教师更加热爱学生和教育工作。

列宁说：“教师是太阳底下最光辉的职业。”每一位教师，都为能教书育人而感到光荣。与其他的职业比较，教师的职业更具有示范性、公众性和教育性，因此，教师的职业要求教师应该具备更高、更严格的职业道德修养。师德修养的核心就体现在一个“爱”字上，一个教师的师德修养不在于他教了多少年书，而在于他用心教了多少年书。

（三）实践启示：“不能让荣誉蒙上灰尘”

于漪老师看淡一切荣誉，甚至把这些荣誉和待遇看作学习做教育和做教师的好机会。她的那句“不能让荣誉蒙上灰尘”，说得真好！

她在改革年代，满怀感恩之情，开启了教学改革的新征程。为了提高学生课堂学习的主动性、积极性，提高教学质量，她尝试将课堂教学模式从“满堂灌”式向启发式转变，教学内容不只是语文方方面面知识的传授，还重视语文能力的训练与形成。她的教学改革从课堂教学开始，以激发兴趣和求知欲为切入口，以让学生做课堂学习的主人的目标为准绳，改革课堂教学模式，选择适合的教学内容，让学生的语文能力、语文素养获得切切实实的提高。

她没有把教师地位摆得很高，而是把每一个学生都看成是一个“发光体”，让他们学会自己发光。她相信，每个学生都应是乐手，能够奏出动听的学习母语的乐曲，教师是这支交响乐队中的首席。课堂里缺少生命的涌动、思想的活跃、情感的充沛、语言的奇妙，怎么可能有吸引力、感染力？怎么可能获得莘莘学子的钟爱而让他们进入语文宝库探索？因而，于漪老师认为，课内教学要延伸到课外，课外学生学习所得带入课内，往往经课内辨析、讨论放射异彩。她的学生常乐此不疲。

于漪老师把语文看作“人生”。她认为，语文学科与其他学科最重要的区别在于：语文学科始终是指向人的，与人的思维、情感、品质和能力密切相关。语文就是人生，伴随人一辈子。语言文字来自人生，而不是来自书斋，学生与它有天然的联系，有心灵感应。

于漪老师重视培养青年教师，使他们一个个走向成熟、走向优秀、走向卓越。多年来，通过师带徒、基地实训等多种形式的悉心培养，她和青年教师亦师亦友，互相学习，共同提高。于漪老师看到他们一个个成为特级教师、正高级教师、万人计划对象等，看到他们在语文专业上不断开拓创新，创造育人新业绩，心中无比欣慰。

面对荣誉和成绩，于漪老师非常谦虚。她觉得她这样的老教师做了一点尝试与探索，由于自己水平有限，不妥之处也有很多。她寄希望于年轻的同志，鼓励他们一定要努力超越，深化改革，使我们的教育理念、教学实践更符合语文学科规律、学生成长规律。

（四）成长建议：“捧着一颗心来，不带半根草去”

2018 年 9 月 10 日，国家主席习近平在全国教育大会上发表重要讲话。他强调，人民教师无上光荣，每个教师都要珍惜这份光荣，爱惜这份职业，严格要求自己，不断完善自己。做老师就要执着于教书育人，有热爱教育的定力、淡泊名利的坚守。案例中的人民教育家于漪老师就给广大教师作出了非常好的榜样。

做教师要有荣誉感和责任心，要正确对待荣誉，懂得荣誉的内涵，尊重获得的荣誉，了解荣誉对个人发展的重要影响，利用获得荣誉的机会，思考未来的工作方向，争取作出更大的成绩。

教师在荣誉面前要保持心境的宁静与淡泊。教师工作是良心活，教师要对学生负责，对家长负责，对社会负责，更重要的是要对自己的良心负责！教师在工作中要脚踏实地、尽心尽力，要有“捧着一颗心来，不带半根草去”的敬业精神。

小　结

本章通过职业认同和职业道德两节，分十二个方面重点阐述了教师职业道德层面的文化力。

教师文化力的内涵十分丰富。从教师的职业认同和职业道德的角度来看，教师文化力主要来自教师的理想信念、道德情操、扎实学识、创新精神、仁爱之心、实践能力（职业行为）、坚强意志以及道德底线的坚守等。新时代的教师要积极投身社会主义文化强国建设，提高教师文化力，以此提高国家文化软实力和中华文化影响力。

本章案例中的教师，他们是那么可爱、可贵、可敬，因为，他们拼尽自己的青春、热情、智慧，培育、塑造出一个个丰盈的生命个体。

教师是一种职业，更是一种人生；师德是一种精神，更是一种追求。

新时代，教师如何为实现教育强国贡献自己的力量和智慧？这是每个教师都要仔细思考的问题。

教师文化力提升的进程表明，社会对教师的要求越来越高。教师还要在众多方面持续努力，学历提升、在职培训、专业发展、卓越教师提升计划，每一步都需要教师艰苦跋涉，攀登人生和职业阶梯。教师在未来的职业生涯中应脚踏实地，教育之路才会更加平坦、顺利，光荣、辉煌。

第二章 腹有诗书气自华：教师的人际关系与形象

内容提要

教师应该积极处理好以下几种重要关系：教师与学生的人际关系、教师与学生家长的人际关系、教师与学校领导者的人际关系、教师与同事的人际关系、教师与家人的人际关系等。同时还要树立教师的职业形象和社会形象。

第一节 教师的人际关系

人不能脱离社会而存在，人的生活离不开与人的交往，只要不是在孤岛上，就会有各种各样的人际关系。心理学研究表明，积极的人际关系是一个人心理正常发展、个性保持健康和生活具有幸福感的重要条件。也就是说，一个人拥有什么样的人际关系，关系着他的工作是否顺利、生活是否幸福。假如一个人生活在紧张的人际关系中，那么伴随他的必然是孤独、寂寞、自卑和疑虑。

一名优秀教师的成长与发展离不开周围人们的支持与帮助，比如家庭关系的和睦、同事关系的和谐、上下级关系的融洽等，这对教师个人专注事业、丰富学识、获得更多的发展机会都具有十分重要的意义。随着社会的变迁，教师的人际关系也发生着变化，跟随时代的步伐又符合中国的文化与习俗，建立起良好的人际关系，使自己广受欢迎，赢得更多的机会，是每位想成功的教师的必经之路。

教师要建立良好的人际关系，就应该积极地处理好以下几种关系：教师与学生的人际关系、教师与学生家长的人际关系、教师与学校领导者的人际关系、教师与同事的人际关系、教师与家人的人际关系等。

一、教师与学生的人际关系

教育者的关注和爱护在学生的心灵上会留下不可磨灭的印象。

——苏霍姆林斯基

教师要尽可能地尊重学生，但也要尽可能多地严格要求学生。

——马卡连柯

教师和学生的关系是学校教育过程中最基本、最重要的关系，积极和谐的师生关系是有效教学的重要方面，有助于学生在学习和生活中取得成功。与老师关系密切的学生在学校里往往会更加努力，能够取得更好的成绩。然而，我们也经常看到一些不和谐的师生关系，有教师体罚、虐待学生的，如 2017 年北京红黄蓝幼儿园幼师虐待幼儿事件；也有学生伤害老师的，如 2017 年 12 月 14 日上午，盘锦市某中学八年级的一名老师因没收学生的扑克牌，被学生捅死在教室讲台旁。因此，如何处理好与学生的关系，是新时代教师要考虑的核心问题。

（一）案例呈现：节日的道歉

节日的道歉

从杨阳家出来，夜幕已经降临，北风裹挟着寒冷扑面而来，借着昏暗的灯光，我骑车慢慢前行。不过，脑中还不时闪现着家访的情景：冷清的家庭、沉默的面孔、老人的叹息，与外面热闹的节日氛围形成巨大的反差。

接手四（1）班之前，就听同事们说起过杨阳的事情。这个孩子原本聪明好学，但自从父母离异由爷爷奶奶照顾后，他就像变了一个人，脸上很少再有笑容，学习成绩也一落千丈。接手这个班后，我总想引导他振作起来。但他好像根本不"领情"，作业写得越来越潦草，有时根本不写。每次上课他都冷不丁说几句调皮话，每天都要在班级微信群里晒爸爸或妈妈送他的礼物。我批评了他几次，他要么低着头一声不吭，要么干脆把头扭向一边，我真是又气又恼。但我不能放弃这个孩子，于是想利用春节和他爸爸好好聊一聊。

正月初四下午，我骑车来到杨阳家。推开虚掩着的大门，家里静悄悄的，连问几声，杨阳的奶奶才从屋里走出来。老人拉着我说："老师，没想到是你，快进屋暖和暖和。"

平房内虽然点着火炉，但因为空旷，几乎感觉不到多少温暖。趁老人倒茶的空隙，我扫了一眼屋内，没有看到杨阳。老人说，杨阳因为爸爸过年不回家大哭了一场，孩子十分难过……说着说着，她伸出一双无助、颤抖的手。我赶紧站起来，紧紧握着这双粗糙、瘦削的手，一阵伤感袭上心头，赶紧说："大娘，你放心，我以后尽量多关心他。"

我打听了杨阳的表现情况，又到他的卧室看了看，床头是一个简易书桌，桌上一片凌乱，不过一张纸上写着这样一段话——"爸爸、妈妈的分手让我感到地动山摇，我的哭喊没有换来家庭的团圆，犹如狂风暴雨中一只无家可归的小鸟，寒冷、孤独从此包围着我……"看到这个10岁孩子发自内心的呐喊，我一边流泪，一边自责。

当我以爱的名义严格要求孩子努力学习、自立坚强时，何曾想过他才是一个10岁的孩子，他那种对父母亲情的渴盼，那种唯恐别人用异样眼光看自己时的担心和孤独，作为教师，我想到了吗？爱，有时也会伤人。想到这里，我很为自己曾经的鲁莽和粗心而自责，为孩子心事的沉重而伤感。

这时，杨阳一脸兴奋地跑回家，发现我时，他感到特别意外，连招呼也没打，就默默地低下头站在那里。我一手抚摸着他的头，一手攥住他的手，真诚地向他道歉。他先是有些莫名其妙，当看到我真切的目光后，也检讨了自己的各种问题。我举起他的手说："杨阳，让我们一起努力吧。"他原本紧绷的脸慢慢舒展开来，露出了久违的微笑。

资料来源：孟雪梅. 节日的道歉. 中国教师报，2019-09-18.

（二）理论阐述：教师和学生是教学过程中两个相互依赖的要素

教师和学生是教学过程中两个相互依赖的要素，有教师的教和学生的学，才构成了教学过程，正是由于这两个具有主观能动性的要素在教学中发挥着各自的作用，教学才不同于其他劳动。

教师与学生的关系是指教师和学生在教育、教学活动中结成的相互关系，包括彼此所处的地位、具有的作用和对待彼此的态度等。师生关系的核心是尊师爱生，即学生要尊敬教师也要热爱教师，而教师也一样，既要热爱学生也要尊重学生。马卡连柯认为："孩子是活生生的生命，美好的生命，因此对待他们就该像对待同志和公民一样，必须了解和尊重他们的权利和义务：享受快乐的权利，担当责任的义务。"①

在师生关系中，教师作为教育过程的组织者，在全部教育活动中起主导作用。现代教学观特别强调师生之间的关系，因为，良好的师生关系是实现教学相长的催化剂，有助于提高课堂教学的效率，有助于发挥学生的聪明才智，有助于教师和学生的身心健康发展。良好的师生关系取决于教师的教育水平、文化知识、思想品德、教育技巧等职业素质。

（三）实践启示：关注师生之间的黏度、温度和尺度

案例中，教师发现学生不对劲，在几次批评不起作用后，就到学生家中家访，知道真相后，教师主动向学生道歉。正是教师以自己的真诚和爱让学生杨阳感受到了温暖，并意识到了自己的问题。

这则案例引发了我们对师生关系的黏度、温度和尺度的思考。

1. 师生关系的黏度

师生关系的本质是什么？是一棵树摇动另外一棵树，是一朵云推动另外一朵云，是一个灵魂唤醒另外一个灵魂。但当前，很多家长过度关注孩子的学业成绩，在师生关系的认识上也过于急功近利，把老师作为"购买教育服务"的对象，而导致了师生关系的疏离和变异。

其实，师生是可以建立亲密的关系的。案例中的这位教师接班前就从其他教师那里了解了杨阳的情况，对他予以特别关注。发现了杨阳的异样后，她多次引导，而杨阳不但不领情，表现还越来越差，对教师的教导也不够尊重。但她没有轻易放弃，主动家访了解情况，得知杨阳是在父母离异后，感到孤独无助才变得如此执拗的，她主动向杨阳道歉，用满怀的关心和期待给孩子以温暖，孩子其实心里是明白的，他也被老师的真诚打动，主动检讨了自己的问题，并露出了久违的微笑。可见，师生关系的亲密度是在相互了解与理解中不断增进的。

2. 师生关系的温度

师生的交往，是在每一天、每一时的相处中推进的。以互信互爱为前提，师生关系才会越来越有温度。案例中的教师因为刚刚接手这个班级，同学们对她还不够了解也无从信任，但这次家访拉近了她和杨阳之间的距离，教师及时找到了导致杨阳出现问题的原因，让杨阳开始尊重和信赖教师，也向同学们传递了一个信息：教师是关心他们每一个人的。相信不久以后班级其他同学都会信任她、爱戴她。积极正向的师生互动可以为提高师生关系的温度提供非常好的基础。

---

① 马卡连柯．马卡连柯全集：第三卷．北京：人民教育出版社，1957：173.

3. 师生关系的尺度

案例中的教师是一位认真对待工作、热爱学生的好老师。她带领的班级，师生关系会越来越融洽和谐。如果师生关系基础好，黏度和温度合适，那么，老师就会对学生关爱有加，经常跟学生谈心、个别化辅导，学生也会发自内心地拥护老师、拥抱老师，教学效果无疑就会提升。亲密的师生关系，需要在日常的互动中发展。所谓的尺度，在乎内心，在于真诚。

（四）成长建议：正其身，然后才能正人

老师打骂体罚学生、学生殴打报复老师等现象都是师生关系不和谐的表现。要建立良好的师生关系，教师需要从以下方面努力。

1. 正确认识学生

（1）教师要树立正确的学生观。

学生观是指教师对学生的基本看法。教师应该认识到学生具有两重性，既有向师性，又有独立性。当今社会，教师的作用不再是传递知识的简单工具，或是供学生利用的资料库，教师应当是帮助学生在学习的道路上迅速前进的向导，教会学生怎样学习。正确的学生观是在教育过程中建立良好师生关系的思想基础。

（2）教师要了解和研究学生。

了解学生是教师热爱学生的起点，是教师进行教育的前提，也是教师公平地评价学生的需要。美国教育家多蒙茜·洛·诺尔特说："如果一个孩子生活在批评之中，他就学会了谴责；如果一个孩子生活在敌意之中，他就学会了争斗；如果一个孩子生活在友爱之中，他就会知道这世界是生活的好地方。"教育学生之前，教师一定要充分了解学生。教师可以通过观察、谈话，更全面地了解学生的思想、个性、兴趣、知识水平、学习态度和方法、身体状况等，对不同的学生采用不同的方法。

教师的工作是琐碎的，而孩子的内心是脆弱敏感的，有时候一句不经意的批评，一个偶然的误会，就会让他们小小的心灵受伤。有的孩子因为特殊的成长环境，性格敏感，心理脆弱，甚至稍显偏激，一个不经意的眼神都可能会伤害他，更不要说体罚了。他需要的是关注和温暖，是犯错时家长和老师不离不弃的谆谆教导。有的孩子性格大大咧咧，开朗活泼，却又聪明灵透，犯了错你什么都不说，到跟前瞪他一眼，可能他就明白了一切，自觉改正错误。

孔子主张因材施教，现阶段还需因性格施教，一方面要公平公正，有校规班纪；另一方面要权衡利弊，灵活处理。

2. 正确对待学生

（1）热爱、尊重学生。

每个学生都是独立的个体，都有自己独特的思想感情和需要，教师要热爱每一个学生，尊重他们的人格，维护学生的合法权益，公正地处理问题，用更为宽容的态度去接纳学生独特的个性和行为表现，满足学生的合理需要。

热爱学生是处理师生关系的基础和根本出发点，教师在具体的教育教学实践中把学生的成长放在第一位，关爱每一位学生，是高尚师德的具体表现。教师对学生不论是学问还是做人的教导，都得平等、尊重和合作。仅有爱心还不够，还要了解学生、讲究方法。专制式的爱和放纵型的爱，都是无效或低效的，只有在民主、平等、尊重的前提下，爱才是高效的、有益于学生身心健康发展的。所以，教师对学生的爱要得法，才有效果。教师的感情应该是一种持久、兼容和宽大的爱，体现的时候不能有波折，不能有观念性，更不能有类别性。教师对学生的爱，要符合职业习惯，体现爱的一般特征，但又不能等同于一般的爱。老师应该爱所有的学生，尽量做到把爱给予每一个学生，平等、公平公正地对待每一个学生。尊重学生是教师建立师生间平等关系的前提，在师生平等的交往关系中，教师的爱才能够实现。

（2）严格要求学生。

在教育教学活动中，教师的行为要符合教育教学的要求，学生的行为也要符合教育教学的要求。在教育教学活动中，教师应时刻牢记传道、授业、解惑的职责，严格要求自己，也严格要求学生。严而有爱，通过调节师生关系的黏度、温度和尺度，建立亲密的师生关系。

（3）善于与学生交往，正确处理师生矛盾。

良好的师生关系是在交往中形成的，一般师生之间的联系与交往要经历四步：接触—亲近—共鸣—信赖。

在教育教学过程中，师生之间难免发生矛盾。教师要善于驾驭自己的情绪，冷静全面地分析矛盾，正视自身的问题，敢于作自我批评，对学生的错误进行耐心的说服教育或必要的等待、解释等。同时，教师对学生应一视同仁，能与学生换位思考，设身处地为学生着想，善于理解学生。

（4）保护学生的合法权利。

侵犯学生权利现象存在，主要就是因为教师法制意识淡薄，意识不到学生拥有神圣不可侵犯的权利。所以，教师一定要提高法制意识，明确师生的权利义务关系。同时，也要加强教育制度伦理建设，使师生之间的权利义务关系更加明晰并转化为具体的制度规定，切实保护学生的合法权利。

3. 不断提升自身素养

（1）要具备良好的心理素质。

教师只有具备了良好的心理素质，才能既胜任教师的教书育人工作，又能使自身获得身心的愉悦。因此，在认知上，教师要有敏锐的观察力、工作的条理性和教学的创造性；在情感上，要热爱教师职业、热爱学生、善于控制自己的不良情绪；在意志品质上，要有坚强的意志力和克服困难的决心；此外，还应该有健全的人格。

（2）应提高教师自身素质。

孔子说："不能正其身，如正人何？"正其身，然后才能正人。

教师的道德素养、知识素养和能力素养是学生尊重教师的重要条件，也是教师提高教育影响力的保证。此外，教师还要完善个性，展现魅力，做学生的良师益友，建立深厚的师生感情。

二、教师与学生家长的人际关系

家长对自己子女的身心特点比较了解，而且还担负着教育子女的责任，所以家长对子女的教育具有一定的针对性和权威性。教师如果能够正确处理与家长之间的关系，与家长和谐相处，那么在管理班级工作时就会非常轻松，因为有了家长这个坚实的后盾在支持着、拥护着。但是假如没有建立一种正确的关系，与家长打交道就有可能是工作中最头疼的事了。当前有人把教师和家长的关系比作医患关系，既互相需要，因为孩子的成长离不开教师和家长，但又十分脆弱，随时都会崩溃甚至爆炸。其实，教师与学生家长之间的矛盾是在根本目的和利益一致基础上的矛盾，双方都是为了使学生健康成长、成才，有利于家庭，有利于社会。因此，这种矛盾经过积极的努力是完全可以避免的，也是完全可以化解的。

（一）案例呈现：教师与学生家长的沟通

案例一：

一天晚上九点多钟，周老师接到米多妈妈打来的电话，她情绪激动，还有点愤怒，向周老师讲述了那晚活动时，米多被同学欺负，老师却没怎么管的经过……这一讲就是一个多小时，最后说的话掷地有声：这样的环境不利于孩子的成长，打算转学。在她讲述的整个过程中，周老师一直认真地听着，也没说什么话，听完之后周老师表示非常理解家长此时的心情，并与家长商量是否可以等明天他了解情况后再交谈。

第二天周老师了解情况之后，发现没什么大不了的事，主要是米多自己敏感多疑，觉得同学们不喜欢她，根据这个情况，下午周老师把“大家一起来夸夸米多”作为班会主题。同学们夸奖完米多之后，周老师又补充了一些内容，如：运动会中米多曾经为班级荣誉而受伤，米多的作文经常作为范文在课堂中分享……周老师又问“谁是米多的朋友”，很多同学都举起了手，周老师又对米多说：“真羡慕你有如此多的知音，而且还有一个深爱你的母亲。”

班会后的第二天，米多妈妈打来电话，态度大变，认可了周老师的教育方法，还说“温室里的花朵经不起风雨，庭院里练不成千里马”。

案例二：

在升初三之前，英子是个热爱集体活动的孩子，不过学习成绩一般。到了初三，她父母因为孩子还有一年就要中考，强令孩子不要再参加学校组织的社会实践活动，并且当班主任打电话说希望孩子参加社会实践活动时，他们以孩子身体欠佳为借口拒绝了。

在家长的影响下，英子也渐渐对集体活动失去了兴趣，但学习上依然没有什么进步。从此，不管在英子身上出现什么问题，班主任都不再与家长联系，英子的家长主动打电话请班主任家访时，班主任也借口忙而不去，并在电话里对英子的父亲说，英子现在出现的问题都是家长本身的问题造成的，当老师的没有责任。英子的家长与班主任的矛盾越来越尖锐。

（二）理论阐述：教师和家长之间应以学生的发展为目标

自学校产生以来，教育就不是学校或家庭单方面的事，教师与家长的关系成为人们关注的一个焦点。从理想的角度说，教师与家长有许多共同之处，因此，他们之间建立一种和谐的关系似乎是件很容易的事，但事实上，相互阻隔、疏离或单向支配却是当前教师与家长之间关系的现状。

中小学生所受的教育主要有两种，一种是学校教育，另一种是家庭教育。学校教育和家庭教育有机结合才能促进学生的良好发展，实现这样的结合，需要各方面影响的一致性，特别是学校和家庭影响的一致性，而要使这两种教育有机地结合为一体，教师和家长之间相互配合是关键。因此，教师必须处理好与学生家长的关系问题。

在教师与家长的人际关系中，不光有家长如何对待教师的问题，也有教师如何对待家长的问题。从教师方面来讲，如何看待与家长的关系，如何对待家长，不仅关系到教育效果的好坏，而且反映着职业水平的高低。在现实中，教师与家长之间时常产生这样或那样的矛盾，其中重要的原因之一，就是教师不能正确对待和处理与家长的关系。

教师和家长之间应以学生的发展为目标，在民主平等的基础上实现真诚合作，相互交流沟通。相互配合，是教师与家长之间应当确立的一个基本关系。这种配合，不是单方面的家长配合教师或教师配合家长，而是相互的、双向的，没有互不往来的淡漠的应付与敷衍，没有盛气凌人的训斥和唯唯诺诺的接受，没有无理的横加指责和欲哭无泪的抱怨①。

（三）实践启示：良好的沟通方式与用心的经营

良好的师长关系，即教师尤其是班主任和家长的关系的建立，需要良好的沟通方式，以及用心的经营。作为教师，只有带着敬业负责的真挚感情，真心、真诚地和家长沟通，才能拉近双方的距离，建构和谐共赢的师长关系。两个案例中，两位老师不同的做法，也导致了教师与家长间关系的不同。

案例一中的老师接到家长电话后，很重视，第二天就利用班会，以实际行动帮孩子解除了烦恼，让家长不再担忧，明显利于教师与家长的关系朝好的方向发展。

案例二中家长的教育方法应用不当，家长不能剥夺孩子参与集体活动的权利，不能把孩子看成自己的私有财产，孩子既是独立的人，又是社会的人，只有让孩子融入集体、融入社会，孩子才能健康成长。但教师也存在严重问题，他对教师与家长间沟通合作的意义缺乏理解，当家长后来主动要求与教师沟通时，他采取排斥家长的态度，而且他在教育教学上出了问题时向家长推卸自己作为教师的责任。这样无疑损害了师生之间、教师与家长之间情感的沟通与交流，也在很大程度上影响了学校和教师的形象。

为了解决这一问题，教师应该在提高认识的基础上，采取主动与家长沟通合作的态度，谦虚和蔼、尊重理解地与家长面谈。因为教师与家长之间的地位是平等的，教师和家长都是以教育好学生、促进学生身心全面发展为共同目标，所以教师与家长交往时，应该

① 佐斌．教师人际关系和谐．北京：中国轻工业出版社，2010：9.

建立彼此相互支持的平等关系，相互尊重，营造和谐氛围，这样才会拉近双方的距离，家长才会敞开心扉。在家长认识提高的基础上，教师、家长和孩子应共同商讨促进英子各方面发展的计划，并付诸实施。

综上所述，教师与家长应建立平等的关系，要养成良好的沟通习惯。教师要积极主动地与家长建立联系，树立服务意识，尊重家长，经常向家长征求意见，并及时通报学生的思想、学习、生活等动态。教师经常和家长沟通，有利于掌握学生的情况；当教师批评学生时，家长不可当面挑剔指责教师。只有平等沟通，双方才不会落入误区，形成扯皮推诿、渎职等状态，才能齐心合力教育好学生。

（四）成长建议："敬人者，人恒敬之"

无论是班主任还是科任教师，工作中免不了要和家长打交道。教师和家长之间的关系，直接影响着学校对学生的教育效果。没有教师和家长的互相配合，就不能很好地形成一致、强大的教育影响。和谐的教师和家长的关系，有利于学校对学生的教育。只有教师和家长对学生的教育观点一致，达成默契，才能达到最佳的教育效果。

处理好和家长之间的关系，教师应做到以下四点。

1. 有效指导家庭教育

目前，我们面临的现实是：有些老师一味指责家长不懂教育规律，不积极参与家校合作，因此才导致孩子的学校教育出现了很多问题。有些老师忽视了家长的教育背景和教育水平，不清楚一些家庭无法对孩子的学习提供帮助。一些家长则认为，把孩子送到学校，就该由老师多管教，教好了是应该，教不好就不对。有些家长忙于工作，对孩子的心理和学习情况缺乏了解，缺乏科学合理的教育方法，也不主动与老师沟通了解孩子的在校情况。

面对这样的现实，学校和老师指导家庭教育要有信心，对家长进行积极引导。首先，要端正家长的教育观点，让家长明白，在孩子的成长过程中，老师是重要的陪伴者、引导者，家长也有不可推卸的教育责任。家长是孩子的第一任老师，也是孩子人生中的启蒙之师，家长应该多花些时间陪伴孩子，并努力让自己的陪伴更有温度，平时要尽可能多关注孩子的学业。父母的言传身教相比老师，更具有影响力。其次，要教给家长科学的教育方法，指导家长制订切实可行的具体计划和措施，还可以利用召开家长会的机会，让家长介绍经验，让学生现身说法，使家长从中获得成功教育子女的喜悦体验，增强责任感和信心，或者向家长介绍有关家庭教育方面的书籍，让他们从中汲取成功的经验，等等。

为了更好地推动家校合作，学校和家长的沟通机制应该常态化、制度化、多元化。除通过定期召开家长会，利用电话、家长 QQ 群和微信群等现代通信手段进行沟通外，定期进行家访，有计划、分批次地与家长约谈，也能让家长认识到家庭教育、家校合作对孩子成长的重要性。只要我们有信心，教给家长教育孩子的方法，指导家庭教育就会有成效。

2. 主动与家长沟通

教育孩子是学校教师和家长的共同责任，学生的教育在学校主要靠教师，在家主要靠家长。教师与学生家长的关系处于"鸡犬之声相闻，老死不相往来"的状况是严重违背教育规律的。作为教师，应主动与学生家长联系，把学生在校的表现向家长汇报，对学生在学校发生的事及时和家长沟通，也要通过家长了解学生在家中的表现，在教育学生的观点上和家长达成一致。苏联教育家苏霍姆林斯基十分重视处理教师与家长的关系。他认为："这些成就来源于我们和学生家庭的共同工作。这种工作起了极其重要的作用……问题恰恰在于，我们和家庭作为并肩工作的两个雕塑家，有着相同的理想观念，并朝着一个方向行动。要知道，在创造人的工作上，两个雕塑家没有相互对立的立场是极其重要的。"

教师与家长的沟通方式可以是微信、QQ、电话、家访、家长会等。沟通要讲究语言的艺术性，教师与学生家长交谈时应语气委婉，避免在情绪激动时和家长沟通，先肯定孩子再指出存在的问题，先扬后抑。要认真倾听家长的诉说，不随意打断家长讲话。教师应向家长既报忧也报喜。有些家长一接到老师打来的电话就连忙问是不是孩子在学校表现不好。这种现象可能是教师常常在孩子犯了错误后才与家长沟通，找家长告状造成的。所以，教师平时要主动向家长反映孩子在校情况，聊聊孩子在校学习、合作和交往等方面的进步表现，让家长知道教师是在关心自己的孩子。对于有些言行过分的家长，要进行必要的换位思考，多体谅家长的难处。最重要的是，与家长沟通中要注意提高自身的修养。虽说"良药苦口利于病，忠言逆耳利于行"，但是好的说话方式和处理问题的策略会取得事半功倍的效果。

此外，教师通过班级微信群、班级 QQ 群等与家长沟通、交流时，在注意学生和家长的隐私的同时，还需遵守教育部的相关规定，如不得通过手机微信和 QQ 等方式布置作业，不得将批改作业的任务交给家长，避免出现"学校减负、社会增负，教师减负、家长增负"等现象。如果每次沟通都能在友好和谐的气氛下进行，就能达到沟通的最佳效果。教师处理好与学生家长的关系，最重要的就是在教育过程中有共同、一致的立场。为了减少微信群的负面影响，教师可以提前建立群规则，明确沟通交流的时间、内容及方法，这将更有利于教师和家长之间的良性互动。有了规则，才能更好地发挥微信群传递信息、沟通交流的作用。大家再也不用担心每天被大量冗余的信息所打扰，教师自己也不用担心被微信群"绑架"了。

3. 尊重学生家长

常言道："敬人者，人恒敬之。"教师要想得到家长的尊重和支持，就得以一种诚心诚意的态度去对待家长，赢得家长的信任，这是能够与学生家长紧密配合的基础。

尽管在教师与学生家长的关系中，教师起主导作用，但他们在人格上是完全平等的，不存在尊卑、高低之别。因此，教师首先要尊重学生家长的人格，特别是尊重所谓"差生"和"不听话"的孩子的家长的人格。教师应以一颗真诚善良的心，去表现对孩子的关爱之情，以此换来家长的信赖。不能因为学生的在校表现不好就训斥家长，不能让家长代替学生受过，更不应该不管学生在学校发生什么事，就对家长呼来喝去。上海育才中学的名誉校长段力佩说："如果家长从教师的回答中听到的全是她孩子不好的方面，那她会下意识地产生反感，怀疑教师对孩子有成见，因而采取与教师不合作的态度。"作为教师，我们不能训斥、指责家长，更不能说侮辱家长人格的话，不能做侮辱家长人格的事，否则会使教师与家长之间产生隔阂，甚至对立，还可能引起学生对家长或教师的不满，损害教师的形象，降低教育效能。

同时，教师要尊重学生家长的意见。对教育过程中出现的问题，首先要从自身找原因，还要客观地分析问题的症结所在，公正地评价学生的表现和家长的家庭教育工作，与家长共同研究解决问题的方法。我们要理解家长是有自尊心的，对自己的孩子也是偏爱的。教师在与家长沟通时，应多站在家长的角度去关心孩子，理解家长的心情，指出孩子的过错必须注意场合和方式。对于教育学生过程中家长提出的意见，要尽量尊重，不要直接拒绝。即使是不合理的意见，也要和家长进行深度沟通，说服家长主动放弃那种不合理的想法，否则很容易伤害家长的自尊心，甚至造成双方的对立，那样更不利于对孩子进行教育。

总之，一个尊重家长的教师，必须是虚心听取并接受家长意见和建议的教师。他会放下“教育权威”的架子，经常向家长征求意见，虚心听取他们的批评和建议，以改进自己的工作。这样，也会使家长觉得教师可亲可信，从而诚心诚意地支持和配合教师的工作，维护教师的威信。教师在工作上不断得到家长给予的启示，也更容易找到和确立有效教育学生的办法和途径。

4. 要教育学生尊重父母

一个好的教师，不但自己要尊重家长，还要教育学生尊重父母，特别是那些社会地位和文化水平不高的父母。苏霍姆林斯基非常重视教育孩子尊敬和热爱自己的父母及其他长辈，他通过各种方式，鼓励孩子用自己的劳动创造美好的东西给父母带来欢乐。教师教育学生尊重家长，不但可以提高家长的威信，增强家长教育学生的自信心，而且当家长看到自己的孩子在学校老师的教育下回家能够尊重父母，就会对老师对孩子的教育产生认同，会衷心地感谢教师，更加信任教师，也更加愿意配合老师对孩子的教育。因而，教师和家长就会在互相尊重的基础上，产生共同语言，共同加强对学生的教育。

其实只要家长与教师之间互相体谅，就没有解决不了的难题。教师要加强自己的思想道德修养和综合能力，避免与家长发生矛盾，在发生矛盾的时候，要在解决矛盾的过程中变不利为有利，及时与家长进行沟通。而家长也要重视自己孩子的教育问题，有问题的话及时与教师沟通，大事化小，小事化无。教师与学生家长要一起努力，共同为孩子的明天，打下坚实的基础。

三、教师与学校领导者的人际关系

一个人的成功，只有15%是由于他的专业技术，而85%则要靠人际关系和他为人处世的能力。

——戴尔·卡耐基

在日常工作中，教师除了与同事之间有互动，还与学校领导者有人际交往。学校领导者和教师之间的关系是学校各种关系的基础，在一定意义上，这种关系决定了学校的教学关系和教育质量的高低。现实中，往往会存在教师与学校领导者之间关系不够和谐的现象，作为教师，我们应如何认识和处理与学校领导者的关系呢？

（一）案例呈现：刚大学毕业任教的小张老师

小张大学毕业后到某中学任教。她先是因为排课问题与学校领导发生口角，后来又在职称评定时，因未过三分之二多数票而被否决。小张老师非常气愤，认为是校领导有意整她，就到校办大吵大闹了一场。同时，小张老师越想越委屈，上课时控制不住自己的情绪，忍不住声泪俱下，导致课堂无法继续，只能中途回办公室休息。之后小张老师又因心情不好，在家休息数日，只好请其他老师帮忙代课。后来在教师的集体活动中，小张老师只要看见校领导就想发脾气，宣泄心中的不快。

（二）理论阐述：教师和领导者的换位思考

学校领导者作为学校的各级管理者，与普通教师之间存在着领导和被领导的上下级关系。为了教育目标的贯彻实现，为了学校工作的顺利开展，学校领导者和教师之间应该积极地改善和促进关系的发展，领导者要调动全体教师员工的积极性，而教师则需要执行领导者布置的各项任务，遵守学校的规章制度，服从学校领导者的管理，与学校领导者相互配合。

一方面，学校领导者要管理得当，能够知人善任，信任教师和关爱教师，讲究领导的艺术性，这样才能在教师群体中建立起自己的权威，使教师信服。

另一方面，教师要尊重领导者，以正确的态度对待领导者，对领导者要有适度的、合理的期望。因为领导者也是普通人，他们也有缺点和不足，要允许他们犯错误。同时，教师要服从领导者的安排，支持领导者的工作，遇到问题时，要懂得沟通的艺术，积极主动与领导者沟通，不要动不动就抱怨、发牢骚。

如果教师和管理者双方都能换位思考，站在对方的角度上看问题，就能更加理解对方，减少很多不和谐的音符。

（三）实践启示：理性与冷静——教师与学校领导者之间发生冲突时

案例中，小张老师和学校领导者的关系显然是不和谐的。首先，当遇到排课问题和职称问题时，小张老师应理性地、冷静地处理与领导的关系，多从自身寻找原因，不应无端猜忌，若发现学校领导在这件事情的处理上有不当之处，可以通过探讨、谈心、和气协商的方式向领导提出合理意见，而不是去大吵大闹，这样的方式解决不了问题。同样，领导发现小张老师的情绪和意见时，应该和小张老师进行沟通，消除误解，解决疑问。

其次，小张老师不应该影响正常的课堂教学，这种不快的情绪让学生发现，不仅会影响教师的形象，而且也影响教书育人的效果。按时完成教学任务是教师的职责，教师不能因为日常的一些事情影响教学。国有国法，校有校规。作为教师，要提高认识，转变观念，站在学校发展的高度上思考问题，和同事们一起为学校的发展而努力。

（四）成长建议：相互理解、信任与支持

教师与学校领导者之间建立和谐的关系需要双方共同努力。教师在此关系中应该注意

以下几点。

1. 顾全大局，尊重服从

在教育过程中，教师是教育方针的具体执行者，又是教育措施的具体贯彻者，还是教育过程的具体组织者，所以教师要顾全大局，将自己放在学校集体之中，使自己的聪明才智得到最大限度的发挥。

此外，对于学校的领导者，教师要尊重服从。学校是一个大系统，教师是系统中的一个成员，如果每个教师都是脱离领导者核心的游离分子，那就不能在领导者的指挥下形成一个具有凝聚力的整体，学校的奋斗目标就不可能实现。

2. 与领导者积极合作

教师对领导者要有信任感，在听领导者布置工作和任务时，能认真领会，明确要求、方法和步骤。对不清楚的地方要问，认为不合适的地方要提出自己的建议和看法。对于领导者交给自己的任务，教师应愉快地接受，并按学校布置任务的总要求，认真努力地将任务完成好。总之，教师与学校领导者要成为友好的合作者，大家一起共同努力，为办好学校、出色地完成教育任务而作出贡献。

作为学校领导者，也要注重激励教师，调动教师的积极性。可以从满足教师的需要入手，通过满足教师的基本需要，激发教师内在的工作动机，促使其努力实现更高层次的需求。在工作中，通过设置工作目标，使教师产生凝聚力和向心力，采用多种激励方式，注重领导者的言传身教，加强民主治校意识，建立健全各项规章制度，从而全方位调动教师的工作积极性。同时，学校领导者要保护教师参与学校管理的热情，鼓励他们提供合理化建议，让教师参与学校重大事项的决策，对领导干部进行必要监督。这有利于缓和干群关系，发挥团体优势，增加教师对学校的情感投入，使全体成员产生心理认同，营造良好的群体气氛，彼此信任，相互支持，从而使广大教师积极地开展工作。

四、教师与同事的人际关系

在朋友交谈之间语言需要当心，成年人要步步为营，不传坏话，便可促进双方的友谊。减少是非是促进人际关系重要的一环，好话要多传，坏话一句也不传。

——三毛

教师在工作期间，三分之一的时间都是和同事一起度过的。由于教育工作的特殊性，教师的劳动，如备课、讲授、批改作业、课后辅导、对学生进行教育等，尽管大多是独立地、分散地进行的，但是学生的成才、教育成果的取得，又是全体教师密切配合、共同努力的结果。因此，教师之间建立良好的人际关系同样是非常重要的。虽然由于年龄、经历、所任学科以及兴趣、能力、气质、性格方面的差异，教师之间有时难免会出现这样那样的矛盾和冲突，但在教育学生方面大家的目标是一致的，需要相互支持、共同努力，这就决定了教师之间合作的特点和基础。那么，教师之间该如何建立良好的人际关系呢？

（一）案例呈现：和谐的同事关系——江苏常州市一中的故事

和谐的同事关系

几年前，江苏省常州市一中开始实行教育质量“集体责任制”，对教师的工作业绩进行捆绑式的管理，经过几年的实践，这种制度约束的外力已转化为教师自觉合作的内驱力。现在，教师间原先存在的“备课留一手、上课露一手”的现象再也没有了，取而代之的是“你合格我快乐，你优秀我学习”。各备课组的集体备课是办公室常见的风景，几名教师合作写教案，各自把心得与同事分享，这已成了习惯。一个班的搭班老师间，再没有争抢课时的现象。“班主任老师会主动向任课老师介绍学生的情况，帮助他们做好学生的思想工作。”袁守义老师说。

在业务上，在新课改的探索中，教师们更看重合作的力量和集体的智慧。去年，赵老师第一年上高三文科班的课，没有经验，胡老师就手把手地教，从课堂安排到课后作业甚至临考前的最后叮嘱，胡老师都预先备好课，关照好徒弟，高考时两人所带班级的学生都取得了不错的成绩。不仅是青年教师向老教师学，一些资深教师也很乐意走进青年教师的课堂，既学习，又指导，互相提高。李老师本学期已经听了同组吴老师七八节课。李老师是常州市“名教师工作室”的领衔人，特级教师后备人才，而小吴老师教龄还不到3年。李老师说：“小吴的课思路新颖，常常给我启发。”

资料来源：佐斌. 教师人际关系和谐. 北京：中国轻工业出版社，2010.

（二）理论阐述：精诚合作，友谊交往

教师与同事的关系是教师工作中人际关系的一个重要方面，这种关系主要表现为班主任老师与科任教师之间的关系、相同学科教师之间的关系、不同学科教师之间的关系、新老教师之间的关系、前后任教师之间的关系等。

当代教育中，教师工作已经不再是传统的个体劳动，教师们是作为一个有机整体来完成教育使命的。教师间的人际交往主要有两种形式：其一，是与教育工作相关联的交往，在这种交往中，交往对象和交往频率由工作决定，追求的是工作成就；其二，是指向个人友谊的交往，这种交往可以让教师的个人情感和心理需要得到满足，交往对象有很大的选择性。

教师要想拥有和谐的同事关系，就要在工作上与其他同事精诚合作，当然，教师之间也会存在竞争，但这种竞争应该是公平、公正、公开的良性竞争，而不是钩心斗角、尔虞我诈的消极竞争，教师的竞争应该建立在教师根本利益一致的基础上。此外，教师还需对自己的心理进行调适，避免同事之间的人际冲突。

（三）实践启示：个人力量与集体力量相融合

随着教育的发展，只靠一名教师已经无法达到社会对教育的要求，这就形成了教师集体对学生进行教导的教育模式。也就是说，教师在现代教育中已经不再是孤立的个人，而是教师集体中的一分子。马卡连柯指出，教师集体的统一是至关重要的，即使是最年轻、最

没有经验的教师，如果在统一、团结的集体里，有很好的有才能的领导者来领导，那么跟任何一位有经验、有才能但是与教师集体疏远的教师比起来，也可以作出更多有意义的事情。

案例中，常州市一中的教师们就是在合作的力量和集体的智慧下，取得了更加辉煌的成果。他们每位教师充分发挥个人的聪明才智和创造力，为完成集体教育任务和实现教育目标作出贡献。同时，教师个人也依靠集体的财富，从集体中汲取知识的营养，如资深教师做好青年教师的带教工作，青年教师新颖的思路给老教师以启发……

总之，每位教师都应正确认识个人力量和集体力量的关系，从其他教师身上吸收宝贵经验，依靠集体的力量更好地实现教育目的。

(四) 成长建议：尊重、信任、互通、协作

教师要在平常的工作中处理好与同事之间的关系，可以从以下三点着手。

1. 互相尊重，互相信任

同事关系不同于亲友关系，它不是以亲情为纽带的社会关系，亲友之间一时的失礼，可以用亲情来弥补，而同事之间的关系是以工作为纽带的，一旦失礼，创伤往往难以愈合。所以，处理好同事之间的关系，最重要的是互相尊重、互相信任。

作为教师，应该以豁达的心态去和自己的同事相处，既要对自己有正确的评价，也要对他人有全面、客观的评价，注意克服自傲、嫉妒的心态，不断学习别人的长处，看到别人的优点，吸收别人的经验，提高自己的水平。当发生冲突时，要宽容大度，虚怀若谷，积极主动地化解矛盾，与同事和谐相处。至于同事身上的一些不足和缺点，大可以糊涂一些，包容一些，大度一些。

费孝通先生曾经说过："美人之美，各美其美，美美与共，天下大同。"每个人都有自己的优点和长处，我们要学会以赞赏的眼光去看待别人的优点和长处，能够让自己身边的人感受到自己的这份赞赏和关心。要积极地发挥自己的长处和优点，让自己能够以更加积极的状态去生活和工作，而不是过度关注自己身上的某些缺点，或者是过于在意生活和工作上的一些不顺心之处。只有做到了既能欣赏别人，也能欣赏自己，生活和工作中才会有更多的快乐，才会有更多的幸福感。

2. 互通信息，增强交往

学校工作是一个整体，必须依靠全体教职工的同心协力，互相配合与支持。另外，每个教师都有自身的优势，教师之间应充分挖掘互补功能，在互相交往中实现思想上的互助、信息上的互换、情感上的融洽和知识上的整合，以提高整个队伍的专业化水平。

一些教师往往只对自己所教的学科负责，片面强调本学科的重要性和自己的作用，而忽视其他学科和教师的作用。而在相同学科教师之间，既相互合作又相互竞争的关系则表现得尤为明显。此外，作为班主任教师，要加强与科任教师之间的沟通交流，遇事要多与他们商量，听取他们的意见和建议；作为科任教师，不仅要认真完成自己的教育教学任务，还要加强与班主任教师的联系，配合班主任教师组织和开展好各项活动，尊重班主任的管理和工作安排，在学生和家长面前维护班主任教师的威信。为了提高教育教学质量和

效率，圆满地完成教书育人的任务，教师之间要加强切磋、互相听课、增进交往，共同进行教学研究活动，并相互学习，取长补短，逐步建立良好的人际关系。

3. 情感互动，团结协作

教师应该经常主动与同事进行沟通，与大家打成一片，主动关心和帮助别人。通过情感互动，促进教师之间交往的动态平衡发展，最大限度地实现每个教师的价值，从而在群体中形成互相欣赏、互相促进、互相竞争的交往机制。教师之间要谦虚谨慎、互相学习。老教师学识渊博、经验丰富，遇事头脑冷静，处理问题细致缜密，是教育事业不可多得的宝贵财富；青年教师朝气蓬勃、勇于创新，一般学习能力都比较强，掌握现代教育理论，具有现代教育思想，但是缺乏实践经验。因此，青年教师要以老教师为师，虚心学习，遇事多请教，使自己的工作少走弯路；老教师也要虚心学习青年教师的长处，并热情地对他们进行指导，帮助他们提高教育、教学水平，使他们更快、更好地成长。

综上所述，和谐的工作环境、人际关系能提高工作的效率，对教师的工作起到事半功倍的效果。因此，教师应该重视与同事关系的处理。

五、教师与家人的人际关系

要记住，你不仅是教课的教师，也是学生的教育者、生活的导师和道德的引路人。

——苏霍姆林斯基

家庭是一个极为重要的社会化因素，是个人社会化的第一课堂，也是其成员和社会交往的平台。教师都有自己的家庭，和家人关系的好坏，决定了教师的家庭生活质量水平，也直接影响教师的教育教学行为。对每一位教师来说，家庭的鼓励、亲朋的外援、同事的关爱、组织的关怀，都是他的支持体系，是激励人心的精神资源。教师的发展离不开家庭，但是教师往往对自己与家人的关系不够重视。有一位全国优秀教师发出肺腑之言："我想做好老师，也想做好妈妈、好妻子，但真的感觉很累、很累，恨不得连睡觉的时间都省下。"确实，繁忙的教学工作使一些教师在事业、婚姻和生育等问题上顾此失彼，延迟结婚、延迟生育是普遍现象。还有的教师挚爱教育事业从不知疲倦，却没能好好陪陪家人。教师该如何处理好与家人之间这样一个特殊而又重要的人际关系呢？

（一）案例呈现：吴老师的幸福生活

吴老师的幸福生活

吴老师是鄂中地区某重点中学的骨干教师。她出生于一个知识分子家庭，自幼喜欢教师这个职业。从教后她一直严格要求自己，努力做好本职工作。除长期负责两个毕业班的教学工作外，还担任班主任和学校年级主任。吴老师每年均以优异成绩完成教学任务。她一贯坚持教书育人，在担任班主任的工作时尽职尽责，她的班级都能被评为"优良学风班"。她在教学之余积极开展教研工作，多次在国家级、省级刊物上发表学术论文。

吴老师为人正直善良，待人亲和，生活简朴，自立自强。吴老师所教的课程是数学，她总能将那门枯燥而神秘的课程讲解得深入浅出，博得学生的钦佩与赞叹。同时生活中的她还是学生们的“知心姐姐”，学生也乐于与她打成一片，为此吴老师经常放弃自己宝贵的时间，但是她不以为苦反倒乐在其中。

吴老师有一个幸福的三口之家。她的丈夫是在该地区某二甲医院工作的医生，也是该院业务领导。医生救死扶伤的职业道德以及领导工作的繁忙使他无暇顾及家庭，吴老师承担了绝大部分家务以及照顾、教育孩子的责任。精神上全家人互相鼓励扶持，度过了平淡而又不平庸的每一天。在父母的引导和教育下，吴老师现在读初一的女儿也上进、自立，多次被评为“三好学生”，是个品学兼优的好孩子。夫妇二人的父母均健在，吴老师他们一家体恤老人，一直独立养育子女，又不时接老人来同住，家庭关系极为融洽。

吴老师全家人时常利用周末一起出去打羽毛球、郊游，这也是全家人最轻松、开心的时刻。平时工作、学习忙，家人会彼此提醒做十分钟健身或散步。饮食上，吴老师家信奉营养、简单、均衡的理念。精神上有寄托，家庭生活幸福，精神状态、心理状态、身体状态良好，这就是一个为人女、为人妻、为人母的中学教师生活的真实写照。

资料来源：佐斌．教师人际关系和谐．北京：中国轻工业出版社，2010：131－132.

（二）理论阐述：家庭幸福是教师生存质量的基础

家庭幸福是教师生存质量的基础，是优质人生的主题。教师与家人的人际关系主要包括：教师与父母的关系，教师与配偶的关系，教师与自己孩子的关系。

家庭心理学中最重要的问题是家庭成员是否心理相容，即家庭成员的信念、理想与观念是否一致。家庭成员的心理相容是成员心理协调的基础。心理相容能使家庭成员彼此之间心心相印、情投意合、心理默契、相互依存，成为家庭成员心理健康最重要的保证。

当教师的子女们要做到与父母心理相容，就要尊重老人、孝敬老人，对父母的赡养与照顾尽心尽力。与父母相容的关系对老年人的心理健康有很大的积极影响。而忽视甚至虐待老人，会造成老人心情苦闷、伤心甚至绝望，无疑会对彼此的身心健康产生很大的危害。

当教师的丈夫或妻子要做到与配偶心理相容，就要使双方都感到亲密感、温暖感和安全感。与配偶相容的关系会令彼此心情舒畅，精神愉快，提高抗病能力，促进身心健康。如果夫妻心理不相容，相互猜疑，相互指责与训斥，常因鸡毛蒜皮的小事而争吵不休，侮辱人格，就会使双方的心理健康受到一定程度的损害。

当教师的父母要做到与子女心理相容，就要促进孩子的身体与心理协调发展，促进子女的身心健康。与子女之间不相容的心理关系，会加深两代人的代际矛盾。当教师的父母对子女的指导思想与教育方式应该是孩子不断超越完善自己的动力。

（三）实践启示：以爱为基础，妥善安排，合理统筹

在家庭责任、社会责任和职业责任面前，女教师往往面临更大的矛盾，她们承受着来

自工作、家庭的双重压力，承受着常人难以想象的身心之累。

案例中的吴老师无疑是幸福的，她和家人的关系和谐融洽。工作上她好学上进，成绩出色，与学生打成一片；繁忙的工作之余，她是好妻子、好妈妈，承担了绝大部分的家务以及照顾、教育孩子的责任，还不忘陪伴和照顾老人。同时，吴老师对家人的闲暇生活也有科学的安排，让大家在紧张的工作之余得到很好的休息和充电，小家庭其乐融融，劳逸结合。可以说，吴老师做到了职业角色与家庭角色一肩挑，当然，她的成功与她先生和女儿的配合与支持是分不开的。

教师大量的时间都是用来与学生打交道，很容易忽略家人，也很少有充分的时间和家人沟通。因此，教师要像吴老师那样，安排固定的时间和孩子、父母相处，加强沟通，增进感情，避免教好了别人的孩子，忽视了自己的孩子、家人。

案例告诉我们，教师虽然很忙，但以爱为基础，妥善安排，合理统筹，教师还是可以处理好家庭与工作的关系的。这需要教师的沟通协调，得到家人的支持和理解，全家人齐心协力，就没有克服不了的困难。

（四）成长建议："春蚕到死丝方尽"与"偷得浮生半日闲"

家庭是每个人的大后方，幸福的家庭生活是教师做好工作的前提。当教师有稳定、和谐、幸福的大后方时，才有在前方"冲锋陷阵"的底气和力量。所以，教师要努力平衡家庭和工作的关系，如果只是一味地牺牲家庭，就无法得到家人对其工作的支持，进而会影响到工作质量。新时期健康教师家庭的观点认为：和谐的家庭氛围与个人事业齐进步；子女健康成长与个人事业齐发展；家庭健康与学校健康双互动；个人全面发展与大小环境的关系共和谐。让教师在一种积极、宽松、和谐、温馨的环境中发展自己，这也为实现教师自身健康发展注入了一种内在的动力。

教师在与家人的关系中，常常会把家人当成学生，尤其是在夫妻关系的处理中，教师会把配偶的事情事无巨细，处理得井井有条，而当这种职业角色泛化与强势态度在家庭中成为习惯时，或许会剥夺配偶在家庭中的主体意识，造成家庭关系紧张。因此，教师要确定好自己的家庭角色，尽量不要把自己在工作中形成的人格特点带到家庭生活中。家人不是学生，需要平等对待，而不是教育和管理。尤其是对待配偶不要像对学生那样，要给他们一个相对自由的空间。

同时，教师在与自己的孩子相处时，要做好相应的角色调整，不要把孩子当作学生。要做威信型父母或民主型父母，做到既关爱孩子，又对孩子有要求，而不要做专制型父母，不要为孩子画框框、定调调，强制孩子的言行符合父母的意愿。教师要避免总以教育的眼光看孩子，在家里说教过多，引起孩子的反感，还要避免不自觉地拿最出色的学生和自己的孩子比，造成"恨铁不成钢"的挫折感。

总之，成功的教师既要有"为天下育人才"的精神追求，也要有"文明其精神、野蛮其体魄"的自我锤炼；既要有"春蚕到死丝方尽"的埋头苦干，又要有"偷得浮生半日闲"的闲暇生活；既要鼓励学生"书山有路勤为径"，更要有事半功倍的教学技巧和教育智慧。

第二节 教师的形象

教师形象主要是指教师在教育教学过程中能引起学生感情等心理活动的姿态和内心世界。从某种程度上来说，教师是学生的审美对象，无时无刻不潜移默化地影响着学生。教师在公众眼中有固有的印象。自古以来，教师这个职业，就一直深受人们的尊敬。教师被比作园丁、太阳，或者指路的明灯，因为教师对人类的成长作出的贡献不可估量。教师的形象，在人们的心中一直都是无比美好的。但是，即便教师从事的是太阳下最光辉的事业，是雕琢人类灵魂的工程师，也不能保证这个队伍里不出现不和谐的分子。他们违背了职业道德，败坏了教师形象。这让人们重新思考：教师，到底该树立怎样的形象？我们将从教师的职业形象和社会形象两方面来探讨。

一、教师的职业形象

学生对教师的尊敬的唯一源泉就是教师的德和才。

——爱因斯坦

（一）案例呈现："姚准时"的故事

"'姚准时'，他是我们学校的宝"

从教 30 多年，从不请假和休假；年近花甲，不管刮风下雨，始终坚守在教师岗位上。"春蚕到死丝方尽，蜡炬成灰泪始干"，30 多年来，贵州省仁怀市学孔镇新山小学教师姚方其，用自己的行动诠释了这句话的真谛。

仁怀市学孔镇是一个有近 3 万人口的贫困乡镇，这里沟壑纵横，群山连绵。姚方其出生于镇上的荔枝坪村，这个村分布在一座约呈 45 度的山坡上。家在深山，父母都是老实本分的农民，姚方其一家和当地绝大多数家庭一样，生活清贫。

1979 年，姚方其从仁怀县喜头区高中毕业，作为村里为数不多的高中生，毕业后有人劝他走出大山，可以多挣点钱补贴家用。但姚方其想了想，最终没有出走。他心中一直念念不忘的，是回家当老师。

"每当我看到家乡孩子黝黑的脸上那双渴求知识的眼睛，我就想，生活再苦也要让家乡的孩子接受教育。"姚方其抱着这样的念想，终于，在 1986 年走上了教书育人的三尺讲台，成为一名民办学校教师。

山区孩子大多因为没钱上不起学，在工作的头几年里，姚方其挨家挨户去给乡亲们做工作。有的家庭实在太穷，他就为孩子垫付学费，尽管当时姚方其的月工资只有16.5元。

“很多时候垫得多了他也无钱可垫，只好向同事借。总之只要孩子到了读书的年龄，姚方其都想办法让他们先到学校读书。因此，他养家糊口的微薄收入也形同虚设，然而他却从不向欠钱的家长谈还钱的事。”一名熟悉姚方其的教师说。

贵州的雨有时总是很缠绵，一下就是半月有余，而姚方其工作的学校地处偏远的农村，每当雨季来临，他总是穿着一双雨鞋，踩着一路的泥泞来到学校，鞋都顾不上刷，就走进教室和学生们读起书来。

许多时候，劳累了一天的姚方其回到家已经是晚上11点多了，却还要给学生批改作业。有一次，一个路人看着他抱着作业本来到学校，问他为何如此“拼”，姚方其说：“孩子上学不容易，我们做老师的就更应该多付出、多牺牲。”就这样，数十年如一日，工作中的姚方其从不请假，同事们给了他一个“姚准时”的绰号。

姚方其把时间都献给了学校，却难以兼顾家庭。2017年国庆节期间，为了减轻妻子劳作的担子，姚方其回家协助妻子做农活，结果不慎摔倒，导致左脚脚踝处轻微骨折，在医院用石膏包扎处理后没几天，他想到班上的孩子，于是拄着拐杖再次走进教室。

2019年5月，姚方其端午节期间又不幸滑倒致使右手骨折，班上的语文教师请产假了，身为数学教师的他又右手骨折，这可如何是好？就在大家都焦急不已时，周一的升旗仪式上，那个右手打着石膏、挂着绷带的“姚准时”又一次按时站在了教师队伍中。惊讶之余，老师们问他为何不请假在家养伤，年过花甲的姚方其笑了笑说：“你想嘛，我这个班，语文老师请了产假，我这个数学老师再不来，这个班的学生怎么办？别人来代课，对学生情况不了解，学生的学业肯定会受影响，我这点伤与班上学生的学业比起来，又算得了什么呢？”言语之中，满满都是对学生的爱。

33年，姚方其教了山区的几代人，培养了数千学子，成为当地人心中的模范。在刚刚升入初中的学生张蕾蕾眼中，姚方其是她见过的“最好的老师”。2014年入职的年轻教师刘海则坦言：“他是我们学校的宝，是我们年轻人学习的楷模。”

再过一年，姚方其就要退休了。“退休以后，我还是舍不得我旁边这些天真活泼的孩子们，还要抽时间对他们进行辅导，让他们努力学习，争取以后走出大山。”姚方其这样说。在他看来，每天都坚持做一件看似微不足道的事情，可能就会给边远山区的家庭和孩子带来希望。

资料来源：张静，穆应科．“‘姚准时’，他是我们学校的宝”．中国教师报，2019-09-18.

（二）理论阐述：教师职业形象的核心是精神风貌、生存状态与行为方式

教师职业形象是教师群体或个体在其职业生活中的形象，是其精神风貌和生存状态与行为方式的整体反映。它既是社会对教师职业及其日常行为的一种总体性评价与概括性认识，也是教师群体内部或个体自身对其职业所持有的价值认识与情感认同。教师职业形象是通过其内在精神和外在事物显现出来的，其内在精神包括职业精神风貌、工作态度、敬

业精神、创新精神等；外在事物表现为教师节日、教师组织、教师着装等①。

一名专业的教师应该对自己的教师职业给予充分的热爱与自信，在这个基础上，从多方面树立自己的形象。这里主要说说教师的道德形象、文化形象和人格形象。

教师的道德形象是教师职业形象的基础，高尚的职业道德和良好的教师形象是每个教师做好教育工作的先决条件，是时代的要求，也是教师不断进取、获得成功的力量所在。因此，师德比起其他职业道德具有更强烈的典范性。著名教育家陶行知先生有句名言——“学高为师，身正为范”，强调教师的榜样、示范作用，为人师表是对教师的基本要求，乐于奉献、坚持公正是时代对教师职业的基本伦理道德要求。奉献是教师职业责任感和使命感的具体体现，没有奉献精神就会失去教师职业的高尚性和纯洁性。公正就是公平、正义、合理，没有公正的教育将使学生的心灵失去平衡，教育过程就会失去“善”的价值。

教师的文化形象是教师形象的核心。“才高八斗”“学富五车”是教师的典型文化特征。但如今教师的传统形象受到了时代发展的严峻挑战。文化资源的丰富、知识的迅猛发展和老化，要求教师不断学习并调整自己的知识结构；大众传媒的发展使学生也成为文化资源的拥有者，要求教师为学生的文化展示与交流提供时空和机会；培养创新精神和实践能力的时代要求，以及学生的个性差异，要求教师改变教书匠的刻板形象，自觉、主动投身到改革大潮中。

教师的人格形象是教师形象的整体体现。人格是一个人的整体心理面貌。教师的人格形象具体体现在教师对学生的态度，教师的性格、气质、兴趣等。教师的人格形象是学生亲近或疏远教师的首要因素。理想的教师人格包括善于理解学生、富有耐心、性格开朗、情绪乐观、意志力强、有幽默感等。

总之，教师的职业形象应是道德形象、文化形象、人格形象三者统一的整体，教师的形象建设是一个不断设计与改造的过程，需要全社会对教师职业的地位、功能、条件进行科学的认识，需要教师职业内部建立起自己的规范，需要教师个体自觉的建构。

（三）实践启示：默默奉献的“春蚕”“蜡烛”

案例中的姚方其老师就是为了学生默默奉献自己的“春蚕”“蜡烛”。30 多年来，姚老师拥有博大的胸怀，看淡功名利禄，甘愿清贫，不计回报，把时间和精力都放在了山区孩子的教育上，不论什么情况，他都能准时出现在孩子们的课堂上，甚至带病上课，他的工作态度和敬业精神令人肃然起敬，说他是“学校的宝”一点也不为过。

是什么让姚老师如此执着呢？是姚老师对山区孩子的爱和对教育事业的爱，为了这份爱，30 多年来他全身心地付出，正是在这份爱的感召下，他把教学工作内化成了使命与责任，当成一项事业去热爱和完成。姚老师的职业形象是高大的，他教了山区的几代人，培养了数千学子，是当地人心中的模范。

“再穷不能穷教育，再苦不能苦孩子。”在农村随处可见这句耳熟能详的标语，它从一个侧面反映了我们国家和社会对教育，尤其是对贫困地区教育的重视。但是，由于种种原

① 全国十二所重点师范大学．教育学基础．3 版．北京：教育科学出版社，2014.

因，在边远山区的一些贫困乡村，孩子们的求学、成长依然要面对许多困难，他们的境遇也牵动着人们的心，不少人为了帮助这些孩子，甚至改变了自己的人生轨迹。现实生活中，有许许多多这样的“姚老师”，为了贫困地区和山区的孩子，他们放弃了大城市的舒适生活，拿着几百元的低工资，在艰苦的条件下给孩子们带去了温暖和希望，把贫困山区的一批批孩子送进上一级学校。

（四）成长建议：内在修养与外在之美合一

那么，教师该如何建立自己的职业形象呢？

教师既要有内在修养，又要有外在形象。乐于奉献、坚持公正是时代对教师职业的基本伦理道德要求。学识渊博的人成为老师，行为端正的人成为典范，只有不断地致力于自我教育，才能教育好别人。教师不仅仅是一种职业，更是一种专业，现代教师应该既是饱学之士，又是道德榜样。终身学习是教师专业发展的不竭动力，作为一名教师，个人专业领域的知识不但要会，而且要精，要能延伸思维，扩散思维，由点到面，层层深入。它要求教师崇尚科学精神，树立终身学习理念，拓宽知识视野，更新知识结构；潜心钻研业务，勇于探索创新，不断提高专业素养和教育教学水平。

教师的外在形象是指一个教师的衣着、妆容、言谈、举止等反映教师个人修养的外在表征。西汉韩婴有云“智如泉源，行可以为仪表者，人之师也。”可见教师良好的个人形象能够给学生以美的感受，是师生之间建立良好的教学关系、提高学生的学习兴趣、增强教师对学生的感召力的重要因素，更有助于增强教师的自信心。中国教师的祖师爷孔子则说：“君子不可以不学，见人不可以不饰，不饰无貌，无貌不敬，不敬无礼，无礼不立。”

教师的道德修养、文化水平、审美情趣、文明程度等是通过教师的言谈举止和外表具体展现的，具体来说包括四个方面的内容：仪容、仪表、仪态、谈吐。人的容貌、衣着和举止是人际交往中重要的视觉信息。“仪”的核心是尊重，讲究仪容、仪表和仪态是对自己从事的职业的尊重，也是对学生的尊重。

1. 仪容整洁自然

在人际交往中，每个人的外表都会引起交际对象的特别关注，并将影响到对方对自己的整体评价。在个人外表中，仪容是重中之重。

容貌包括头发、面容和体型。头发要勤于梳洗和修剪，这样有助于保养头发，有助于消除异味，有助于清除异物。发型要根据自己的职业要求（端庄、保守些，不能强调个性、时尚、前卫、怪异）、个人条件（脸型、体型、年龄和气质）来修剪，切忌用头发遮盖住面容。

面容是人的外貌中最动人之处，教师的面容也是学生关注的部位，因此面容的修饰尤为重要。男教师应养成经常修面剃须的良好习惯，做到整洁大方。女教师的面容修饰要注意以下三点：一是积极美容，如健康的身体、乐观的心态、合理的饮食、充足的睡眠，都有助于展现自然美；二是妆容要淡雅、自然，达到“妆成有却无”的效果；三是化妆或补妆要在私人场所进行，不要在公共场所众目睽睽之下修饰。

人的体型关系到姿态美和衣着美，如一个腰腹肥胖的人，无论是站、坐、行都会有缺憾。站姿的挺拔，坐姿的端庄，行姿的洒脱或轻盈，都会因体型的缺憾不能尽显风采。体型匀称，才能体现出健康、沉稳和活力。此外，指甲要常修剪，异味要消除，如烟味、酒味、蒜味。

2. 仪表简洁端庄

仪表方面的要求主要指衣着和妆饰要符合教师的职业特点。教师的仪表是开启学生心扉的钥匙，教师的职业形象关乎学生的成长。着装也是透视个人形象的重要窗口，体现人的性格、气质、文化及身份，更重要的是能体现人的修养。当走进校园、登上讲台的时候，教师扮演着一个“传道、授业、解惑”的尊长角色，教师的服装要表达的信息是尊严而不是刻板、是美丽而不是妖艳、是自信而不是寒碜、是高雅而不是艳俗、是大方而不是怪异。

正如英格兰的古老谚语所言：“整齐清洁的服装是无言的介绍信。”整洁的服装给自己以自信，给别人以尊重。教师的服装应整齐、完好、干净，不允许有褶皱、残破、污渍印迹。比如女教师夏天穿的长筒丝袜，就要注意不要有破洞和褶皱。男教师的衬衫衣领和袖口不要有破损和污垢。着装协调才能展示美，这就需要精心搭配和整体考虑。如穿西装时穿运动鞋或布鞋、穿西服套裙时穿前后都露的凉鞋等都是不协调的，没有遵循约定俗成的搭配规则。

3. 仪态优雅大方

仪态包括身姿体态（尤其注意站姿和行姿）、手势动作、面部表情等。在这里我们主要讨论体态语的要求。作为人际交往中传递信息的一种方式，体态语内涵极为丰富，其作用不亚于有声语言。体态中“站”和“行”是教师常态姿势。

站姿视觉效果是挺拔。基本要求是头端肩平，挺胸收腹。要避免以下姿态：含胸、驼背、撅下巴、斜靠门或墙站立、两腿交叉站立、手叉腰间或手放在衣裤袋中。

行姿以良好的站姿为基础，男士要稳健，女士要轻盈。注意上身要挺直放松，行走有节奏，双臂摆幅合适。如拎包或持物，不可两手同时摆动。要避免以下几种姿势：晃肩，脚步拖沓，内外八字步。

坐姿、蹲姿应文雅自然，即文明优雅，面对或背对他人下蹲时，要侧身而蹲，不要前俯后撅，要屈膝。

4. 谈吐从容得体

谈吐是人类交流的一种能力表现，良好的谈吐修养是教师必备的条件。教师要通过自己的语言来影响和感染学生，因此，教师的谈吐应该文明健康、真诚和蔼、得体适度、科学规范。教师讲话要针对不同的人，根据不同的场合时机，把握好谈吐的分寸，努力做到从容得体①。

教师还要注意谈吐的禁忌：忌语言垃圾，如污言秽语、口头禅；忌说话刻薄伤人；忌言过其实，故意夸大或缩小；忌传播不利于团结或道听途说的事情，或背后议论他人；忌令人不快的言谈方式；等等。

---

① 拾景欣，梁爱蕴，董永生．论教师的谈吐礼仪．教育与职业，2005（17）：77－78.

二、教师的社会形象

凡学之道，严师为难。师严然后道尊，道尊然后民知敬学。

——戴圣

自古以来，教师职业一直被视为“太阳底下最光辉的职业”，人们一直以诸如“园丁”“蜡烛”“春蚕”“人梯”“灵魂工程师”“托起太阳的人”等一些美好的词语来形容教师。这些美好的词语既包含了人们对教师学识、道德、功能等多方面的赞许，也包含了人们对教师教书育人的期望。在中国传统的人伦关系中，教师在理论上处于“天地君亲师”中的第五位，是仅次于父母亲的被尊奉对象。然而，在现实生活中，教师却并无如此崇高的社会地位，近年来，家长和学生辱骂或者攻击教师的事件时有发生，学校负面现象不断被曝出，影响到了教师这个群体的形象，有人提出师道尊严“今不如昔”。

（一）案例呈现：保投入、提待遇、调编制

保投入　提待遇　调编制

——教育部等五部委共商教师队伍建设大计

2019 年 9 月 3 日，在第 35 个教师节到来之际，教育部专门召开新闻发布会，介绍教师节设立 35 年来尤其是党的十八大以来我国教师队伍建设进展成效、第 35 个教师节系列宣传庆祝活动安排，公布 2019 年全国教书育人楷模名单。本次新闻发布会邀请到中央编办、国家发展改革委、财政部、人力资源和社会保障部等部委就投入、编制、职称、待遇等教师关心的问题说成就、提建议，共商教师队伍建设大计。

“编制标准不断提高，倾斜力度持续加大。”出席发布会的中央编办四局巡视员、副局长田中表示，党的十八大以来，中央编办创新管理体制，实现了编制标准和编制总量双增长。

我国教育体系规模大、链条长，不同阶段、种类的教育面临的目标任务不同，国家发展改革委坚持把“分类施策”作为基本原则，在参与教育领域重大政策研究制定，组织实施重大项目、重大改革中精准支持各级各类教师工作发展。

“财政部门将继续把教师队伍建设作为教育投入重点予以优先保障，教育投入更多向教师倾斜，不断提高教师待遇，提升教师专业素质能力。”财政部科教和文化司副司长吕建平给大家算了这样一笔账：2013—2018 年，全国一般公共预算教育支出累计 16.2 万亿元，年均增长 7.9%，一直是一般公共预算第一大支出。财政性教育经费占 GDP 比例连续 7 年保持在 4%以上。同时财政部调整优化结构，教师工资福利支出占财政性教育经费比例已连续多年超过 50%。

工资待遇是教师最关心的问题，吕建平表示，中央财政对特岗教师给予工资性补助。从 2018 年 7 月 1 日起，特岗教师工资性补助标准提高至西部地区年人均 3.82 万元，中部地区年人均 3.52 万元。2019 年，特岗计划招聘规模已扩大到 10 万人。2013—2019 年中

央财政累计安排相关资金430亿元。吕建平透露，接下来财政部将落实保障机制，提高教师工资待遇。

职称问题关系到教师的待遇，更关系到教师的职业发展。人力资源和社会保障部专业技术人员管理司副司长胡文忠表示，人力资源和社会保障部聚焦广大教师队伍职称评价存在的突出问题，通过健全制度体系、完善评价标准、创新评价机制这三大举措，激发了广大教师教书育人的积极性。胡文忠表示，《关于全面深化新时代教师队伍建设改革的意见》和《关于深化职称制度改革的意见》印发以来，各地、各部门认真贯彻落实教师职称制度改革工作部署，改革成效初步显现。

谈及接下来的工作，胡文忠透露有三方面的工作需要开展：一是按照深化职称制度改革工作安排，加快完成高等学校教师和实验技术人员职称制度改革，使广大教师充分享受改革的红利；二是指导各地、各部门按照深化职称制度改革的要求，组织实施好相关系列的具体评审工作；三是加强教师职称评审的事中事后监管，规范职称评审程序，确保评审的公平公正。

"党的十八大以来，我国教师队伍规模大幅增长，教师薪资显著提升。"教育部教师工作司司长任友群用多种数据展示教师队伍发生的巨大变化。

政策支撑体系更加"全方位、全领域"，教师队伍建设更加"有规模、有质量"，乡村教师提升更加"增活力、增底气"，教师地位待遇更加"受尊重、受关注"，这些历史性成就的背后都有党中央、国务院的高度重视。

为把中央好政策落实、落地，任友群表示，教育部正在研究《关于加强新时代中小学思想政治理论课教师队伍建设的意见》，打造一支政治强、情怀深、思维新、视野广、自律严、人格正的思政课教师队伍。同时，他表示要打好教师教育振兴战、脱贫攻坚助力战、教师管理持久战"三场硬仗"。

"今年是教师节设立35周年，更是新中国成立70周年。35年风雨历程，70年砥砺奋进，我国教师队伍建设书写了壮丽篇章。站在新起点，迈向新征程，我们将继续守教育报国'初心'、担筑梦育人'使命'。"任友群说。

资料来源：康丽. 保投入 提待遇 调编制. 中国教师报，2019-09-11.

（二）理论阐述：教师在现实社会评价体系中的地位不容乐观

教师的社会形象是指社会对教师职业特征的基本认识和价值判断，是一种公众现象。

在现实社会的价值评价体系中，教师职业收入低，社会地位低，工作压力大，发展困难大，远远算不上光鲜，算不上"成功"，未能成为青少年心仪的职业和人生发展的目标。在青少年追捧的明星和其他"成功人士"占据了中心的社会舞台上，教师往往只能静悄悄地偏于一隅。

教师社会地位是指教师职业在社会整体职业体系中所处的位置，主要可以分解为四个指标：收入，即经济地位；权力，即政治地位；声望，即文化地位；专业，即专业地位。国外研究结果表明，教师经济收入通常高于体力劳动收入，而低于一些专业性职业，处于中等水平，教师的经济收入不高但比较稳定，对教师的经济收入的分析必须注意地区差别，还要考虑教师的工资与实际收入问题。

我国《教师法》第25条规定：教师的平均工资水平应当不低于或者高于国家公务员的平均工资水平，并逐步提高。建立正常晋级增薪制度，具体办法由国务院规定。2020年5月，教育部举行新闻发布会，就“义务教育教师工资水平不低于公务员”连发2个通知，要求年底前必须完成这项目标任务。

（三）实践启示：把对教师的关怀落在实处

在第35个教师节、新中国成立70周年到来之际，五部委为教师队伍建设共商大计，可见国家对教育的重视，对教师的重视。近年来，教师工资待遇政策虽好但是落实不到位，一部分无法胜任教师职业的人的存在，拉低了整体教师的素质，使得教师形象受到影响，更有教师受到家长和学生的攻击，如2017年11月12日，湖南省益阳沅江市学生罗某在办公室将自己的班主任鲍某刺死；2019年5月山东日照市杨守梅老师被过度处罚。希望五部委的大计能够切实有效地提高教师的社会地位，保证教师的工资待遇，让教师可以全身心投入到教学中，避免形成恶性循环。

（四）成长建议：在负重前行中依然仰望星空

教师是指以教书育人为职业的人。现在的教师大都是国家通过相应考试选拔出来的人才，应该算是知识分子，知书达理应是社会对教师最基本的期待。教师在处理矛盾和纠纷时应该表现出一定的涵养，在与人交往时应该有一定的素质，也就是说要符合自己的身份，如果为人行事与街头混混无异，那便有辱斯文了。

随着时代的变迁、经济的发展、社会的开放多元、教育的普及、大众教育程度和文化水准的普遍提高，特别是随着互联网时代的到来，教师难以再有“知识权威”“道德权威”的职业优势。但教师既然承担了教育一代人的责任，在平常的生活工作中就应注意自己的一言一行，在细节上不能太随意、随性。因为教师的一言一行对学生而言都有潜移默化的影响，只有注意自己的个人修养，才能在细微之处见精神。

在当今时代，教育和教师的重要作用得到广泛重视，形成了一种较好的社会氛围。对于教师自身来说，只有不断地进行自我修养，才能跟得上时代对教师提出的新要求，才能适应教育形势和学生思想发展的需要，才能塑造出使学生难以忘怀的可亲可敬的育人形象。

在现实生活中，我们常常可以看到这样一种现象：许多优秀教师尽管一贯淡泊名利，不计个人得失，但是对于学生的成长、进步和毕业后取得的成就，往往都看得很重，并且都喜欢珍藏学生们给自己的来信。为什么这样呢？因为在他们的心目中，只有这些东西才是他们辛勤劳动的真正成果和人生价值的集中体现。魏书生老师在《求是》杂志上发表的文章《教师劳动的三重收获》中写道：“尽管教师穷，不能满足人们物质的需要，但教师的劳动有三重收获：收获各类人才，能满足人们为社会尽责任、尽义务的需要；收获真挚的感情，能满足人们感情和谐、融洽的需要；收获科研成果，能满足人们研究、创造的需要。所以，大部分教师还在穷苦的条件下，呕心沥血为人民的教育事业奉献着自己的青春和年华。”

在负重前行中，依然仰望星空。

既然我们选择了教师这一职业，就必须遵守这一职业对形象的基本要求。注意自己的社会身份，努力提高自身的素质，加强自身修养，注重自己的正面形象，服装整洁得体，语言文明，有自己的尊严，为人师表，以自己的专业素质获得社会的认同。

小 结

本章主要论述教师的人际关系与教师的形象，分别阐述了教师与学生的人际关系、教师与学生家长的人际关系、教师与学校领导者的人际关系、教师与同事的人际关系、教师与家人的人际关系，以及教师的职业形象与社会形象等。

教师的举手投足甚至一颦一笑都蕴藏着教育的力量、示范的力量，甚至影响着一代人的成长。每位教师都渴望良好的人际关系，但在实际生活中，却总有不尽人意之处。良好的人际关系的建立和维持并不容易，需要长久的营造和细心呵护，而破坏它却轻而易举。一两件事处理不当，一两句话注意不够，教师的人际形象就可能一落千丈。人际交往的魅力实际就是一种人际吸引力，人的精神、品质、个性、能力等都直接影响人际吸引力的形成与提高，教师要加强这方面的修炼。此外，必要的外观修饰、礼仪礼节对教师来说也是不可缺少的。

教师的职业形象是道德形象、文化形象和人格形象三者统一的整体，教师形象建设是一个不断设计和改造的过程，需要全社会对教师职业的地位、功能、条件进行科学的认识，需要教师职业内部建立起自己的规范，需要教师个体自觉的建构。虽然在现实社会的价值评价体系中，教师职业收入低、社会地位低、工作压力大、发展困难大，但既然选择了教师职业，就应该努力提高自身素质，加强自身修养，塑造正面的社会形象。最后希望教师能够在社会上真正成为令人羡慕的职业。

第三章 吹灭读书灯，一身都是月：教师的专业知识与专业能力

内容提要

本章重点讲述教师的专业知识和专业能力。教师的专业知识是教师职业区别于其他职业的理论体系和知识经验，是教师专业素质的基础。教师应有的专业知识有四个主要方面，其中一个是针对学习主体的，即学生知识，其他三个是针对教学的，即内容知识、过程知识、背景知识。知识是能力形成的基础，形成的能力又会反过来促进知识的获得与吸收。教师有了专业知识，但不一定能发挥知识的力量，这时教师就需要提升自己的专业能力，以更好地进行教育教学活动和实现自身专业发展。教师应有的专业能力包括反思力、合作力、实践力和学习力。

第一节　教师的专业知识

教师的专业知识是教师职业区别于其他职业的理论体系和知识经验，是教师专业素质的基础。本节重点探讨教师应有的学生知识、内容知识、过程知识和背景知识。

一、学生知识

（一）案例呈现：吕冬梅老师《长方体的包装》教学设计片段

【教学内容】

西师（西南师范大学出版社）版义务教育课程标准实验教科书六年制小学数学五年级（下）第64～65页。

【教材分析】

受新课标中内容标准的案例启发：通过设计合适的包装方式可以培养学生综合运用所学知识解决实际问题的能力，在学生学完西师版第十册第二单元的内容后，综合运用本课时的教学内容。本课教学内容是在学生掌握了长方体特征及表面积计算等相关知识的基础上，进一步探究几个相同长方体组合成新长方体的多种方案以及使其表面积最小的最优策略。主要意图是通过这样一系列与生活紧密联系的实践活动，培养学生综合应用所学知识解决实际问题的能力。

包装问题在日常生活中经常遇到，本课时创设“包装”的情景，使学生综合运用表面积等知识来讨论如何节约包装纸的问题。这不仅能培养学生的节约意识，而且体现了数学的优化思想，同时有助于培养学生的空间感，提高其解决实际问题的能力，让学生感受数学与实际生活的密切联系。

【学情分析】

1. 学生已有的知识基础

在本课学习之前，学生已熟练掌握了长方体、正方体的特征，能准确、迅速地计算出单一物体的棱长、表面积、体积，能把几个相同的正方体组合成新的长方体。学生已熟练掌握长方体各个面的面积计算，对于由两个相同的正方体拼成长方体，其表面积发生的变化掌握较好。但是，对于组合立体图形的逆向思维，特别是由文字呈现时，学生的接受有困难，这提示我们：(1) 在帮助学生建立空间观念时，要借助实物操作。(2) 在操作的过程中调动学生的多种感官，帮助学生理解由几个相同长方体组合成新的长方体后发生的一系列变化。

2. 学生已有的生活经验

大多数同学都得到过生日礼物，也曾经为同伴或家人准备过礼物，接触过礼品的包装，知道包装纸的大小，但学生们的生活经验各不相同，也可能存在一些学生未曾接触过礼品包装。安排学习小组合作交流时应充分考虑这一点，尽量将他们安排在各个不同的小组，让每一个学习小组都包含各个经验层次的学生。

【指导思想、理论依据】

心理学家皮亚杰说过："活动是认识的基础，智慧从动作开始。"活动过程是知识学习的一种循序渐进的探究过程，活动可以激发数学情趣，渗透数学思考方法，培养良好的思维品质。在实践活动中可以提高学生运用数学知识分析、解决问题的能力，还能够调动学生的积极性，更有利于面向全体学生，促进全体学生积极参与，使其形成良好的学习态度，并且在交流中学会与他人合作，发表见解，总结经验。

新课标指出，几何与图形的教学，应注重所学知识与日常生活的密切联系，使学生在观察、操作等活动中获得直观经验，建立初步的空间观念。有效的数学学习活动应建立在学生的认知水平和已有的知识经验的基础上，给学生创造动手实践、自主探索与合作交流的机会。在这一思想的指导下，我将学生引入熟悉的生活情境中，利用身边的物品设计一系列的观察、猜测、实践验证等活动，让学生在操作体验活动中感悟构建知识。

【教学目标】

(1) 利用表面积等有关知识，探索多个相同长方体叠放后表面积最小的最优策略。

(2) 使学生体验解决问题的基本过程和方法，提高解决问题的能力。

(3) 通过解决包装问题，体验策略的多样化，培养学生的优化思想。

…………

资料来源：李伟．走进高效课堂．小学数学教例评析与反思．北京：光明日报出版社，2013：265－274.

(二) 理论阐述：了解学生知识，是激发学生学习潜力的关键

教学是一个有目的、有组织、有计划的过程，它是教师教与学生学的统一，学生作为学习者，是教学活动的参与者，是教学活动开展的前提条件，也是教学效率的决定性要素之一。新课程改革以来，"以学生发展为本"的教育理念日渐深入人心，教师教学要面向每一位学生，尊重学生、关注学生、了解学生，已成为教师专业化进程中的共识。

了解学生知识，就是要了解学生的学习准备情况及学习风格，为学习内容的选择和组织、学习目标的阐明、教学活动的设计、教学方法与媒体的选用等教学外因条件适合学生的内因条件提供依据，从而使教学真正促进学生智力和能力的发展。这里的学生知识是从教师角度出发的，是教师应具有的关于学生的知识，不同于学生应掌握的知识。课堂教学设计中的学习者特征分析，就是学生知识的集中体现。

有学者认为，学习者特征分析的范畴包括个体稳定的学习方式和学习倾向——学习风格，以及相对差异化的学习准备，学习准备又包括学习者的一般特征和初始能力。一

般特征指对学习者从事学习产生影响的心理、生理和社会的特点，包括学生的年龄、性别、年级水平、认知成熟度、智能、学习动机、个人对学习的期望、生活经验，以及经济、文化、社会背景等因素；初始能力包括认知、动作技能和情感三个方面（如图 3-1 所示）①。也有学者认为，分析学习者时，要从学习态度、起始能力、知识背景三方面出发②。

- 学习者特征
  - 学习准备
    - 一般特征
    - 初始能力
      - 认知
      - 动作技能
      - 情感
  - 学习风格

图 3-1　学习者特征分析结构图

结合已有教育心理学研究和一线教师研究成果，我们不妨将教师在教学中应具备的学生知识分为学习态度、认知能力、知识背景三个维度，如表 3-1 所示。

表 3-1　学生知识结构表

维度	具体内容	
学生学习态度	认知	学生对教学活动的认识和理解，并由此产生一定的评价
	情感	学生对教学内容、方法、要求等的内心体验，并会相应表现出喜爱或厌恶、热情或冷淡等情绪反应
	行为倾向	学生学习行为的一种准备状态，会使学生产生对教学活动作出操作反应的意向和抉择
学生认知能力	言语信息	学生能以命题或句子的形式来表达学习后记忆中所获得的事实性知识
	智慧技能	学生运用符号组织和操作环境的能力
	认知策略	学生能学会控制和管理自己的认知学习过程，即学会如何学习
学生知识背景	有助于获得新知识的原观念	
	会妨碍新知识获得的旧知识	

学习态度是影响学生学习效果的一个重要因素，它既是学习者先前学习活动的某种结果，又是其后继学习活动的某种条件或原因。已有研究结果表明，学生学习态度与学习行为呈明显的正相关关系，也就是说，学生学习态度越积极，其学习效果就越好③。这里的分类维度借用弗里德曼（Milton Freedman）的“态度 ABC 模型”，即态度是个体对某一特定事物、观念或他人形成的由认知（cognition）、情感（affect）和行为倾向（behavior tendency）三个成分组成的稳固的心理倾向④。

学生的认知能力是教学设计的一项重要依据，加涅（Robert M. Gagne）的学习结果

① 何荣杰，张艳明．课堂教学设计．北京：北京邮电大学出版社，2014：50-51.
② 李伯黍，燕国材．教育心理学．3 版．上海：华东师范大学出版社，2017.
③ 李小平，郭江澜．学习态度与学习行为的相关性研究．心理与行为研究，2005（4）：265-267.
④ 雷开春．社会心理学新编．上海：复旦大学出版社，2016：130.

分类可为把握学生认知能力提供基本思路，他将个体学习结果分为五类，即言语信息、智慧技能、认知策略、态度和动作技能，其中前三种是学习后在认知方面发生的变化[①]。所以我们认为，言语信息、智慧技能和认知策略是考量学生认知能力时应了解的三个方面。

建构主义认为，学生的学习是累积型的，一切新知识的建构都建立在原有经验背景的基础之上[②]。因此，教学要与学生原有经验相联系，要对学生的知识背景有充分了解。

（三）实践启示：教学设计与学生知识三要素

案例中吕老师的教学设计结构完整，内容翔实，从知识背景、认知能力、学习态度等方面对所教学生进行了细致入微的分析，同时关注到了学生之间的个别差异，充分体现了学生为本的教学理念。

1. 知识背景

吕老师立足本课教学内容和教学重难点，并从宏观视角考察该课时在整册教材中的定位，从学生已熟练掌握的内容和接受有困难的内容两方面获得启示，从而合理制定当前应采取的教学策略。在教学设计中，有两类知识应特别重视：一类是有助于获得新知识的原观念，即与新授内容相关的、学生已掌握的知识；另一类是会妨碍新知识获得的旧知识，包括遗忘的知识和错误的知识，或是学生接受起来有困难，而如若不掌握则不能顺利进行下一环节学习的知识，比如案例中“对于组合立体图形的逆向思维”。

2. 认知能力

教师应该明确的学生认知能力包括言语信息、智慧技能和认知策略三个方面。言语信息重在应对“是什么”的问题，是学生表达学习结果的重要形式；智慧技能重在应对“怎么做”的问题，用以对外界的符号、信息进行处理加工，指向学生的外部环境；认知策略则指向内部环境，支配着学生在应对环境时的自身行为。吕老师在学情分析中不仅注意到了学生在图形知识文字表达方面的困难，还以皮亚杰的认知发展理论为基础，积极探索在操作体验中感悟构建知识的可能，使学生在观察、操作等活动中获得直观经验。由于案例中的教学设计以“长方体的包装”为主题，是一个动手实践、探索发现的内容，所以对学生认知能力的分析在智慧技能方面有所侧重，即学生通过学习获得使用符号与环境相互作用的能力，这对学生能力的要求主要是理解、运用概念规则和逻辑推理的能力[③]。

3. 学习态度

学习态度包含认知、情感和行为倾向三个成分。学习态度的认知成分，是学生对教学活动的认识和理解，并由此产生的一定的评价，这种认识和评价通常表现为领悟到了某学科或某内容、方法、作业等对个人和社会的价值；学习态度的情感成分，是学生对教学内容、方法、要求等的内心体验，并相应表现出的喜爱或厌恶、热情或冷淡等情绪反应；学

---

① 李伯黍，燕国材．教育心理学．3版．上海：华东师范大学出版社，2017：183.

② 李月梅，于保堂．现代教育新理念．呼和浩特：内蒙古大学出版社，2009：87.

③ 黄甫全．现代课程与教学论．北京：人民教育出版社，2014：253-254.

习态度的行为倾向成分，是学生学习行为的一种准备状态，会使学生产生对教学活动作出操作反应的意向和抉择，如乐意去听某位老师的讲座、踊跃参加某项课外活动等①。案例中的吕老师有意识地通过活动“激发数学情趣”“促进全体学生积极参与，使其形成良好的学习态度”，以此促使学生更好地与他人合作，与同学、与教师共同成长。

（四）成长建议：扩充学生知识，就在日常教学中

苏霍姆林斯基曾说：“不了解孩子，不了解他的智力发展，他的思维、兴趣、爱好、才能、禀赋、倾向，就谈不上教育。”② 根据现代认知心理学的观点，教学过程实质上就是一个确定并填补教学空间的过程，教学的目的就是缩小这个空间，即改变学生的原有状态，使其向教学目标所确定的终末状态变化③。因此，教师在设计教学时，必须对学生情况有充分的了解，这样才能真正做到因材施教。

首先，教师个体要有专业发展的观念和态度，利用线上、线下各种学习资源，系统学习教育学、心理学等基础理论知识，尤其是对“发展心理学”“儿童发展心理学”“青少年心理学”等进行系统学习，了解学生的学习机制以及身心发展规律，为教学实践的合理性打下科学基础。

其次，学校是师生活动的主场所，也是教师观察学生的重要途径，教师可利用课堂了解学生应学的知识与技能是否掌握、听讲注意力是否集中、活动参与热情是否高涨、情感态度与价值观是否养成等。尤其是接手新班或接手新生的教师，应在课前认真查阅学生学籍卡、学习成绩单、原任课教师评语等资料，在课堂上更有针对性地观察，并适时展开对话交流。课后是学生相对放松自由的时间，包括课间和各式各样的校内外活动，教师可借此旁观学生个体与群体交际时相对更真实的生活学习状态，把学生个性中典型的、最具代表性的品质表现看在眼里，从而发现学生个性发展的基本趋势。当然，教师也可参与到学生的课间活动中，抛除课堂上的学习压力，给学生了解教师的机会，也让教师真正走近学生。

再次，家长会和家访是教师在课外了解学生的重要途径，也是形成家校合力的重要途径。家访前必须明确目的，对学生在校表现、学业情况、兴趣爱好、行为习惯等做到心中有数，同时要把握好时机，选择合适的交流方法，例如激励法、商讨法等，确保家访的有效性。家长会是目前我国中小学校与学生家长保持联系的较为普遍的方式，接触面广，效率较高，一般在开学初、期中、期末开展或根据需要开展，各年级家长会有各自的特点，中心都是为了使学生更好地发展。

最后，教师可通过学生周记、班务日志等了解班级内发生的事情以及学生的表现。周记的内容比较自由，学生可以写班里发生的事，也可以写自己身上发生的事。班务日志涉及每个学生在校期间的思想、学习、纪律、卫生等方面的具体表现，是教师掌握班级和学

---

① 李伯黍，燕国材．教育心理学．3版．上海：华东师范大学出版社，2017：189.

② 朱永新．大师教你做父母 4：对话苏霍姆林斯基之二．武汉：湖北教育出版社，2014：97.

③ 冯忠良，等．教育心理学．北京：人民教育出版社，2010：546.

生现状，发现问题并及时解决问题的重要资料①。针对班内学生的差异，个别谈话是进一步了解学生内心活动最直接、最有效的方法，谈话时要注意时机、地点、方式，双方要互相尊重，平等相待，尽量在温馨适度的氛围内切中要点。常用方法有商讨法、暗示法、批评法、闪电法、递进法等，教师应根据学生的个别差异采取合适的谈话方式。

另外，在学习与观察的基础上，教师应适时反思总结，将学习心得与观察体悟及时记录下来，把它们作为改进个人行动的指导，当然也可借助外部支持系统，把学生知识指导下的专业行动内化为教学实践的习惯。

二、内容知识

（一）案例呈现：教材改版不是推倒重来

教材改版不是推倒重来

新学期开学前，同华中学的老师们拿到了新版的教材，杨老师所在的语文教研组已经定了时间准备由教研员带领大家一起解读新教材。第二天下午，杨老师就早早来到了会议室，想听一听这位教研员对新教材的看法，并请他解答自己的疑惑。首先，由语文教研组组长王老师向教研组成员简要介绍了课程改革的背景，并简单介绍了陈老师。陈老师是一位年逾五十的语文高级教师，有丰富的教学实践经验，也是区级教研员，去年在一次校际观课活动中杨老师听过一次陈老师的课，深入浅出，课堂节奏把握得非常好，给她留下了深刻的印象。

几番寒暄过后，教研活动便开始了，陈老师首先就新课程改革与新版教材谈了一些自己的想法："各位老师，你们拿到新教材，有什么感受呢？我最直观的感受就是，课文总数变了，有些类型的内容增多了，而有些类型的内容减少了，其实啊，这个新课程改革，最近这些年一直在提，一直也在改，毕竟时代不同了，社会在进步嘛，教育也不能原地踏步。但是呢，你仔细去研究我们新版的教材，就会发现，好像也没有改太多，这是为什么呢？我想很多老师心里都有这个疑问，在这之前，我想首先问大家一个问题，你们觉得，咱们语文是要教什么呢？是要教学生认字、写字、会写文章，还是会阅读、会考试？其实就是想让学生拥有一种能力，或者说一种素养，一种'语文素养'，为了达到这个目的，说实话，我个人感觉不管教什么内容差别其实并不大，关键在于，'教师怎么教'。有些老师觉得，换了教材，课文内容不一样了好像是一件很麻烦的事，要重新备课写教案。你们要明白一件事，教材虽然换了，但是教学的实质内容没有变，我们心中有这些内容，它只是换了个形式而已，内容还是那些内容，但是我们期望学生能够系统地掌握这些内容知识，并形成一定的阅读素养、写作素养等语文素养，我们就要有组织有系统地去教。"

"首先，我们教师需要有丰富的学科知识，这些内容并不仅仅指教材和课程的内容，每个学科都有浩如烟海的知识，这些知识内部的要素、各要素之间的结构关系，都需要我

① 胡家尧．成长路上的我们．北京：光明日报出版社，2016：132.

们细细揣摩，形成一个知识库，这是从教的基础。其次，要把握本学科的知识与相关学科知识之间的联系，就拿语文来说，经历了上下五千年的文化积淀，历史源远流长，教师要在掌握课程知识的同时，对学科知识有深度的把握。学科各要素之间的关系、历史发展的脉络，这些教师都要有一定的了解。同时，语文与历史、地理等学科之间有千丝万缕的联系，讲到某个知识点，我们也可以纵横交错，讲讲有关的历史、地理背景，这样学生掌握的知识能够更加全面，他们也有兴趣听这些，这就要求教师们拓展自己的知识面。最后，教学并不是孤零零地把每一个知识点呈现到学生面前，而是要让他们理解每一个知识点及其与前后相关知识点的联系。把自身的知识库构建成一个有结构层次的知识体系，不仅要对教学内容的各个要素有清晰的把握，更重要的是要构建要素之间的联系，形成体系。另外，要赋予自己的知识体系以灵魂，将内容知识所内含的思想品质通过教学展现出来，教师自身要先对具体知识内含的思想有深刻的理解和体会，并和实际的生活联系起来，赋予实际的意义。我们的教学既要有思想高度，又不能脱离实际，只有把知识与生活联系起来，与所要表达的思想情感联系起来，才是有意义的教学。所有这些有关的内容知识，教师心里需要先有个底。教材改版，并不是推倒重来，万变不离其宗，学科内在的东西没有变，这就要求教师检省自身，把自己知识库中储藏的内容知识进行梳理，组织成活的知识。”

资料来源：魏运华．教材改版不是推倒重来．北京青年报，2012-08-31.

（二）理论阐述：渐进渐行渐深——教师专业知识的积累与丰盈

教师专业知识是教师专业发展的主要内容之一，古今中外，有许多教育学者讨论过教师专业知识，其中以舒尔曼（Lee S. Shulman）于 1987 年提出的教师专业知识框架为代表，他关于教师专业知识的研究在教师知识研究领域产生了巨大的影响。内容知识作为教师专业知识的基础，受到了教育学者们的普遍关注，大多数讨论教师专业知识的学者认为，教师需要掌握的最重要的知识就是“内容知识”。舒尔曼最先提出了包括三种内容知识的理论框架：学科知识、学科教学知识和课程知识。其中，学科知识包括学科内容知识、实体知识、句法知识、关于学科的信念；学科教学知识是指如何针对具体要教的内容施教的知识，本部分对内容知识的定位为理论层面的内容知识，而学科教学知识为教学实践中生成的知识，因此在下一部分“过程知识”中进行讨论；课程知识是指对整个教学计划全面及整体架构的理解，包括课程理论、教科书、教师手册、实验指导等内容知识①。学科知识与课程知识实为包含关系，课程知识更强调学科中被选择进入学校课程的知识结构。

教师专业内容知识经历了一个漫长的历史发展过程，这与人类文明的进步与发展息息相关。古代文化知识积累甚少，教师教学的内容相对简单，随着时代的发展，科技的进步，科学文化知识积淀越来越深厚，内容知识也越发复杂，不仅表现在学科内容方面，而且学科内部的诸要素、层次结构之间的关系更加复杂。学科是一个庞大的体系，这个体系

---

① Lee S. Shulman. Knowledge and Teaching: Foundations of the New Reform. Harvard Educational Review, 1987 (57): 1-22.

内部存在复杂的结构，任何学科都有一个基本结构，不论我们教什么学科，都务必使学生理解学科的基本结构。所谓学科的基本结构，就是学科的基本概念、基本原理、基础公理和普遍性的主题。学科结构最能反映学科本质的统一的观点，或是那些广泛而强有力的适应性观念，这些观念形成了学科的基本体系。学科结构包括两个方面：一是由一门学科特定的一般概念、一般原理所构成的体系，称为学科的实质结构，意味着对学科内容“是什么”的掌握。二是一门学科特定的探究方法和探究态度，称为学科的句法结构，意味着对学科内容“如何形成”的掌握①。由结构主义的观点衍生出内容知识体系建构的过程，首先要掌握一定的知识，形成内容知识库，这个知识库如同仓库一样存储各种知识概念及结构要素。其次学习者通过内化将知识组织成自身知识结构中的一部分，通过重组和建构，理清知识要素和结构之间的关系。最后通过学习者的实践经验，赋予知识一定的思想情感，将内容知识激活成能够指导实践的有意义的知识，如图3-2所示。

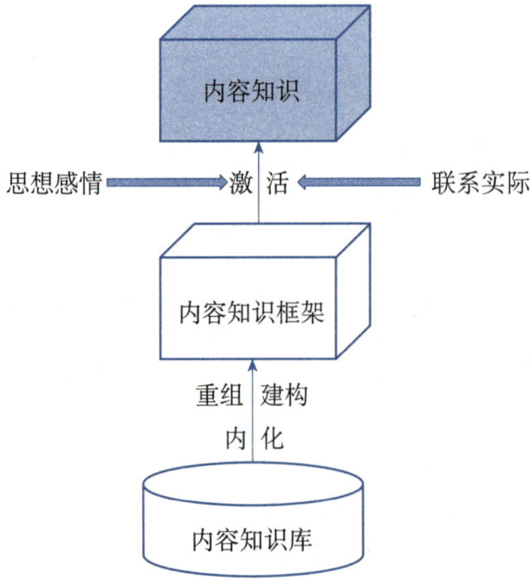

图3-2　内容知识体系建构过程

（三）实践启示：在激活中赋予灵魂与内容知识三个层次

不难看出，陈老师在教研过程中表现出来的内容知识有三个层次。第一个层次，陈老师具有丰富的知识内涵。首先，这一丰富性体现在知识的深度上，陈老师的知识并不局限于有关教学、课程的知识，而是有一个庞杂的学科知识库，从学科发展的历史脉络，到语文学科的结构、每一堂课的教学要素，陈老师无不津津乐道，这些都是陈老师从教多年积累得到的知识经验，也是其课堂教学广受欢迎的原因之一。其次，这一丰富性还体现在知识的广度上，陈老师不仅具有本学科的文化知识，而且对于相近学科诸如历史、地理等均有所涉猎。在教学过程中，陈老师将课程内容与相关的其他学科知识联系起来，使教

① 杨红萍，薛红霞．结构主义课程理论与新课程改革．教育理论与实践，2009，29（25）：57-60.

学更加生动有趣，扩大了学生的知识面，也巩固了其他相关学科的知识，形成了教育合力。

第二个层次，陈老师的内容知识高度结构化、体系化。经过多年积淀，陈老师已形成一个结构化的学科知识体系，他将课程内容的各个要素、材料组织成一个系统，并有条理地进行归纳、分类，因此，他的内容知识具有较高的概括性、归纳性。理清学科的知识结构体系之后，每一节课的教学实践便是把对应的知识点从自身的知识结构中提取出来，讲清楚学科的基本概念、原理与探究方法、态度等要素，在课堂上不但讲清楚本堂课各知识要素之间的联系，更展示出本堂课的知识点与前后相关知识点的联系。这与结构主义倡导的学科结构的学习不谋而合。理解学科的基本结构对于学生来说是一件非常有难度的事，然而对于教师来讲则是一件非常有意义的事，通过学科的基本结构，教师能够更好地把握学科内容的要素。

第三个层次，陈老师深刻理解内容知识所表达的思想情感，并与实际生活相联系，赋予内容知识实际意义。新课程改革以来，人们越发重视学生情感态度价值观与技能的养成，并将其作为教学目标的重要组成部分。前者是人生的导向系统，没有正确的情感态度价值观，学到的知识越多反而对个人、社会危害越大；后者强调知识在实践中的应用，具体的知识如何在实践中发挥作用，这需要教师首先将内在的知识与实践相联系，与学生实际生活相联系，才能让学生深刻体会到知识的实践价值。陈老师在实际教学中践行了这一教学目标，也深知这一教学目标的重要性，教学既要有思想高度，又不能脱离实际，只有把知识与生活相联系，与所要表达的思想情感相联系，知识才真正具有意义。教师需要通过透析知识体系中的思想情感价值，并与实际生活相联系，从而激活教师的内容知识，赋予其灵魂。

近些年来，基础教育课程改革的实施，使人们逐渐意识到具体知识背后的思维品质、能力素养的重要性，这一趋势早已有之，表现为“形式教育”与“实质教育”之争①。学校教育由以前强调学生知识的掌握逐渐转变为强调学生核心素养的培养，这一转变无疑是具有进步意义的。对于教师来说，意味着对内容的处理不应该紧盯着内容本身，而应该深刻理解内容的结构以及结构与结构之间的关系。

（四）成长建议：要想给学生一滴水，教师得有一碗水

中国基础教育界有个广为人知的说法：“要想给学生一滴水，教师得有一碗水。”说的就是教师要教授给学生一些知识，教师本身就要有超过这些知识的储备量；之后，这句话演变成了“要想给学生一滴水，教师得有一桶水”，对教师的知识储备量的要求进一步提高。时代在发展，文化知识在不断积累，教师有一桶水也不够用了，应该有一条河，而且必须是一条长流的河，才得以成教。显而易见，这一比喻中的水，便是教师所需要掌握的知识，内容知识如同一条纷繁复杂的长河，随时代发展而源远流长、不断更新，从一碗水到一桶水再到一条长流的河，表明要求现代教师掌握的内容知识在不断增加，同时“长

① 瞿葆奎，施良方．“形式教育”与“实质教育”（上）．华东师范大学学报（教育科学版），1988（1）：9-24.

流”也说明教师的知识需要不断更新，保证教师知识这一源头活水的营养和新鲜。

教师的工作烦琐而忙碌，在强调为教师减负的今天，教师如何能够兼顾学习与工作两者的关系呢？首先，教师要合理安排自己的时间，学会高效的时间管理，以保证每周都有足够的学习时间。时间管理有很多方法，最典型的有GTD时间管理法、普瑞玛法则、第二象限工作法、断舍离等多种行之有效的方法。教师要加强自我控制，先做最重要的事，合理地利用零散时间，简化工作和生活，制订每周、每月、每季度、每年的计划，持之以恒地监督自己抓紧时间，督促自己执行计划，养成良好的作息习惯等，努力做到今日事今日毕，腾出更多时间与精力来充实自己，加强学习①。制订时间管理计划并严格地加以执行，不仅能够提高教师的工作效率，还能提高教师的自我效能感和职业认同感。

其次，教师要保持阅读的习惯。教师要不断更新、丰富自己的知识，最直接有效的办法就是阅读，尤其是本专业学科领域的书籍和前沿的期刊。书籍与期刊的选择要“精”，不能为了阅读而阅读，而是有的放矢，选择专业领域内经典的书籍、前沿的期刊著作，保持自身对专业领域内容的敏感性，与国际接轨，扩大专业视野。此外，教师还可以跨学科领域，阅读一些经典的书籍，如数理学科的教师可以阅读一些人文学科的著作，以提高自身的人文素养；同理，人文学科的教师也可以阅读一些科技类著作。且“读书贵在得法”，教师也要钻研“怎么读”才能读出书的要旨。总之，教师的学习与阅读，不仅要“专而精”，也要“深而广”。

再次，教师要与其他相关学科的教师保持互动交流，就课程内容中相关的问题，组织教师进行研讨，破除临近学科对同一个教学问题的隔阂，从不同的学科角度让教师对教学内容有更加深入的理解，形成教育合力。

最后，教师要保持思考的习惯。“学而不思则罔，思而不学则殆”，自古以来，文人墨客都十分重视思考对于学习的重要性。只有通过思考，学习者才能深刻理解所学内容的含义，并将学到的知识内化为自己的知识体系，不断建构形成自己的知识框架。可以说，有思考的学习，才是有意义的学习。

21世纪是一个不断发展、不断进步的时代，也是一个终身学习的时代。教师是教学者、育人者，这一身份要求教师必须不断学习，不仅要学习专业知识，还要学习如何加工知识，构建自己的内容知识框架，以发展教师的专业素养，促进教师的专业成长。

三、过程知识

（一）案例呈现：既要备教的过程，又要备学的过程

新课改背景下教师该怎样备课

新课改理念要求学生在课堂中的学习既是自主学习的过程，又是分工合作的过程。要求学生在学习中既有独立的静静思考，也要有彼此之间的互助合作，发挥团队的作用。新

① 张莉．中年职业女性时间管理的行动研究．南京：南京师范大学，2016.

课改理念更要求在以上的基础上，让学生的思维碰撞，激发灵感的火花，产生创新的果实。

据此，笔者认为此时备课，就要根据学生学习的方式，设计教师教的过程。学生的学习方式是自主、合作与创新，就要求我们在备课的时候考虑以下几个方面：第一，让学生进入教学情境（倾听、观看、回忆和阅读）。第二，让学生进行思考（演绎与推理、分析与综合）。第三，让学生进行交流与表述（这是思维的延续和碰撞）。

与其相对应，教师教的过程就要考虑以下几个方面：

第一，创设教学情境，提出问题。教师可以通过温故复习，出示一段多媒体视频，讲述一个现实案例来引导、设疑，让学生进入新的课堂教学所需要的教学氛围，调动学生去进行回忆和阅读，调集学生已有的知识储备和生活储备。

第二，点拨与启示。学生进行思考的过程所对应的则是老师的点拨与启示。把课堂交给学生，发挥学生的主体作用，让学生自主学习，并不是只要老师作为一个冷静的看客。在学生进行必要的思考或者交流之后，学生可能仍然不得思维的要领。此时，就需要老师发挥“四两拨千斤”的作用，把感性的东西上升为理性的知识，在思维的方法与技巧上，给予适当的疏导。老师点拨之后，学生再进行自我思考和自我发现，这才是新课改理念所要求的真实内涵，而不是把思考的过程和结论直接告诉学生。

第三，概括和总结。概括和总结是在以上学生自主学习、合作学习过程之后，对学生思维成果进行的综合评述。在学生的学习能力得到进一步提高之后，我们还可以把这个过程交给学生，这样更符合新课改的精神内涵。值得一提的是，在以上过程中，教师还要发挥组织教学的作用，发挥“情感渲染”的作用，使课堂教学向着有序有效的目标层层推进。

资料来源：魏常林. 新课改背景下教师该怎样备课. 合肥晚报，2010-03-22.

（二）理论阐述：何谓过程知识

魏老师主张在备课过程中，既要备教的过程，又要备学的过程，可见他认为教与学是两个相互作用并共同决定教学成败的过程。魏老师的过程知识观也建立在这一观点的基础上。

社会发展对教育寄予的期望越来越高，对教师的专业知识和能力的要求也在不断提高，教师在教育教学过程中要用到各种类型的知识，通过教学过程可窥见一二。如图3-3所示，教学过程即教师与学生之间以课程为中介的双向互动过程，教师是教的主体，学生是学习的主体，二者构成了教学活动中的双主体。教师专业知识中的过程知识，即教师教学过程涉及的专业知识，它是由教师和学生共同建构起来的，具体存在于教师与学生之间的活动和交往过程中。教学过程是由教师的教与学生的学构成的，因而过程知识也主要分为两大部分，即教的知识和学的知识。讨论教师专业知识的大部分教育学者在提到过程知识时，都未考虑到学的知识，而是以教师为主体出发讨论了教的知识。我们认为教师的教最终是为了学生的学，“以学定教”正在发展为普遍的价值取向和主导的实践诉求，因而我们以教的知识和学的知识为过程知识的核心框架。

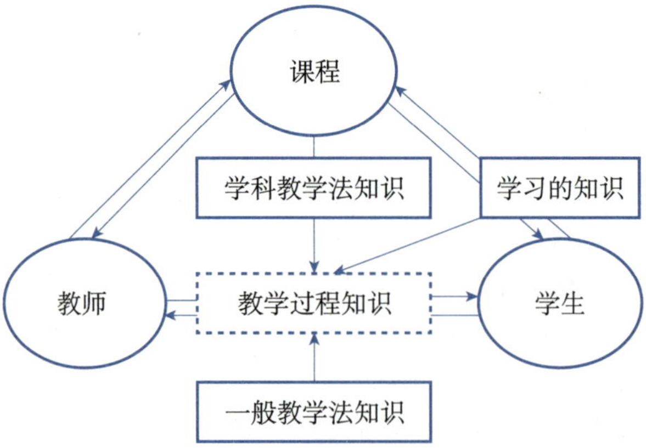

图 3-3 教学过程知识及其组成

教的知识，即教学方法的知识，主要包括学科教学法知识和一般教学法知识。学科教学法知识，是指为了促进学生对课程内容的理解而使用的知识，包括为了促进学生理解而使用类比、样例、图示、解释和演示等方法来表征学科知识。一般教学法知识即各学科都能使用的一般教学方法与原则。关于学生学习的理论众说纷纭，比较有代表性的有建构主义学习理论、行为主义学习理论、认知主义学习理论、人本主义学习理论和情景学习理论等①。学习理论研究一直是心理学的主要研究领域之一，心理学视角下的学习研究主要关注学习的心理机制，而学习问题本质上是一个教育问题，从教育者的视角出发研究学习及其相关理论，是教育者义不容辞的责任，学习理论的每一次变革都对有效教学的研究与实践产生了不同程度的影响。教师是教学一线工作者，掌握学习理论知识有助于教师有效展开教学工作。

（三）实践启示：教学实施与过程知识三要素

案例中的魏老师，在备课过程中从学生学习的角度出发来备课，使教师教的过程围绕学生学的过程展开。实际的教学过程也是如此，教师教的目的是使学生能够养成某种思维品质、能力素养，以学生最终掌握的知识来衡量教师的教学，因而教无不围绕学展开，教与学都不是孤立的存在。以学定教的教学，教师要掌握一定的学习理论和一般教学法知识，最终形成能够指导教学实践的学科教学法知识。

1. 学习理论

教师教学的出发点与归宿应当是学生的学习。所谓学习理论，就是说明人和动物学习的性质、过程和影响学习的因素的各种学说，包括什么是学生需要掌握的主要概念、技能和态度，这些内容中哪一部分是学生较难懂的，什么是学生最大的内在动机，用什么方法能够强化学生的学习等。魏老师认为学生的学习方式是自主、合作与创新，这一学习方式的前提条件有二：一是教师要承认自主、合作、创新等能力的重要性，并且学生需要具有

① 曾文婕，许素美．我国学习理论研究三十年．电化教育研究，2012，33（10）：34-40.

这些能力；二是教师能够培养学生自主学习、合作学习以及创新的思维和能力。教师在教学过程中，要让学生进入教学情境、独立思考、团队合作，最后进行讨论与交流，碰撞出创新的火花，虽然教学过程并不总是能达到预设的结果，但教师对教学过程的设计无不来源于教师自身所认可的学习理论。教师关于学习的预设成立，教师的教学才是有意义、有成效的。

2. 一般教学法知识

一般教学法知识，即超越各具体学科之上的，各科都能使用的一般教学原则与策略，包括拟订教学大纲、激发学生的学习动机等。课堂管理知识是教师创造一种能促进学生学习的环境的知识，包括建立良好的师生关系、把课堂管理作为社会和道德课程、研究惩罚及外部奖赏对管理带来的负面影响、探讨积极的内在激励机制和考虑学生的个性差异（如年龄、民族及文化背景等）[①]。案例中魏老师在备课中所展现的三个步骤，即让学生进入教学情境、让学生思考、让学生进行交流与表述等，都属于一般教学法知识在课堂上的应用。

3. 学科教学法知识

学科教学法知识是指教师如何专门针对具体要教的内容施教的知识，是学科知识在教学应用中的独特体现[②]。学科教学法知识是舒尔曼教师知识理论的核心，他认为此类知识超越了学科内容知识本身，关涉内容知识的教学性维度，但他仍然将其归为内容知识维度，作为内容知识的特殊形式[③]。从学科教学法知识在教学过程中的实践性考虑，本节将其归纳为教学过程知识的维度。学科教学法知识是教师被视为专业所必须具备的知识，这种知识是教师特有的、影响教师专业成长的关键因素，也是学科教师、学科专家与教育专家所不同之处。与内容知识不同的是，学科教学法知识更关注具体学科知识在对特定教学对象施教过程中的操作与实践，因此学科教学法知识既包含学科内容的要素，又包含应用于具体学科的教学方法以及教学对象的要素。案例中，教师创建教学情境提出问题，在这一环节教师既要考虑学科内容知识的连贯，又需考虑问题如何提出才能引起学生的兴趣，即从学科内容知识中找到学生的兴趣点并以适当的方法合理地展开教学任务。

（四）成长建议：学而时习之——在实践中积累过程知识

首先，教师要加强过程知识的学习，提高自身知识积累。教学过程本是一个实践的、动态生成的过程，教师想要高效地将过程知识运用于实际教学，这本身无可厚非，然而理论之于实践并非一蹴而就，需要教师不断积累知识经验。在教师专业发展过程中，教师不

---

① C. M. Evertson，C. S. Weinstein. Classroom Management as a Field of Inquiry//C. M. Evertson，C. S. Weinstein. Handbook of Classroom Management Research，Practice，and Contemporary Issues. Mahwah，NJ：Lawrence Erlbaum Associates，2006：3－16.

② Lee S. Shulman. Knowledge and Teaching：Foundations of the New Reform. Harvard Educational Review，1987 (57)：1－22.

③ 李·斯·舒尔曼，黄甫全，王娜．智者：教学活动中的知识生长．教师教育学报，2014，1（4）：44－58.

仅是教学者，也是学习者，在倡导终身学习的背景下，教师需要不断学习，不断充实自身理论素养，用理论武装大脑，养成良好的学习习惯。理论知识是指导实践的行动纲领，教学过程是一个实践的、生成的过程，教师掌握并理解丰富的过程知识，才能以正确的理论指导实践。掌握过程知识，是提高过程知识运用效能的基础。

其次，教师可以通过观摩其他优秀教师的课堂实践来领会过程知识。过程知识的获得并非一朝一夕的努力，而是要在课堂实践中不断积累，在观摩其他教师课堂的过程中，教师可以学习一些具体的教学方法，观察应用这些方法时学生的课堂表现，通过一个完整的教学过程来评估某一教学方法的运用。在教学过程中，难免会出现一些小插曲，或者学生会提一些意料之外的问题，应对课堂突发状况需要教师的教学机智，而优秀教师的实践智慧与课堂教学经验是教学机智的重要来源之一。通过课堂观摩，借鉴别人的经验，教师可以扬长避短，不断提高自己的课堂教学品质。

再次，注重理论与实践的结合，将知识融于课堂。教师如何能够将知识与实践融会贯通？如何能够弥合理论与现实的差距？这些都要通过具体的课堂教学来实现。过程知识结合了内容与实践两者的特点，教师不仅要注重理论知识的养成，还要在实际的教学中运用知识，践行理论。理论知识指导实践，但是真正将教育教学的知识在课堂上展现出来，还需要教师多加磨炼，才能在课堂上融会贯通，丰富教学过程。

最后，监控过程知识的实际运用。在课堂教学之前，教师会进行备课，备教材、备学生，备教的过程也是备学的过程，但实际的教学过程并不一定总会按照预期的过程展开，这就意味着教师在课堂教学中需要不断监控教学过程的展开。课堂中教师所面对的学生是鲜活的、独立的个体，教师在教学过程中应根据实际的教学情况、学生的反馈随时调整教学的方法，指导学生的学习。同时，教师也可采用一些技术手段录制上课的视频，课下观看并反思教学过程，对整个教学过程进行回顾与思考，找出优势与不足。教师也可以请同学科教师来听课评课，从专业的角度进行点评，促进教师的知识转化。

“纸上得来终觉浅，绝知此事要躬行”，过程知识是在实践中展开与落实的，书本上得来的理论知识，若不于实践中转化，也无益于教师的专业成长，因此教师要多在实践中体悟过程知识，这是过程知识养成的关键，也是教师专业化的外在表现。

四、背景知识

（一）案例呈现：如何在课堂中渗透背景知识

英语教学是语言教学，当然离不开文化教育。修改后的高中英语教学大纲大量增加了文化知识的渗透。这就要求教师根据学生的年龄特点和认知能力，逐步扩展内容和范围，使他们提高对中外文化异同的敏感性和鉴别能力，发展跨文化交际能力。高中英语课程信息量大、生词多、课文相对较长，学生的阅读能力的培养成为每个老师面临的迫切任务。学生提高阅读能力，背景知识习得是个重要基础。在阅读过程中，如果学生拥有一定的背景知识，他们就不会是被动获取阅读材料中的信息，而是运用已经具备的背景知识（包括已学过的语言知识和英语国家的文化），根据上下文去预测和理解意思。如高一上册第六单元的 *Table Manners at a Dinner Party* 是一篇介绍西方餐桌礼仪的说明文。它从餐桌的摆放、餐前礼仪、餐中礼仪、餐桌上的谈话礼仪、饮酒礼仪、餐桌礼仪变迁等几方面比较全面地介绍了西方的餐饮文化。对于一些历史题材的课文，教师可事先通过各种途径（如上网等）找到相关的材料或背景知识，把它们制成幻灯片或者短视频，这就需要教师具有一定的信息技术的知识。

教师如何拓展课堂，向学生介绍更多的西方礼仪呢？可以从“other tips if invited to a dinner（gifts，clothing，napkin，posture，grace，noises，leaving，follow-up，restaurants，etc.）”入手，配以幻灯片。这些相关的背景知识一定会使学生学习视野拓宽。老师还可以将日常生活交往中的中西文化差异进行归纳，如中国人与英语国家人士初次见面时谈话的禁忌：I，WARM，where，meal。I 代表 income；第二个词中 W 代表 weight，A 代表 age，R 代表 religion，M 代表 marriage，由此而引出“七不问”：不问收入，不问体重，不问年龄，不问宗教信仰，不问婚姻状况，不问“去哪儿”，不问“吃了吗”。这样可使学生更清楚地了解与英语国家人士交谈的禁忌。

英语教学中，教师对学生多渗透一些英语国家的文化背景和社会风貌，是新时代英语课程所需要的，因此，在高中英语教学中，渗透背景知识，是教师努力培养学生文化习得意识、使文化规范教学与语言技能培养同步进行的重要举措。除文化知识和技术知识以外，教师还需要具备其他社会政治、经济方面的知识，此类知识涵盖较广，但均可直接或间接影响教师的教学工作成效。

资料来源：焦晓曼．英语教学背景知识的渗透．教师报，2007-06-10.

（二）理论阐述：狭义与广义下的透视

教师专业的背景知识，有狭义和广义之分。狭义的背景知识即学科知识的背景。知识一般是被验证过的、被人们相信的、符合文明方向的，可以看作构成人类智慧的最基本的因素，它的获取涉及许多复杂的过程，例如一定的自然及社会的历史场景。因而知识背景所指向的背景知识是指人或人们关于知识形成、发展和存在的自然及社会的历史场景的知识①。而广义的背景知识，是指教师作为一般社会人及社会职业者所应具有的关于社会文化、政治、经济、技术等方面的知识。从社会对教育职业者的要求的角度出发去解读背景知识，其内涵比学科内容的背景知识要丰富得多。

教育职业者必须掌握的背景知识并不具有很强的专业性。各行各业的人们生活在具体的社会环境当中，因而背景知识与人们的生活息息相关，掌握一定的背景知识能够使人们更好地融入社会生活当中。但背景知识在教师的教育教学过程中扮演了重要的角色。一直以来，教育目的被认为有两个重要的取向，即社会本位论和个体本位论。其中，社会本位论强调教育的过程主要是为了促进个体社会化，使个体的发展服从社会需要，并为社会发展而服务。教师是教育教学的主要实施者，虽然学科内容知识在一定程度上能向学生传递

① 吴俊明．背景知识与学科教学立德树人．化学教学，2019（2）：8-13.

一些社会背景的知识，然而学校教学中个体社会化最直接的影响来源于教师，教师在教育过程中渗透社会背景相关的知识，可以帮助学生更深刻地理解课程内容的知识，同时也能够促进学生的社会化发展。

背景知识在教师专业知识中的地位，有一定的文化渊源，这要从教育的社会功能说起。众所周知，教育具有三大社会功能：第一，经济功能，现代教育通过人的素质的提高和专门劳动力的培养，对经济的发展起着决定性的作用；第二，政治功能，教育通过传播科学真理，启迪人的民主理念，并通过宣传统治阶级的思想意识，制造一定的社会舆论为政治服务；第三，文化功能，教育具有文化的传递、保存、选择、批判、交流、融合及更新创造的功能。这三大功能决定了学校教育必须有意识地将这些知识渗透进课堂教学中，教师作为教育教学的实施者，如若没有社会经济、政治、文化知识的积累，实施教学定然举步维艰。另外，科学的发展以及学生认知风格的特点使得一些信息技术手段在教学中的应用越来越广泛，技术知识作为实施教学的工具知识在教师教学中发挥了重要作用。

（三）实践启示：广泛汲取与多元建构

案例中的焦老师是一位高中英语老师，她强调在英语教学的过程中渗透文化教育的重要性，这一点毋庸置疑。语言的教学说到底是一种文化的教学，无论是语文还是英语，教学者都希望通过教学，使学生能够熟练地运用该语言进行阅读、交流及写作，还希望让学生了解语言背后的文化生活①。每个学科都有关于学科的背景知识，内含于学科知识，属于教师内容知识的范畴。关于社会文化、政治、经济、技术等方面的背景知识，是教师作为职业者为了适应社会发展所必备的知识。

1. 文化知识

文化是相对于经济、政治而言的人类全部精神活动及其产品，简单来说就是地区人类的生活要素形态的统称。它既包括世界观、人生观、价值观等具有意识形态性质的部分，又包括自然科学和技术、语言和文字等非意识形态的部分。文化是由人所创造、为人所特有的。自古以来，社会将受过一定教育的人称为“文化人”，可见教育对于文化的选择与传承功能使得接受过教育的人身上都具有了文化的烙印。在制度化的学校教育未出现以前，人们将有文化、德高望重者称为师，有文化是成为教师的前提条件。现代教师作为教育教学的专业人员，具有丰富的专业知识和技能，而知识并不等同于文化，具有知识却缺乏文化者屡见不鲜。在教师专业发展的过程中，教育学者越来越强调教师在文化方面的知识积累以及提高课堂教学的文化内涵②。因此，文化背景知识成为教师专业知识的重要组成部分。

---

① 孙悦．跨文化视域下语言与文化教学探究：评《跨文化交际理论研究与应用》．中国教育学刊，2019（2）：139.

② 杜娟．课堂教学：文化内涵与讲授艺术的双向追求．教学与管理，2018（27）：8-10.

2. 政治知识

政治是指政府、政党等治理国家的行为。政治是以经济为基础的上层建筑，是经济的集中表现，是以国家权力为核心展开的各种社会活动和社会关系的总和。教师首先是一个社会公民，其次才是一个社会职业者，公民的义务要求教师必须对国家、政府的政治活动有一定的了解，而教师的特殊身份则要求教师具有较高的政治素养。2018 年 2 月，教育部等五部门联合颁布的《教师教育振兴行动计划（2018—2022）》（以下简称《计划》）提出“引导教师以德立身、以德立学、以德施教、以德育德”。在我国的语境下，“德”与“政”并未经历过学科分化的过程，因此“德”不仅包括道德的方面，也关乎政治的内容。这意味着，《计划》要求新时代的教师不仅要具有高尚的道德品质，也必须具备扎实的政治素养，而评价是确保教师政治素养水平的基本手段，我国在师德评价方面甚至提出了“一票否决制”，这说明我国在政策上非常重视教师政治素养[①]。政治知识的掌握是培养教师政治素养的前提。研究表明，目前我国教师的政治知识掌握不全面，有待进一步提高[②]。

3. 经济知识

经济是价值的创造、转化与实现，简单地说，经济就是对物资的管理，是对人们生产、使用、处理、分配一切物资这一整体动态现象的总称。一方面，教师既是教育教学者也是班级管理者，而经济管理是班级管理的一个组成部分，教师对班级的物资、经费的管理需要教师掌握一定的经济知识。另一方面，教育以向社会输送人才的方式促进社会的经济发展，社会与经济发展所需要的人才质量规格决定了教育培养人才的规格，掌握一定的经济知识有助于教师应对经济时代的发展变化，培养符合时代要求的社会新人。

4. 技术知识

近年来，我国教育教学及课堂授课方式越来越呈现出多层次、多渠道、多形式的特点，如出现了微课、慕课、课堂翻转教学法等新教法、新模式。这些新兴教学模式的出现使得信息技术在教学中的应用越来越广泛，对教师的教学产生了极大的影响。首先是教学设施的丰富，传统教学中常用的黑板、粉笔、仪器等有形的教学工具设备被弱化，无形的信息技术则在教学中得到强化，电子白板、网络视频、BBS 等的运用使教学手段不断丰富。其次是教学视野的拓宽，以往教师的教学资源和信息主要来自教材、课程标准、教辅资料等纸质的教学材料，同行之间相互获取的信息较少，大都局限为教学经验技巧的交流探讨[③]。信息技术的介入，使教师通过网络、多媒体等途径获取的信息大为增加，课程资源得到系统整合，教师的教学视野得以拓宽。技术知识的学习也成为职前教师培养与教师专业学习的重要组成部分。

---

①② 孙洪凯，王延培，孙钰华．无过即合格?：论教师政治素养标准的合理建构．当代教育科学，2019（2）：39-43.

③ 方红缨．基于信息技术背景的教师专业发展．教育理论与实践，2017，37（17）：41-42.

（四）成长建议：在多渠道互通中日臻丰富

教师可以通过多种方式来习得背景知识。

1. 通过阅读专业的书籍学习知识

书籍是人类进步的阶梯，人们想要获得某方面比较权威的知识，阅读相关领域的书籍是必不可少的方式。学校和地方图书馆里通常具有丰富的图书资源，教师可以在闲暇时间充分利用这些资源，根据需要学习相关的背景知识。值得注意的是，作为背景知识的这些内容，对教师的专业性要求不高，教师学习这些知识是为了促进教学，而不是成为该领域的专业人员，现在各种门类的书籍浩如烟海，在学习某一领域的知识时，教师可以选择一些基础性的、入门级的经典著作进行针对性的阅读。另外，教师可以定期阅读时事期刊或报纸等，这一类刊物可以给人们提供最新的社会政治时事及经济知识。报纸是大众传播的重要载体，具有反映和引导社会舆论的功能，并且其对时事的反映具有一定的权威性。尽管电子媒介的兴起使纸媒行业受到了一定的冲击，报纸的更新速度不及电子网络的传播速度快，但报纸、期刊等纸质媒体相对网络更有公信力，各类新闻分类明确，方便集中阅读，能给读者留下更为深刻的印象，也更符合大多数人传统的阅读习惯。

2. 通过互联网学习背景知识

互联网的普及使得整个地球变成了一个小小的地球村，人们利用互联网，足不出户也可以知道国家大事。电视新闻、广播电台可以让人们获取每天的社会时政新闻，知悉社会大事要事、国家的政策方针。教师应该养成每天观看新闻联播或者听广播的习惯，利用每天的课余时间去了解这些社会发展的知识，不仅可以丰富个人的信息储备，也能调节每天的工作节奏，缓解工作的辛劳。另外，手机是现在大多数人形影不离的伙伴，手机上各个网站推送的即时新闻传播速度快、承载的信息量更大、拓展性较好、与群众互动也更有优势，教师也可以利用碎片时间通过手机新闻获得更广泛的知识。

3. 线上线下结合学习各种背景知识

电脑、手机是人们平时接触最多的互联网信息设备，它们的普及破除了学习的时间和空间的阻碍，人们随时随地都可以通过手机、电脑进行学习。通过互联网教师可以学习各种所需要的知识，方便又快捷，线上学习成为教师专业发展的快捷通道。另外，学校对于教师的在职培养也越来越重视，尤其在新的时代背景下，在教育过程中运用信息技术的能力成为教师专业学习的重要方面。教师可以通过线上线下结合的方式来学习专业发展所需的技术以及其他方面的知识，不断提高自身的专业素养。

古人以“风声雨声读书声，声声入耳；家事国事天下事，事事关心”来劝诫读书人不仅要读好书，还要关心国家，关心政治，关心天下之事，多用心体会世间百态，而不要读死书。教师既是读书人又是教书人，这种双重身份要求教师不仅要专业而且要有广博的知识，同时又能够眼观六路耳听八方，对社会环境的变化保持敏感，做社会这本百科全书的忠实读者。

第二节　教师的专业能力

知识是能力形成的基础，形成的能力又会反过来促进知识的获得与吸收。教师有了专业知识，但不一定能发挥知识的力量，这时教师就需要提升自己的专业能力，以更好地进行教育教学活动和实现自身专业发展。对教师来说，要养成的专业能力很多，反思力、合作力、实践力和学习力是其中比较重要的几项。这几项能力无论是对提升教育教学质量，还是提升教师群体素质，都有着举足轻重的作用。

一、反思力

（一）案例呈现：鼓励教师“三省吾身”让教师尝到甜头

教师“反思日志”

今天一早，华东师范大学附属东昌中学英语教师殷继宗一打开电脑，屏幕上就自动弹出一个教师“反思日志”的填写页面。轻点鼠标记录下一天的教学行为，随笔涂鸦工作感受，已成为这学期殷老师每天的“必修课”。记者了解到，本学期，东昌中学在全市首推教师“反思日志”，鼓励教师对课堂教学作出反思批判，日志也成为一张反映教师情绪的“晴雨表”。

随笔涂鸦工作感受

记者看到，反思日志包含老师的到、离校时间，备课进度，上课情况，作业量估计，批阅作业情况，个别辅导与交流，教学整体感受等内容。考虑到目前老师的工作压力比较大，学校也想方设法让反思日志的操作更加人性化，例如，填写的形式全部采取选择的方式，通常一篇日志 2 分钟便可完成。

“反思日志具有即时反馈、即时统计、及时提醒的功能。”该校副校长朱静告诉记者，在日志中，教师可以对课堂教学的满意度作出自主评估，也可以关注自己的工作感受，以及与学生的互动，例如，“今天我的教学整体感受”——快乐、不快乐或没有感觉；“今天给了我的学生”——鼓励期望、批评指责或是两者兼有。

朱校长还表示，通过定量的即时分析图表，学校也可以在管理上及时应对与调整。如：若全校教师总体感受“不快乐”或“没有感觉”的比例上升，就要从工作量、学校环境等方面分析，及时调整，让教师在快乐的情景下工作。这就是反思日志的预警功能。

反思日志让教师尝到甜头

“反思日志已成为我的一张情绪‘晴雨表’了。”数学老师杨雪说，前几天，她就在日志中的教学整体感受一栏中填上了“不快乐”。原因就是，在教授“三角比”这一知识点时，学生没有反馈，表情木然好像没听懂，整堂课让杨老师上得颇为郁闷，“一点劲儿都没有，一回办公室，我就想到了填反思日志，释放负面情绪”。

杨老师边填日志边反思，问题在哪？题目选择太难、教学过程操之过急、对学生理解的预估分析不够……她反思之后，吸取教训，第二堂课调整策略后，课堂效果果然大为改观。

“反思日志除鞭策、监督外，有时候，教学中不乏灵光闪现，也可通过日志来记录。”殷继宗老师说，他也常用日志记录工作中的亮点，例如，他最近发现在博客上制作“课前学案”，可以大大提高学生预习的效率，于是，他便在日志中写下心得体会。

资料来源：钱钰. 一高中独创教师“反思日志”. 新闻晚报，2009-02-26.

（二）理论阐述：从杜威到教育理论界再到实践界

反思力，即反思的能力。杜威在1933年出版的《我们怎样思维》一书中，最早对反思作了界定：反省思维是一种思维方式，是个体对某个问题进行反复的、严肃的、持续不断的深思①。他还作了进一步解释：“对于任何信念或假设性的知识，按照其所依据的基础和进一步导出的结论，去进行主动的、持续的和周密的思考，就形成了反省思维。”② 在杜威的用法中，“反思”一词更接近我们汉语中的“寻根究底”③。杜威的定义为后世学者对反思的研究奠定了基础。1946年，德裔美籍心理学家勒温（Lewin）在其《行动研究与少数民族问题》一文中提出了“行动研究”的概念，并将行动研究的过程描述为“计划—行动—观察—反思—再计划……”④。20世纪50年代，科里（Corey）等人在将勒温的行动研究引入教育领域时对行动研究作了一些具体的阐释，这对后来的教育行动研究发生了较大的影响⑤。此后“反思”一词进入教育界视野之中并成为教育行动研究中的一个环节。舍恩（Schön）在20世纪80年代初提出“行动中反思”的理念。该理念因迎合了教育界当时所追求的不脱离现实情境、在持续的实践中改进的需要，很快为教育界所接受，这更推进了教育界对反思的重视⑥。进入21世纪，我国中小学普遍开始尝试对教师反思作出具体规定要求。2012年我国教育部出台幼儿园、小学和中学教师专业标准，在专业能力维度反思与发展领域对中小学教师的反思探索研究能力在实践层面作出规定，推动反思从理论界进入实践界，在教学一线落地生根。

纵观反思的历史发展，从杜威的反省性思维到教育理论界的沿用讨论再到实践界的制度要求，反思从边缘一步步走近教育的中心，成为每一位教师的专业能力要求，其本身的

---

①② 约翰·杜威. 我们怎样思维：经验与教育. 姜文闵，译. 北京：人民教育出版社，1991：1.

③ 王建军. 教师反思与专业发展. 中小学管理，2004（10）：5-8.

④⑤ 刘良华. 行动研究的史与思. 上海：华东师范大学，2001.

⑥ 同③.

必要性与重要性不言而喻。

考虑到教师本身及其教学实践，我们在此对反思作出更为贴近日常实际的阐释。对教师而言，反思更多地表现为教学反思。教学反思是指教师自觉对正在发生的或已经发生的教学实践活动及活动背后内隐的教育观念进行批判性审视思考、分析评价和重建改进。科瑟根（Korthagen）将教学反思的过程细化拆分为五个主要步骤，形成 ALACT 反思过程模型（见图 3-4）：(1) 行动；(2) 回顾行动；(3) 意识到主要问题所在；(4) 创造别种行动方案；(5) 尝试①。具体来说，在此过程中，教师立足课堂教学主阵地，进行教学实践，接着搜集在行动中形成的教育实践资料以供回顾。在回溯过程中，教师充分发挥积极性与能动性，意识到其中存在的问题或突显的亮点，运用已有的知识与经验进行深入分析判断。而后教师通过重建教学设计及教育观念形成别种行动方案，并尝试方案是否能解决问题。尝试本身又是一种新的行动，实际上成为新一轮反思的起点，如此循环构成一个不断螺旋上升的连环套，而教师在该过程中，通过不断"反思"而提升了自己的专业水平②。

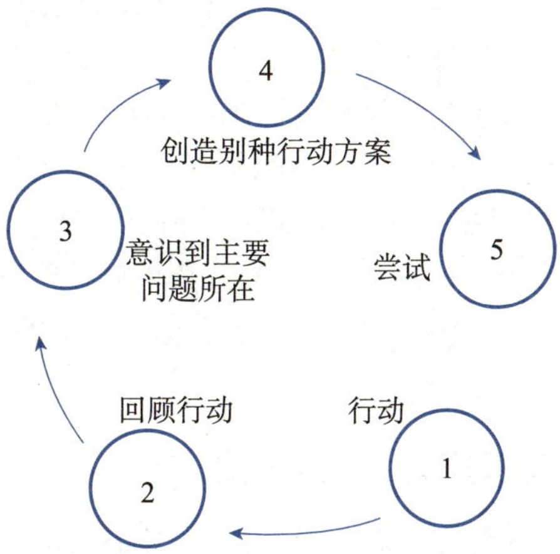

图 3-4　ALACT 反思过程模型

教学反思的内容因教学工作的复杂性而包罗万象，但主要集中在以下三个方面：教学知识（本学科专业知识、教育专业知识以及更广博的各方面的知识）、教学技能（教学策略、教学方式方法）、教育教学观念。从有意识的自我觉察到养成自觉反思的习惯，教师逐渐建立起对教学实践活动全方位、深层次的监控与调整，在提升日常教学实践能力的同时，促进教师本身专业发展，继而最终将实效落实在学生成长与发展之上。

（三）实践启示：从常态化走向深度化

反思需作为教师工作要求而走向常态化。案例中华东师范大学附属东昌中学率先在全市推广反思日志，以计算机技术为基础，使教师一打开电脑便自动弹出一个教师反思日志

①② F. A. J. Korthagen. Reflective Teaching and Preservice Teacher Education in the Netherlands. Journal of Teacher Education，1985，36 (5)：11-15.

的填写页面。长此以往，教师轻点鼠标记录一天的教学行为，随笔涂鸦工作感受成了他们的必修课。类似地，其他学校也逐步建立起教师工作制度，提高反思活动在教师专业生活中的占比。如安徽省合肥市琥珀中学要求教师在教学设计本“教学札记”一栏记录自己对教育教学理念、方法的反思总结，大力提倡教师坚持写教学日记，组织教师坚持每学期至少开展一次公开课教学和反思①。浙江省义乌市义亭小学要求每位35周岁以下的青年教师在学校统一印发的《乐思集》上每月至少写一篇反思，反思教育教学行为，撰写教育教学论文，期末将教师们的反思装订成册存放进阅览室供各位教师阅读交流②。反思越来越成为各中小学教育教学的内在组成部分，学校对教师所作的硬性要求日益内化为教师本人的教学习惯。教学工作者的专业反思思维得到培养和提升，将使当下教育实践也向前迈进一大步。

反思，在实现常态化的情况下，需聚焦主题而走向深度化。案例中华东师范大学附属东昌中学创设的反思日志包括老师的到、离校时间，备课进度，上课情况，作业量估计，批阅作业情况，个别辅导与交流，教学整体感受等内容，可谓是面面俱到，足够让教师在抒发工作感受的同时，对自身的教学实践作全面的记录与审视。数学老师杨雪便是通过填写该反思日志，详细回顾教学中可能出现问题的环节，抓住症结，调整策略，最终改进了教学效果。反思日志的尝试经实践证明是有价值的，但在具体操作中需要注意以下问题：反思日志内容丰富周全的背后隐藏着泛泛而谈的危险，很有可能模糊教师迫切关注的焦点。教师需要根据自身行动实践，筛选众多反思内容，选择聚焦其中一项，以主题意识对某一问题进行深度追问，这样方能形成反思过程循环圈。若将反思简单理解为回顾式思考或一次性完成的工作，那便轻蔑了反思的深度，阻碍了教师的专业发展。

（四）成长建议：修炼反思力，提高反思效果

社会经济的快速发展、科学技术的日新月异、传统教育的积习弊端等迫切要求从教育内部着手进行革新。教师作为教育主体之一，必须完善教学工作，提升教学能力。在此背景下，反思对改进教学工作和提升教育能力的作用便突显出来。教师在借鉴并遵循教学反思过程的同时，尽量将反思与教学日常相融合，既有助于修炼自身反思力，也有利于提高反思效果。

反思是包括多项能力要求的循序渐进且螺旋上升的过程，故教师需要依循步骤走好每一步。在实践中，教师有必要形成聚焦主题的意识，在一段时间内专门就选定的某一主题展开思考，如本周关注课堂提问，下周关注作业设计。只有具备这样一条稳定清晰的主题线才能以此指明接下来各项工作的方向。确定主题之后，教师需要搜集相关数据信息和证据资料支持后期的分析与评价。教师若将判断直接建立在本人的感觉或印象的基础之上，就不免使结论在科学性和稳妥性方面受到质疑，建议运用多种反思工具如反思日志、教师

① 梁蕾，王兵．用“反思”点燃教师的智慧火花．安徽商报，2012-12-19.

② 盛菲．义亭小学教师反思交流教育教学．浙中新报，2011-12-08.

自传、课堂实录音视频等积累回顾资料，也可借助教师集体的力量，在集体中获取他人对本人及教学的反馈与看法。评价是反思过程中一个承前启后的关键点，但在现实中教师往往缺乏评价素养从而限制了反思的深度。在分析评价的基础之上，教师需要重新建构教学设计与教学理念，并在下一次实践中尝试并检验。

反思也是教师日常工作中如影随形的存在，故教师可以将反思融入教学生活中的点点滴滴，时时刻刻进行反思。在教学生活中，建议教师在完成学校规定的教学任务时，注意观察倾听，及时将所见所闻及其引起的一系列内在的思维活动与心理感受转化为外在可视的用纸笔记录的事物，形成教师日志、自传等。在手机、电脑等电子设备广泛普及运用的今天，此类记录愈加方便快捷，可以在备课时、下课时、批作业时、听课时，随时随地将一闪而过的思绪积累成回顾资料。当记录内容逐日增多，教师需要每周末或月末定期对内容进行分类整理并从中发现问题，然后拟定下周或下个月的反思主题。教师在发挥个人主观能动性的同时，不可忽视教师集体的力量与智慧。教师集体可以根据实际情况与条件，建立教师反思共同体，借助微信群、QQ 群等媒介形成定期线上交流机制，拓宽校内教师交流渠道。教师们也可以强化学校原有的按学科划分的教研组功能，在规定的教研组活动中以坦诚的态度交流教学中的经验与困难，以中肯的言语评价组内成员的教学得失，以热切的心态欢迎成员走进自己的课堂。教研组除组织开展集体备课、观摩课堂、评课等活动之外，还可以积极参与到科研当中，借助研究过程中的讨论交流、论文撰写进一步汲取教学经验教训。

二、合作力

（一）案例呈现：坚持“用教材教”，引领学生走进语文新天地

《滴水穿石的启示》集体备课纪实

这是江苏省泰兴市襟江小学五年级语文的一次集体备课，内容为《滴水穿石的启示》，专题是“如何坚持‘用教材教’的原则，创造性地运用教材，从而凭借教材引领学生走进语文学习的新天地”。之所以确定这个主题，是因为随着课改的深入，语文老师们大多知道教材是凭借，需用教材教，但到底怎样“用教材教”，具体到某篇课文的教学往往难以把握。

于是，上次集体备课结束时语文组长一提出这个专题，就得到全体组员的赞同。商老师对此专题很感兴趣，因为他也正愁如何在教学实践中真正实现“用教材教”，这次专题性备课或许可以解答他的这个疑难。组长提出这个专题后，基本明确了下次备课的共同目标，即以《滴水穿石的启示》为例，探索如何在具体课文教学中实现“用教材教”的基本策略。接着，大家一起讨论下次专题备课的主要议题，最后总结出三个小部分——目标确定、词语教学、思路构建，即在教学目标确定、词语教学以及教学思路构建这三大板块，具体如何实现“用教材教”的理念或原则。确定好任务后，教研组进行了分工。商老师和另外一位语文老师小陈对词语教学比较感兴趣也比较擅长，便主动承担了这部分内容的

准备。

讨论会结束后，商老师和陈老师在一起商量怎么在词语教学中实现“用教材教”的原则，最后他们决定各自回去先看看《滴水穿石的启示》这篇课文，找出其中的重点词语，给出自己的思考，然后再碰头交流总结。初步确定整合交流结果的是陈老师，在下次集体备课上由商老师承担发言汇报。

明确了下次合作备课的共同目标，并理解了自己承担的任务之后，商老师便抽课余时间着手准备。《滴水穿石的启示》有12个成语，这些成语如何处理以体现“用教材教”的原则呢？他先自己看了《滴水穿石的启示》这篇课文，又借助课标和教参，进一步分析这篇课文的教学目标和重难点，再借用其他老教师关于这篇课文的教案，在此基础上思考怎样在词语教学环节实现“用教材教”。同时他把自己的思考记录了下来。到了跟小陈老师约定好的交流时间，俩人开诚布公，都毫无保留地把自己的想法表达了出来，最后达成了几条关于词语教学的共识。

专题性集体备课研讨会正式开始了，老师们都满怀期待地来到教研室。在备课组长的主持下，负责各个部分内容准备的汇报人依次进行了发言。在发言人讲话时，大家都专注地看着他听讲，并时不时在面前的记录本上做些笔记。在发言人讲完之后，大家进入热烈的讨论环节。教师们仁者见仁，智者见智，各抒己见。遇到观点分歧时，有时双方可能会展开激烈的辩论，争得面红耳赤，但大家都不会往心里去，因为知道争论的出发点是好的。有时教师们因观点不一样而陷入沉默，这时候组里特别有经验的老师就要发挥他的协调或总结作用了，往往能一语惊醒梦中人，提出的意见令人拍案叫绝，不得不信服。

轮到商老师发言时，他有条不紊地提出了他们对于词语教学中“用教材教”的想法。大家也展开思考，进行纠正补充。

“我觉得，这么多成语能让学生联系课文初步理解就足够了，即便是这样也不容易，因为成语太多了，而且词语理解毕竟只是教学的一个部分。”这是青年教师小刘的意见。

“理解固然重要，既然用教材教，就该考虑借助课文促进词语的理解和运用，使词语变成学生活的库存。”青年教师小戴也谈了自己的看法。

“是不是每个环节都要考虑用教材教呢？”听着大家的意见，刚走上工作岗位的小顾提出了自己的困惑。

办公室里顿时静了下来，如果什么环节都考虑用教材教，语文教学是否要进入死胡同？也许大家都有着这样的心思。一会儿，拥有15年教龄的言老师说出了令大家信服的理由：“我的看法是，每个教学环节的确要考虑这样的原则，但不要犯形而上学的错误，否则很可能物极必反。就词语教学而言，重视理解毋庸置疑，因为就词语而言，不理解就谈不上运用；而就课文而言，词语不理解，就谈不上内容的理解、情感的感悟。但仅理解还不够，怎样把理解与运用联系起来，这是必须重点考虑的，我们既要借助课文语境引导理解，还要创设语境引导运用，在理解中运用，在运用中理解，这才是唯一的出路。”

围绕上述思路，讨论归于统一。大家认为，对文中的12个成语，可根据教学进程，通过以下四步引导学生理解运用，促进积累：一是出示成语，读准字音，理解意思。二是借助成语，回忆内容，感知内容。三是借助成语，想象形象，感悟情理。四是借助成语，描述生活，深化理解。阅读后引导联系课文，结合实际，谈收获，说感受，尽量选用这些成语。

在经历了第三部分的讨论之后，为时半天的专题性备课进入尾声，大家对“用教材教”原则如何运用到具体课文教学中有了进一步的认识。

资料来源：黄桂林，陈海盐. 专题备课：引领集体备课走向成功. 四川教育，2008（Z1）：73－75.

（二）理论阐述：与子携手，一同前行

无论是现实需要还是政策要求，教师合作越来越有必要，教师合作力的提升也势在必行。

一方面，社会进步、学校改善和教师发展都离不开教师合作。从社会层面来看，教育作为社会大系统的一个子系统，一边承担着为其他系统如政治、经济、科技等领域输送人才的职责，一边离不开其他社会子系统的政策、资源、文化等支持。从学校层面来看，学校教育作为教育事业的中流砥柱，其功能的改善与提升也离不开合作。作为促进学校发展的主要方式之一，校际合作为学校相互交流办学经验、相互学习提供了很好的途径。从教师层面来看，教师的主要职责在于教书育人，学校教书育人工作的核心是教学。随着教育规模不断扩大，知识更新换代越来越快，教育教学工作变得越来越复杂，教师合作便显得愈加必要。教师合作在为教师减轻教学压力的同时，也为其持续性学习提供了一条便捷的路径。

另一方面，国家政策和现实制度彰显了教师合作力提升的必要性。如 2001 年新课程改革所提出的校本研修制度，强调教师以校为本进行自主、合作的学习、研究和交流。2012 年出台的全国性教师专业标准也将“团队合作”“协作与交流”纳入教师专业性的要求之中。又如上海的教育系统为教师设计了专门的合作活动，上海学校中集体教研活动非常普遍，教师们以集体备课、师徒结对、同伴观课、课堂教学指导等方式开展合作学习①。

1. 教师合作力的内涵

对合作的内涵的表述很多，如《辞海》所述：“社会互动的一种方式，指个人或群体之间为达到某一确定目标，彼此通过协调作用而形成的联合行动。参与者须具有共同的目标、相近的认识、协调的互动、一定的信用，才能使合作达到预期效果。”②《心理学大辞典》对合作的内涵的表述与前者大同小异：“合作是为了共同的目标而由两个以上的个体共同完成某一行为，是个体协调作用最高水平的行为。”③

尽管不同著作或学者对合作的内涵表述各异，但还是有共通的地方，如基本都认为合作是人与人之间的一种协调互动关系，并且是基于一定共同目标进行分工，在合作过程中

---

① 曾艳，杨帆，吕杰昕．教育变革中教师合作的中英比较．教师发展研究，2017，1（3）：28－35.

② 夏征农，陈至立．辞海．6 版．上海：上海辞书出版社，2009.

③ 林崇德，杨治良，黄希庭．心理学大辞典．上海：上海教育出版社，2003.

实现规则、资源共享等。基于此，我们可以认为合作是指个体或团体之间为了实现一定目标，共同完成一定任务的过程。在这个过程中，合作成员之间是平等的，协作时有基于任务的分工、互动，且共同决策，共享信息、资源等。

教师合作则是一般合作在教师工作与学习中的体现。广义的教师合作指教师个体或群体凭借教师身份在教育教学工作上与他人进行的合作，包括三类：第一，与广义上的同事之间的合作，包括一般教师和其他教育工作者（如校长、教研员、大学专家学者等）。第二，与家长之间的合作。第三，与其他社会机构人员之间的合作，如社区、博物馆等的工作者。狭义的教师合作一般仅指教师同事之间的合作。

在学校教育教学实践中，教师同事之间除非专业性的合作（如相互借用教材、共享教具等）之外，还存在专业性合作，且以制度化的形式存在，如教研组、年级组和备课组等。以教研组为基本单位的教师集体教研和覆盖整个国家的教研系统为教师合作提供了最基本的支撑结构。我国制度化专业合作主要指教师同事之间相互学习、讨论以及分享教学实践、教学经验甚至教学计划，或共同决策，解决教学上的疑难，或者讨论新的教学构思与计划的合作形式。其目的一般最终指向提升学生成绩，促进教师教育教学理念、知识、技能等的掌握和专业发展，以及改进学校功能。

教师合作力，我们可以理解为教师参与同事间合作，与其他合作成员协调互动共同完成任务实现合作目标的能力。

2. 教师合作力的要素构成

教师合作力的要素构成是由教师合作要素决定的，因此我们先找出教师合作的要素，再据此确定教师合作力的要素。

社会学领域认为，通常成功的合作应具备以下要素：动机、协调、互助、交流、分工[①]。还有人认为合作的实现往往取决于一些特定的条件或要素，如共同的意愿和兴趣、共同的需要和利益、一定的物质基础、合作各方具备的能力[②]。有学者从哲学、社会学、组织行为学等视角考察了合作的内涵之后，提出任何合作都必须具备以下要素：主体的意愿、可分解的任务、共享的规则、互惠的效益[③]。综上所述，我们认为合作的要素主要包括：共同愿景（目标）、可分解的任务、共享的规则、互惠的效益。因此教师合作力的要素可划分为：明晰共同目标、承担个体任务、遵守公共规则、实现双向效益，以及创造良好合作关系与和谐氛围的情意态度、交往技能，如图3-5所示。

（1）明晰共同目标。确立个人目标并协调二者之间的关系。合作建立在个体自愿的基础上，共同愿景或目标的达成是合作得以发生的前提条件之一。对合作个体来说，应自愿参与合作，能确定自己参与合作的目标。此为个体积极参与合作活动，完成任务的内驱力。同时，个体还应知晓并理解共同目标，并及时调适个人目标，使其与共同目标协调一致。这样成员之间才能形成强大的凝聚力，推动合作持续进行。

---

① M. Argyle. Cooperation：The Basis of Sociability. London：Routlege，1991：127-128.

② 张国庆．行政管理中的组织、人事与决策．北京：北京大学出版社，1990.

③ 崔允漷，郑东辉．论指向专业发展的教师合作．教育研究，2008（6）：78-83.

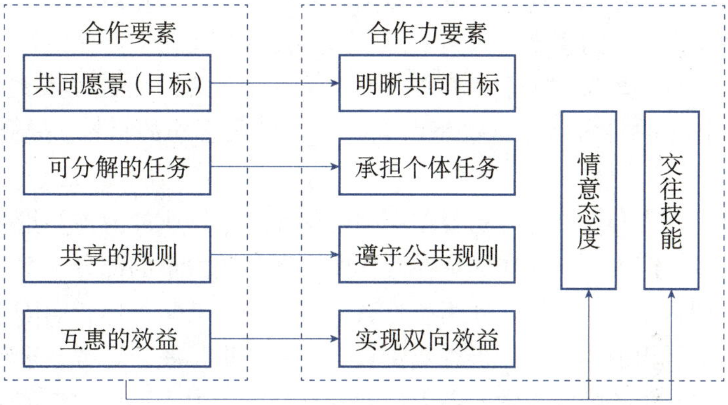

图 3－5　教师合作力要素模型

（2）承担个体任务。合作之所以必要，其原因在于合作目标本身的难以达成以及单个主体时间、经验、能力的有限性。复杂的合作任务应能被分解为多个子任务，由不同成员承担。分工就是对任务的分配和落实，作为个体，要积极承担能力所及的任务，并认真完成。

（3）遵守公共规则。合作的规则包括时间、地点、技术、程序、沟通、文化、组织形式、利益分配等，它将确保合作的有序和有效。另外，合作讨论环节的沟通形式也可能会有相应的规则，如有序发言。这时候作为合作个体，应遵守相应规则保证合作活动顺利进行。

（4）实现双向效益。合作不仅强调优势互补、相互依存，还关注彼此的利益。即合作要产出双向的效益，实现合作成员的共同成长或受益。这种效益是由合作内容决定的，或显性或隐性，或近期或远期，或物质或精神。在合作的过程中，作为参与合作的个体，要合理分享个人资源，如知识、技能、信息等，实现互助互惠，共同成长。

（5）情意态度，即合作成员之间相互尊重、信任、宽容、理解等；交往技能，包括沟通能力、冲突分歧处理能力等。作为参与合作的个体，这些品质及技能的养成有利于其更好地参与合作。

综上所述，凝成一句话：与子携手，一同前行。

（三）实践启示：明确目标、详尽分析与精诚合作

分析以上案例，我们可以发现，教师在参与合作的过程中，其合作力体现在以下三个层面：个人目标及其与共同目标的协调、完成个体任务过程中展现的业务力，以及贯穿整个合作过程的情意态度和交往技能。其中，明晰共同目标、确立个体目标是个体参与合作的驱动力；个体教材分析、学生分析等教学业务力是完成合作任务的保障；而诸如尊重、信任等合作情意态度以及沟通、冲突处理等交往技能是合作有效性的促进因素。

首先，共同目标是驱动力。共同目标是合作成员共同确定的，理论上回答或解决组员都关心的问题，因此才能有效激发成员合作的动机，提升合作积极性与参与度。明确的共同目标决定了合作内容，驱动着成员们认真尽责完成个体任务并积极参与讨论。案例中集

体备课确立的共同目标是探究如何在具体课文教学中实现“用教材教”的方式，这是小组成员都关心的话题或遇到的困难，因为大部分教师在教学实践中，并不知道如何在具体某篇课文中实现“用教材教”。如对商老师来说，这就是他在日常教学实践中遇到的困难。此次专题性集体备课的共同目标也就是商老师参与此次合作的目标，是他参与合作的内驱力。

其次，个体业务力和规则遵守是合作效率的保障。个体业务力主要指参与合作时完成合作任务所需的专业能力，是合作成员在合作中发挥实质力量的部分。案例中，小商老师和小陈老师首先理解了合作任务，即用教材教如何分别在教学目标、词语教学和思路构建中实现，其后主动承担个体任务；再查找资料、教材分析、展开思考并进行分析交流等工作，在此过程中体现了教师的教学业务力，即教材分析能力、资料搜集能力等。此外，合作规则的共同遵守是合作活动有序进行的保障，如在案例中组员研讨时的有序发言便是遵守合作规则的表现。

最后，良好的情意态度和交往技能是合作的催化剂。良好的合作情意态度如成员之间的相互尊重、宽容、理解等，能促进和谐关系的形成，为合作创建一个相互支持的氛围。同时，成员的沟通技能、冲突处理技能等也是合作的润滑剂，有利于合作成员之间达成共识，推动合作的进行。如案例中在研讨时，教师之间就某个事情的看法有时会发生争议、冲突，虽然争得面红耳赤但不会放在心上，这是教师之间相互理解、宽容的体现。又如在发生争议时有经验的教师从中调和，这就是沟通的智慧。这些无一不是合作的催化剂，推动合作有效有序进行。

（四）成长建议：提升自主合作意识与培养合作力同步

提升教师合作力的最佳途径就是让教师参与合作，使之在合作中认识到合作的价值，并产生自主合作意识，逐渐熟悉教师合作的流程，从而掌握一定的合作知识与技能，养成较强的合作力。为此，我们可以从以下三个方面出发，通过激发教师的自主合作意识，为教师合作的持续有效进行提供外部保障，结合教师自主发展意识，达到提升教师合作力的目的。

1. 构建合作文化提升教师自主合作意识

无论是在日常生活中还是在教学生活上，教师都有三种方式可以达到目标：合作、竞争和个人主义。其中，合作是双赢的途径，在合作中教师为达到目标而进行的努力对他人是有帮助的，同时他人的努力对教师个体也有帮助。所以教师要正确地认识合作，认识到合作的价值和必要性，认识到合作是改进教育教学实践以及教师之间相互支持共同实现专业发展的有效途径。因此，对教师自身来说，在正确认识合作的基础上，要积极主动参与合作。另外，学校也要积极构建充满信任、开放、保持建设性对话的合作主义文化，帮助教师形成强烈的信任感和归属感。

2. 开展有效培训培养教师合作能力

关注教师的个体成长，建立民主的合作关系，应当创造机会，依托于一定的有效培训，培训方式包括校本培训、校际联动、远程在线教育等。校本培训主要有案例研究、专业研讨、集体备课、听评课等，可通过此类途径让教师在合作中进行交流，研究学习，掌握关于合作的知识与技能。另外，校际间的合作以及网络合作同样有促进教师合作能力养成的功能。对教师的合作理论和技能进行培训，有利于建立一个学习、反思、创新的新型教师合作培训模式，使教师个体与合作群体在变动的环境中持续协调地发展。

3. 建立一定机制使合作持续

学校要通过建立一定机制为教师合作提供保障，以使合作活动持续有效地进行。比如，学校组织教研组、备课组、师徒帮扶等活动，并为其合作活动提供一定的时间、空间，在经费、设备等资源上给予支持，还可邀请外校优秀教师、大学专家学者等帮助教师开展合作。同时，学校领导要在精神上支持教师合作，如关心、问候了解合作近况等。为了提升教师合作积极性，保证合作的有效进行，学校还应建立一定的监管机制、评价机制以及奖惩机制。这些机制除了能够提升教师的合作参与积极性，还能对其参与合作的过程、效果进行评价反馈，有利于引导教师合作朝正确的方向发展。

三、实践力

（一）案例呈现：于漪老师谈教学实践

于漪老师的课堂教学实践

一节课，四十五分钟；一间教室，五十平方米。这是课堂教学的有限时空。然而，在这有限的时空里，作为一个语文教师，如何根据时代的要求，准确而迅速地向学生传递知识信息，灵活而有效地训练他们听、读、说、写的能力呢？这是特级教师于漪一直在思考、探索的课题。

她说："文似看山不喜平，起伏曲折，就会使读者兴趣浓厚，步入胜境，领略无限风光。课也要如此，不能总是等速度，在一个平面上移动，平板无味。教师要善于从学生的心理特征、知识与能力的实际出发，调度教材内容，安排训练环节，有起有伏，用鲜明的节奏，促使学生大脑皮层兴奋起来，并注意合理调节，进行行之有效的诱导启发，使学生真正学到知识，发展智力。"因此，她的课堂教学，从教学目的确立、重难点确定与方法选择到板书、作业设计，从讲课的结构安排，到自己的教学用语，乃至提示发问，都要经过缜密的考虑、精心的设计。

比如她教茅盾的《雷雨前》时，在用对比的方法引入新课后，没有从头至尾地作平面的讲解，而是根据教材的内容，抓住关键之处让学生思考："这篇课文犹如一曲乐章，有一个主旋律，它是什么？"

学生经过阅读思考，很快地找出了这篇课文的主旋律——"让大雨冲洗出个干净清凉的世界"。

“那么，雷雨前究竟是怎样一个世界呢？作者为什么要呼唤‘冲洗出个干净清凉的世界’呢？请同学们就‘干净清凉’这个词寻找两个反义词。”于漪接着问。

于是，同学们又开始思考了，很快地找出了“干净”的反义词是“龌龊”“肮脏”；“清凉”的反义词是“闷热”等。而这些反义词所包含的意思，正是课文前面作者所描写的情景。

接着，于老师由此推出了一个又一个经作者细描细绘的画面，或提出疑问，让学生进一步体会理解每一幅画面表层和深层的含意；或生发开去，补充作结，点明课文隐喻寄托的手法；或就文中的一词一句，让学生琢磨推敲，深挖文章主题。

最后，于老师又以“问”促“思”，小结全文。

综观全课，于老师整个教学的构思布局，宛如一个多棱面多层次的“立体”，不但有起有伏，疾徐有变，而且每个阶段之中教学内容的详略处理，阶段与阶段之间的联系过渡，都按一定的教学目的，形成了有张有弛的鲜明的教学节奏，显得十分严谨和谐。

此外，于漪老师还十分强调作为一名语文教师的作业处理能力。她认为“学生的语文作业在一定程度上可以检验教与学的质量，它帮助教师发现教学中的经验与问题，促使教师改进教学”。并且，写教后反思也是于老师改进教学的一个方式。于老师每节课教案的最后一个部分，通常都有一个教后的反思内容，记录了课堂教学效果良好或不好的环节、措施，以及课堂中得到的启发。如她在一次教学反思中写道：“1. 文章以什么来构建情节，学生吃不准。多数认为是黄桥烧饼，少数认为是《黄桥烧饼歌》，把二者结合起来考虑的仅是个别学生。再次指导阅读，始领悟。今后这方面要加强指导。2. 以‘寄情于物，树碑于心’拎起全文，展开教学活动，效果较好，把初稿的开头与修改后的作比较，学生欢迎这种教法。”

我们可以看到，于老师之所以能在语文教学中不断有所开拓、有所进取，正是因为她始终站在时代的高度、育人的高度，锲而不舍，奋力前进。正如她自己说的那样：“当一个教师的高度责任感与对课文内容的深刻理解相碰撞的时候，激情的波涛便会喷薄而出，就会激起学生感情的涟漪，并加快他们获取知识与能力的节奏，从而产生良好的教学效果。”

资料来源：金正扬. 教坛风云：我的采编人生. 上海：上海社会科学院出版社，2015：283－289.

（二）理论阐述：教学的力量出于实践

科学技术和社会生产的发展，使得教育面临着严峻的挑战。社会的多元化要求教育培养人才的多样化，已有的“知识型人才”已经不能满足社会现有的需要，培养具有实践能力的人才迫在眉睫。这就要求教师不能再按部就班地传授知识，而是要求教师在课堂教学中具有相当强的教学实践能力，能在实践中有效地解决课堂教学中所面临的实践问题，促进学生知识的学习和能力的培养，这不仅是新课程改革对教师能力体系的要求，也是在实践中促进教师专业发展的需求。

1. 教师实践力的内涵

实践有着紧密联系的两个方面：主体和客体，亦即主体的价值与认识（理论）和改造现实的活动（行动）。另外，人的行动总是发生在一定情境中，不能脱离情境而存在。由此我们可以认为，实践是在某一情境中人类借由自身的价值与认识通过一定的行动去改造现实世界（包括客观世界与主观世界）的活动。即实践包含三个层次：实践情境、实践智慧（价值与知识）、实践行动①，如图 3－6 所示。

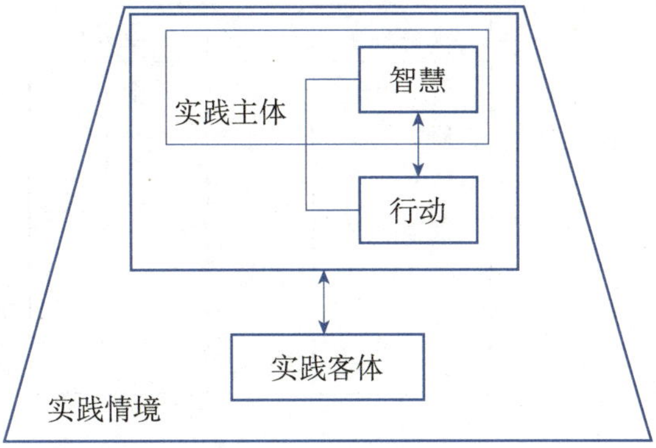

图 3－6　实践的结构层次

在教育实践活动中，教师是最为庞大的一群实践主体。教师的本职工作在于教学，对其来说最主要也最为重要的实践便是教学实践，尤其是课堂教学实践。因此，我们主要探讨教师的课堂教学实践。基于上述实践观，我们认为教师课堂教学实践是指教师作为从事课堂教学活动的主体，在充分把握教育教学规律的基础上形成体现自我教育教学观念和能力的"本质力量"，并在一定课堂教学情境中，通过合理的教育教学行动，将这种力量"对象化"为预期教育成效的过程。

教师课堂教学实践力，即教师在课堂教学情境中，基于教育教学价值追求，借助一定的教育教学理论知识，运用一定的策略性思维，通过与学生进行交往，将已有教学理论知识与经验转化为有效教学行动的能力。它包括教师对课堂教学情境的理解与分析能力、理解掌握教育教学知识并形成教师自我概念的能力和基于前二者将其转化为有效教学行动的能力。

2. 教师实践力的要素模型

关于教师实践力的要素构成，学界存在不同的意见。有学者构建了教师实践能力的六要素模型，包括教材理解力、学习分析能力、目标分析能力、教学设计能力、教学机智和教学技术能力②。也有学者基于广义教师实践力的概念，将教师实践力分解为教力、学力、心力和体力，其中教力包括表达力、执行力、领导力、引导力、联结力、冲突化解力、教学设备操作力等③。

我们一般认为，教学过程包括教学设计、教学实施、教学评价、教学反思四个环节，

① 杨小秋，曲中林．教师实践力的实证研究．哈尔滨：哈尔滨工程大学出版社，2013：34－35.
② 钱海锋．教学实践能力的构成及其对教师教育的启示．教育评论，2015（4）：77－79.
③ 杨小秋，曲中林．教师实践力的实证研究．哈尔滨：哈尔滨工程大学出版社，2013：53.

教师顺利推进完成各环节的过程即为教师教学实践力作用的过程，当然完成此过程教师应具备的能力，便是教师课堂教学实践力。因此，本节在借鉴上述两位学者关于教师实践力的要素模型的基础上，分析教学实践过程中对教师的基本素质要求，提出以下教师实践力的要素模型，如图 3－7 所示。

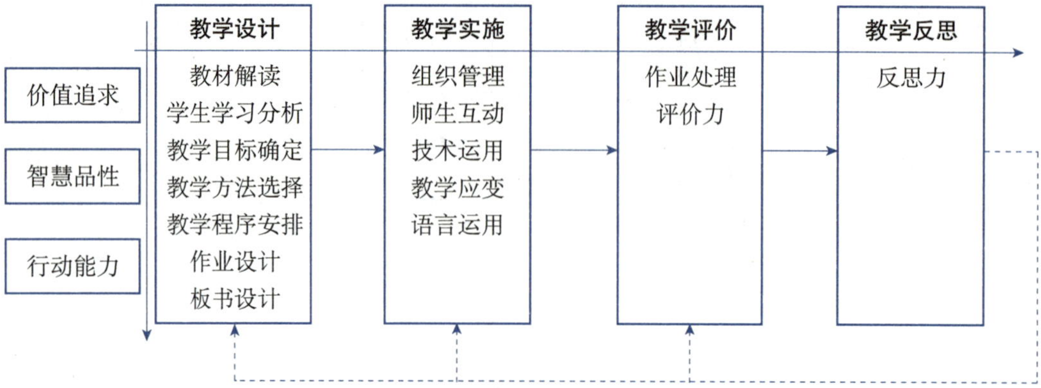

图 3－7　教师实践力要素模型

（1）在教学设计环节，教师要具备一定的教学设计能力。这一环节的活动主要包括教材解读、学生学习分析、教学目标确定、教学方法选择、教学程序安排、作业设计及板书设计等。教材解读即认识学科、课程、教学的价值，理解知识的来龙去脉与地位等，并具体分析教材。学生学习分析即依据关于学生的知识分析学生的认识水平、兴趣与需要、前概念和学生可能面临的困难等。教学目标确定即基于对课标、教材、学情的理解与分析确定教学目标及重难点。在此基础上，根据教学目的、教材和学生的特点选择合适的教学方法，并进行相应的程序安排。还应对学生作业进行设计，如课堂小练习、课后作业等，以巩固学生所学，保证教学效果。此外，板书作为教学重要手段之一，对学生学习起提示、启发、强调的作用，同样需要教师花一定心思进行设计。

（2）在教学实施环节，教师实践力主要体现在组织管理、师生互动、技术运用、教学应变以及语言应用等行动力上。首先，教师要具备一定的组织管理能力，要求教师在面对全班几十个学生时，把他们组织到课堂教学中，调动每个学生学习的积极性。其次，教师应能掌握一定的沟通表达技巧，保证良好的师生互动。此外，在信息技术发达的今天，为使课堂教学生动有趣，教师应具备一定的技术运用能力，包括板书、多媒体使用等。教学活动是人与人之间的交往活动，有很大的不确定性，常有突发问题发生。而教师在课堂上遇到突发问题时要有一定的应变能力，以化解冲突。除此之外，教师的教学语言在课堂教学中起重要作用，教师通过它与学生交流思想，沟通感情。所以，教师要有良好的教学语言运用能力。

（3）在教学评价环节，教师实践力主要包括教师对学生的作业处理能力，以及对自身及学生课堂表现的评价能力。只有对学生作业及课堂表现进行了评估，教师才能得知教学效果如何，才有调整接下来的教学内容和方式的依据。不仅如此，教师在作业处理时的反馈方式如评语等，对学生的自我学习效果评估也有一定的帮助和提示作用。有的评语表达了教师的警示与批评，有的评语则表达了教师对学生的鼓励与期待。实际上作业处理也是师生互动的一种方式，处理得好的话就既有利于学生的学，也有利于教师的教，同时还能增进师生之间的感情。因此，教师的作业处理能力和评价能力是课堂教学实践力中必不可少的一部分。

（4）在教学反思环节，教师要能对自己从备课到上课的整个教学环节进行反思，回顾、重构、分析自己及全班表现。此处教师实践力体现为反思力。

由上我们可以看到，教师课堂教学实践力体现于课堂教学实践活动，同时也在其中得到提升。

（三）实践启示：价值追求与身体力行

我们可以从上述案例里于漪老师的教学经历和经验中得到启示，其实教学实践是有层次的，因而对教师教学实践力的要求也分为三个层次：实践价值追求、实践智慧品性、实践行动能力。教师的一切行为都以有效开展教育活动为核心追求：参与教育理论的学习是为了掌握并运用教育活动的规律，深刻认识教育现象的原因和理由，理性地获得教育行动的依据，促进教育行动效果的改善；而教育行动要体现主体的教育认识水平和教育行动能力，并为新的教育认识提供动力和起点。

第一，实践价值追求是驱使教师进行教育教学实践的最终指向，指引着教师正确进行教学实践。于漪老师其实也抱有“进入教育世界就是为了改造教育现实”的潜在追求。她始终思考着“如何根据时代的要求，准确而迅速地向学生传递知识信息，灵活而有效地训练他们听、读、说、写的能力呢?”这样的问题，关注的是如何实现有效教学，改善学生的心智结构，提升他们的素质。这就是实践所追求的将自我力量对象化，进而改造客体。因此教师课堂教学实践力的第一层次，便是明确教师教学实践的价值追求。

第二，教师教学实践力第二层次体现为教师教学的智慧品性，指教师在面对教育教学问题时，能根据教育规律综合分析各方面因素，实现问题的根本解决。在案例中，于漪老师针对课堂教学问题，善于运用相关教育学和心理学原理，对其进行分析。认为“教师要善于从学生的心理特征、知识与能力的实际出发，调度教材内容，安排训练环节，有起有伏，用鲜明的节奏，促使学生大脑皮层兴奋起来，并注意合理调节，进行行之有效的诱导启发，使学生真正学到知识，发展智力”。这便是她实践智慧品性之所在。

第三，有了实践价值追求和实践智慧品性之后，教师实践的最后一个层次便是教师的行动能力。教师实践行动是教师实践力的外在表现，也是教师本质力量“对象化”的体现，它直接影响到教师实践的最终效果。这种实践行动能力既包括分析教育现象和认识与运用教育规律的能力，也包括合理选择和使用教育策略与教育手段，有效实施教育行为的能力，是教育认识与教育技能的有机综合和目的与手段的高度统一。如案例中于漪老师进行教学设计以及根据教学设计实施课堂教学的行动能力，还有她对作业设计以及教师反思能力的强调，这些都是教师在教学过程中应有所表现的实践行动能力。

（四）成长建议：路，是一步步走出来的

实践力只能在实践之中成长和娴熟，因此我们可以从教师和学校出发，从加强教师自身实践反思和学校提供一定培训机制两方面来提升教师的课堂教学实践力。

舒尔曼认为大多数教学都自某种“文本”开始：教科书，教学大纲，或教师与学生试图去理解的某份材料。他把一个典型的教学过程分为六个步骤：理解、转化、教授、评价、反思、新理解①。因此，教师可以在实施上述理解、转化、教授、评价、反思以及建构新理解的过程中提升自己的实践力：（1）理解，即理解教学目的、学科内容结构等。教师首先要充分理解自己所教学科的内容，包括对学科中概念和概念之间关系的理解。此外，教师还应理解教学的目的或目标。（2）转化，即准备、呈示、选择、调适等活动的处理过程。教师在转化过程中的主要任务是把学科知识转化为自己所教学科的具体内容，以进行现实的教学活动。在这一环节，教师要结合教学目的、学生学习情况等选择合理的教学手段与方法，以达到把教师理解的学科知识、技能等转化为学生可以接受的形态的目的。（3）教授，即课堂教学中的管理、呈示、互动等。在课堂上，教师要把自己理解并转化的学科知识与技能等教授给学生，就要有一定的管理、展现等课堂教学实施技巧。（4）评价，即在教学互动过程中、教学后检查学生的理解情况，并评价教师自己的表现。这个过程包括教师在课程教学中的检查以及课后的测试或考试，以方便教师运用适当的方法进行评价或反馈，从而了解学生对课程的理解程度，以及学生关于课程的错误观念。（5）反思，即回顾、重构、分析教师自己及全班表现。（6）新理解，即教师在经过上述教学环节之后，要自觉达到对教学目标、学科内容的新理解。

除了在上述课堂教学实践中不断自觉地积累和拓展经验，教师还可以通过观察、对比反思提升自身实践智慧，提升实践力。也就是说，教师不仅要关注自身实践，在自我课堂教学活动中锻炼实践力，还可关注学习他人课堂教学实践，多观察、多比较，在此基础上多反思，进而吸收他人优秀实践经验，充实自己。在现在的学校中，学习其他教师实践经验的途径非常丰富，如集体备课、听课评课、校本研修等。教学实践活动实际上为教师之间优秀实践经验的流动创造了机会，而教师要想提高自身实践智慧，这不失为取他山之石以攻玉的好路径。

在教师实践力的养成和娴熟过程中，教师的主观能动性固然十分重要，但学校的支持系统也必不可少。学校应为教师教学实践力的提升提供一定的支持体系，如组织培训，增加教师教育教学实践知识；校内组织教研组、备课组等进行集体备课、听评课等活动，让教师在实践中进行观摩学习。此外，学校还可建立一定的评价机制，定期对教师课堂教学实践力进行评估，并设置相应的奖惩机制，以促进教师积极主动采取措施发展自己的教学实践力。针对教师课堂教学实践力的提升，学校也可组织相应的教师培训，助力教师成长。

---

① Lee S. Shulman. Knowledge and Teaching: Foundations of the New Reform. Harvard Educational Review, 1987,(57):1-22.

路，是一步步走出来的。

四、学习力

（一）案例呈现：学习，生命存在的方式

学习，生命存在的方式

“学习，使我拥有了在职业生涯中立足与成长的精神乳泉，使我形成了从精神品位到为人风格、从知识修养到专业智慧的日臻完善、日渐强大的支持系统。但这可能不是一例个案，当‘学习化社会’伴随着知识经济时代到来的时候，有谁能够拒斥学习这一生命存在的方式呢？”唐江澎回忆起自己几十载教学经历时说道。

1979 年，高中毕业年仅 17 岁的唐江澎成了一所重点中学的民办老师。那时，他的教育对象是与他同龄的复读生，他理解的教学就是“帮助学生考高分”，用的办法主要是强记多练。他很快赢得了学生的信任，也教出了足以改变他身份的考试成绩。“但是，学识的浅薄日益在教学中显露出来，同行听课指出的‘硬伤’让人汗颜，听人家的课又惊讶于他们滔滔不绝的渊博，特别是自己的无知点一次次弥漫为学生们群体性的知识盲区时，我再也无法自满于可怜的考分了。”唐江澎说道。

“这时，全面系统地学习大学课程成了我最急切的任务。为了买到一台能接收到广播教学信号的收音机，我找遍了城里所有的商店。此后 3 年里，我早起晚睡，收听王力、袁行霈等大家名师亲自讲授的电大中文课程，终于用几十本笔记和 36 次优秀的成绩，换来了一张实在的专科文凭。”有了工资，他积久的购书欲望开始膨胀，由于把握不好量入为出的原则，财政状况常常危及衣食。就这样，他购置了《中国大百科全书》《汉语大字典》等数千册图书，订阅了 10 余种专业杂志，并整理出 3 种自用的教学资料索引，积累了 2 000 多张教学资料卡片。

边学边教，边教边学，构成了他 20 多年的生命方式。他曾自嘲，除了正规大学没上过，读过“五大”（电大、函大、夜大、刊大，加上在职进修）。但正是这种以“自学”为主要方式的学习活动，丰富了他对于学习的体验，也进而构筑了他的教学根基。在与同行、专家的交往中，大家对他教学中展现功底、点化学生的做法予以肯定。为此他谈道：“教师自我的学习经验具有十分重要的教育价值。‘学高为师’之说不仅是对知识拥有量的规定，更是对进修学业以至‘学高’的途径与方法的崇尚。教师应是学习的先行者，欲做成功的教师，先应成为成功的学习者，起码应拥有丰富的学习体验。”

唐江澎常常思考：从事专业特性极强的教师职业，我们究竟应该拥有怎样的专业生活内容和职业生活方式？怎样做，教师这一职业才能达到别的专业人员不可替代的境界？他认为，对上述问题，在理论上寻解是容易的；在实践中真正去做，就需要意识和毅力，要求自己学会研究，拥有通过反思来不断促使专业发展的意识与技术。

“要提升语文教育的境界，我需要课程论、教学论、学习论、教育评价学等教育理论的支撑，需要目及国际教育改革潮流的视野，需要搭建起教育科研方法的平台。从教十余

年后，桌上的读物变了类型，突破学科性书刊的范围，更多涉足专业性教育理论的领域。曾被鄙薄为‘你不说我还明白，你越说我越糊涂’的艰涩的理论专著，重又捧起硬着头皮来读，再多想想，这些术语、概念表述实际上是我们所熟知的哪一些情况，力图将其专业话语转译为我的经验话语。尤其高兴的是，当与学者、教授们交流时，我的鲜活的案例可以准确注解他们的‘概念’，新一层次的‘对话’从而实现。”

“在参与了大量的研究活动后，我自觉跃升到新的境界。应庆幸有了与大师、专家、学者对话和交流的机会，钱梦龙、于漪老师听课点评，誉不溢美，批及痛处；崔允漷、王建军博士更是连续跟踪；录音摄影，非得把你分析得七开八透、体无完肤不可。不必奢望专家们指点迷津，他们提供的仅仅是有关背景框架的坐标图，能回答该怎么走的还是自己。”

资料来源：唐江澎．学习，生命存在的方式．人民教育，2004（1）：42-44.

（二）理论阐述：学习能力是一项综合技能

联合国教科文组织指出：“教师是一种专门化的职业，它是为公众服务的一种形式，这要求教师必须具备专业的知识以及专门的教育技能，这些知识和技能都要通过严格的、持续不断的学习才能获得。”[①] 教育教学越来越被看作一种“学习型专业”，面对社会转型变迁、知识暴增、教育装备更新所引起的教学理念、教学目标、教学内容、教学工具、组织形式及教学方式的重大变化，教师只有不断提升自己的学习力，通过持续性、多元化的学习，才能与时俱进，紧跟时代发展步伐。

1. 教师学习

心理学相关理论认为：“学习是个体（人或动物）以自己现有的知识、技能、态度等心理结构为基础，通过与客体信息进行双向的相互作用，充实或调整自己的知识、技能和态度的过程，而这种变化会对个体以后在相关情境中的活动水平和方式产生影响。”[②] 由此定义我们可以得知关于学习的三条信息：第一，学习基础是个体现有的知识、技能和态度等心理结构；第二，学习过程是已有心理结构与客体信息的双向互动作用；第三，学习结果是个体知识、技能和态度的充实或调整，且此变化会对个体以后相关活动水平和方式产生影响。

以上是关于学习的一般定义，既适用于人也适用于动物。但人与动物的根本区别在于：人能进行自由的有意识的活动而动物不能。因此作为人类众多活动方式的一种，人的学习也应是人有目的、有意识地进行的。

对于学习过程，即主体与客体信息相互作用的过程具体如何展开，我们一般认为有三个环节。（1）产生学习动机。一定学习需要、学习情感和学习兴趣驱动主体产生去学习的意识，确定学习目标。（2）选择学习途径。在确定学习目标之后，主体便要开展一定的学

---

① L. Towsley. A Work of Justice and Progress：the Story of the UNESCO/ILO 1966 Recommendation Concerning the Status of Teachers. Educational History，1991：38.

② 陈琦，刘儒德．当代教育心理学．北京：北京师范大学出版社，2007：110-111.

习活动。通常来说，学习路径有三种：第一，直接经验的学习。即学习者自身经历了某件事情，经由反思内省，自己总结出一些经验，形成学习结果。第二，观察模仿学习。又称为“现场学习”，即在他人示范时，学习者通过观察模仿等习得相关知识、技能态度。教师在观课评课中的学习即为此类学习途径。第三，间接经验的学习。主要指来自书本、他人讲授的知识技能等的学习，学习者通过对这些内容的识记、理解、内化获得相应结果。（3）基于学习结果的反思与调整巩固。在学习者通过学习获得一定的知识、技能、态度等之后，还应对自己整个学习过程和结果进行反思评估，以进行调整巩固，如图 3-8 所示。

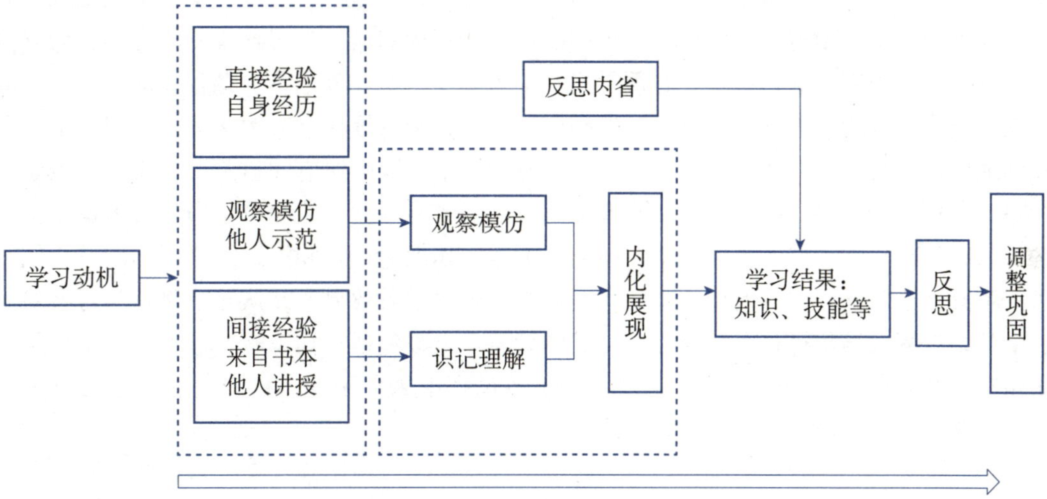

图 3-8　教师学习过程图

2. 教师学习力

在整个学习过程中，学习者主观能动性的发挥体现在学习动力、学习能力和学习毅力上。因此我们认为教师学习力就是教师顺利完成有目的的学习活动，把观念、知识、技能等资源转化为观念、知识、技能等资本的能力，包括目标力、过程方法力和意志力。教师的学习力在学习过程中发挥作用的同时也会得到提升，如图 3-9 所示。

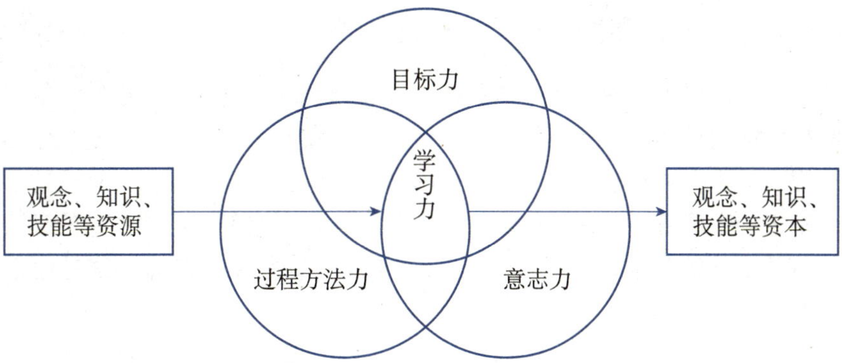

图 3-9　教师学习力结构图

（1）目标力。指教师在识别自己的学习需要（补缺/发展）、学习兴趣和学习情感等之后，基于现有的学习基础，确立一个合适的学习目标。学习目标能为学习指明方向，提供学习的动力。教师对学习的重要性认识得越深刻，对学习功能体会得就越真切，对学习目标确定得就越清楚，教师的学习就越有可能获得卓越的效果。作为力量来源和方向性要素的学习目标，决定个体学习行为的发生，为学习活动指明方向，影响着学习力的施用过程和最终效果。

（2）过程方法力。指教师在学习过程中，规划学习、获取学习资源、采取一定的学习策略的能力。规划学习是指教师在确立学习目标之后，评估目标与现有学习基础之间的差距，同时预估整个学习过程中可能遇到的困难，从而计划最佳学习路线的能力。在做好规划、确定学习内容之后，教师就必须寻找一定的学习资源，如书本、课程、活动等。这时候教师获取资源的能力就十分重要，如利用图书馆、网络等检索查阅文献，寻找其他优秀教师或专家学者进行合作学习等。在整个学习过程中，教师还应知道并会运用一定的学习策略，包括认知策略和元认知策略，保障学习活动的有效性。认知策略即学习者加工信息的方法和基础，常见的有复述策略、精加工策略（如做笔记）和组织策略（如画结构图）。这些都有助于对学习内容的记忆、储存及提取，确保学习效果。元认知策略指学习者对自己的认知过程及结果进行有效监控及控制的策略，一般包括计划策略、过程监控策略及评价策略。如教师在学习时有学习计划，在学习过程中采取一定方法对自己的学习进行评价，发现问题并及时调整。

（3）意志力。指自觉地确定学习目标并支配其行为克服困难，实现预定学习目标的能力，它是学习行为的保持因素，在学习力中是一个不可或缺的要素。学习意志力是教师的一种意志品质、心理忍耐力，是教师完成学习、工作和事业的“持久力”。意志力要素是教师学习力中的基础保障性要素，为其他两项要素提供支撑。离开了意志力要素，学习只能是昙花一现，终究无法获得成功。当教师在学习中表现出很强的意志力时，就有了“持久学习”的心理保证。

这个模型告诉我们，学习力是目标力、过程方法力和意志力三个要素的交集，只有同时具备了这三个要素，才能形成真正的学习力。

（三）实践启示：向着既定目标，矢志不移

从上述案例我们可以发现，高中毕业就踏入教师行业的唐江澎，之所以能在教育教学道路上不断探索前进，是因为他把学习当作他生命存在的方式，持续不断地学习、自我更新，展现出强大的生命力与学习力。分析他的学习经历我们可以看到，首先他有着强烈的学习需求和坚定的学习目标，这是他学习的内驱力；其次他善于运用一定的学习方法或策略，这是他有效学习的基础；最后他有着几十年如一日坚韧的毅力，这是他不断学习的保障。

强烈的学习需求和坚定的学习目标产生学习动力。案例中，唐江澎之所以有动力开始学习，一方面是因为有着强烈的现实学习需求，即他的学识不足以应对教学需要。“学识的浅薄日益在教学中显露出来，同行听课指出的‘硬伤’让人汗颜，听人家的课又惊讶于

他们滔滔不绝的渊博，特别是自己的无知点一次次弥漫为学生们群体性的知识盲区时，我再也无法自满于可怜的考分了。”另一方面是因为他有着坚定的学习目标。“提升语文教育的境界”是他的一个学习目标，学习目标为他指明了学习的方向，他依据这样的目标确定了自己的学习方向与内容。“我需要课程论、教学论、学习论、教育评价学等教育理论的支撑，需要目及国际教育改革潮流的视野，需要搭建起教育科研方法的平台。”他说道。

坚实的能力提供学习基础。准确识别自己的学习需求，确定学习目标与内容之后，唐江澎便开始着手学习。案例中，唐江澎是一个善于通过多种途径、各种方法进行学习的人，模仿观摩、阅读听讲、自我反思，种种学习途径都被他利用起来。如最开始在学校中的教学观摩，学习同行；自己寻找资源，通过收听名家广播完成电大中文课程；买书自行阅读，“购置了《中国大百科全书》《汉语大字典》等数千册图书，订阅了10余种专业杂志，并整理出3种自用的教学资料索引，积累了2 000多张教学资料卡片”；在实践中通过自我反思掌握一定的知识与技术，“在参与了大量的研究活动后，我自觉跃升到新的境界”“在实践中真正去做，就需要意识和毅力，要求自己学会研究，拥有通过反思来不断促使专业发展的意识与技术”。学习方法与技术的娴熟运用是他强大的学习能力基础，保证了他学习的有效性。

坚韧的毅力保证学习持续。案例中，唐江澎无疑是一个拥有着强大学习意志力的人，这使得他能够在繁忙的工作中找到时间付出精力坚持完成每一项学习任务，达到学习目标。“边学边教，边教边学，构成了他20多年的生命方式。”最开始听广播中文课程，“此后3年里，我早起晚睡，收听王力、袁行霈等大家名师亲自讲授的电大中文课程，终于用几十本笔记和36次优秀的成绩，换来了一张实在的专科文凭”。正是这样的学习意志力，让他不断学习，不断前进。

（四）成长建议：问渠那得清如许？为有源头活水来

教师学习力的提升可以从以下三方面进行。

1. 学会激发学习动力，制定发展规划

学习动力推动学习行为的发生并直接影响学习者的学习态度和学习结果。一般来说，人的成长发展通常包括以下几种动力：生存动力、目标动力、竞争动力和组织激励及社会压力等。这些动力对于人的成长与发展是十分必要的。因此教师要学会识别自己的学习需求，激发自己的学习动力，从而获得学习与发展的力量。在有了学习内驱力之后，教师最好进一步明确自己的学习目标，制定发展规划。在职业发展规划的框架下制定近期与远期目标，尤其是根据近期目标制订详细的学习计划更加有利于指导教师的有效学习。每个人的工作方式、业余时间等都不同，教师要在分析自己个性特点、优势与不足的情况下把握学习的重点。制订学习计划要注意以下几个方面：（1）目标要适宜，既不要好高骛远，也不能妄自菲薄；对自己的学习动力、原有的经验水平、需要等有较为全面的了解和透彻的分析，努力做到心中有数。（2）合理有效地安排时间。将学习、工作、生活及休闲娱乐的时间及内容安排妥当，争取在最佳的时间做最重要的事以提高学习和工作的效率。（3）严格执行已制订的学习计划，在必要的情况下可作适当调整，但不宜频繁更改，更不能有计

划而无实际行动。

2. 学会精选学习内容，选择个性学习方法

要提高学习的有效性，教师有必要根据自己的学习目标与学习需求选择学习内容。教师的工作是有明确时间规律的，在学习时可据此制定具体的学习任务，如本学期重点学习什么内容；还可以根据研究的课题或遇到的问题确定学习任务，如最近要参与一项教学观摩活动，可针对如何有效听课、评课进行相关的学习。这种有明确目标的学习使学习者更可能对学习内容进行深入研究，反复咀嚼，领会其中的深刻内涵，并在一定程度上避免学习过程中的“浮光掠影”“学后没有效果”的问题。另外，教师要根据自己的学习风格选择适宜的学习方法，实现学习个性化。符合个性的学习方式意味着教师要根据自己的个性倾向和个性心理特征，选择对自己最有效的学习方法。有的教师喜欢读书学习，而有的教师喜欢听专家讲座学习，也有的教师喜欢与同伴交流学习；读书学习时有的教师喜欢将自己认同或能产生碰撞的观点及时记录下来，而有的教师喜欢在书上圈圈点点。无论哪种学习方式、方法，只要适合自己，能促进自身专业发展，就都是值得提倡的。

3. 拓展学习途径，养成良好学习习惯

一方面，对教师来说学习途径很多，如在实践中学习、向其他教师学习、参加教师培训、阅读书籍、听讲座等，教师应善于抓住各种学习机会，积极参与学习。当前，教育主管部门对教师的教育培训达到了空前高涨的程度，从校本培训到市级、省级、国家级的各学科培训都非常多。只要教师怀着提高与发展的心态，抱着虚心的态度去学习，在任何活动中都可以学习到有用的东西。途径多样意味着教师不仅要向书本学习、向专家学习、向同行学习，更应该到实践中学、到工作中学，这样更有利于知识与技能的提高。另一方面，养成良好习惯有利于教师进行长期学习，实现持续自我更新。学习能力不是靠“三天打鱼，两天晒网”就能够培养的，它需要教师持之以恒。为了加强学习动力，提升学习成效，教师应养成一些良好的学习习惯，如热爱并主动学习，利用多种渠道、多种学习机会学习，以及养成“读、思、写、做”的习惯等。

“问渠那得清如许？为有源头活水来。”

小　结

本章从案例入手展开具体内容，即教师的专业知识与专业能力。教师的专业知识既是教师职业区别于其他职业的理论体系和知识经验，又是教师专业素质的基础。它包括学生知识、内容知识、过程知识、背景知识四个方面。教师的专业能力则包括反思力、合作力、实践力和学习力。教师具备这两大方面的素养，不仅需要持之以恒的日积月累，更需要会当凌绝顶，一览众山小的意识和认识。

第四章 沧浪之水清兮，可以濯我缨：教师的自我成长与人格完善

内容提要

本章从案例出发，围绕教师的自我成长与人格完善加以论述。教师的自我成长包括的主要内容有自我意识、自我管理、自我激励、情绪管理等。教师人格完善的着眼点则涵盖态度负责、热情激励、耐心自制、富有爱心以及纯正价值观等五个方面。

“学高为师，身正为范”，是对教师职业特征及专业特征的概括，也是对现代教师人格塑造的要求。

教师的自我成长与人格完善，是教师素质的综合体现。教师个体的心理成长与发展、教师个体的人格魅力，作为一种特殊的教育力，以其智慧理性的自觉、道德情怀的高尚、情感体验的丰富、意志品格的坚韧、对美的执着追求，使教育真正成为人的教育。

第一节 教师的自我成长

教师的成长，是内外因交互作用的复杂系统性过程，其中内因起决定性作用，包括自我意识、自我管理、自我激励、情绪管理等能力和素养。

一、自我意识

（一）案例呈现：只想用一辈子办好一所学校

只想用一辈子办好一所学校

干净清雅，书香自华，上海市虹口区第四中心小学广受家长追捧。陈珏玉大学一毕业就走进这所当时新建的学校，从教师、教务主任再到校长，用一辈子去办好一所学校。她认为：办教育如跑马拉松，不疾不徐、衔接超越，才能走得长远。

陈珏玉 1989 年到虹口区第四中心小学开始自己的教师生涯，到 2013 年被评为特级校长，历时 24 年。成为一名社会知名度高、专业得到认可的名校长的历程，她身上体现出典型的优秀教师的人格特征：强烈的自我意识激发内生性发展动力。

很多校长“满天飞”地奔忙，陈珏玉的心思却始终以课堂为中心——35 分钟一堂课，是学生成长的舞台、教师专业发展的平台，也是校长的永久舞台。

1998 年，为打破“满堂灌”，她要求教师在课堂上预留两段时间让学生讨论。很多老师不理解：学生的观点能有多大价值？如果讨论流于形式，岂非浪费时间？全校先后开了 150 多堂“研究课”，引导老师摸索。以前语文课上讲生字很沉闷，一位老师试点让学生自学、讨论：“每个人的理解不同，课堂上观点交锋，气氛一下子活跃了。”

“很多校长搞改革不触动课堂，因为这是深水区，多半吃力不讨好。阻力大、周期长、见效慢。去报奖，这种最底层的改革又离热点很远，顶多是个三等奖。”但陈校长不失落：“多年坚持课堂改革，教师专业成长、学生受益、办学质量不断攀升。学生和家长喜欢我们学校和老师，在这个功利化的社会中，还能享受一份职业尊荣，比一等奖更宝贵。”

有一次，一堂语文公开课上，一名学生从音乐角度的提问，使课堂偏离了原本设计的航向。陈校长没有批评反而反思：不同学科各自为政，但有很多知识交叉重叠，不利于融会贯通地学习。于是，当年学校就有了这样的立项课题——研究不同学科之间的“协同教学”，帮助学生减负增效。

与许多学校的教科研紧跟热点、两三年结题、评奖后束之高阁不同，这个课题一做就是十几年。各科老师融合教学，四年级语文课本中《律师林肯》所提及的“上弦月”与科技课中的“月相”知识点整合；围绕“菊花”主题，学生画完再写作文，一举两得；思想品德课要讲“团结力量大”，体育课老师推出“手指抬人”游戏……学生的知识结构，也从单门学科“平行线”逐渐变成网状。

“我的最终目标，是将所有课程和课内外活动整合，提供一种全方位滋养学生身心的大课程。我还有几年退休，估计到那时可以结题。”

陈珏玉一直“未挪窝”，也因机缘巧合。婚后家住卢湾，上班路远，差点调到卢湾；这些年，陆续有学校和民办机构高薪聘请，但“我把一生中最美好的时光都给了这所学校，这里留下了我的青春，也成就着我的办学梦想。我舍不得离开”。为安心，她最终把爱人也“拖”到虹口工作。

每三年，学校都要制定新一轮发展规划。有些学校办学口号三年一变，以图跨越式发展；有些学校校长更迭，规划另起炉灶……陈珏玉坚守虹口第四中心小学，参与制定了7轮规划。刚建校时，从“规范办学”入手；20世纪90年代，目标升格为办一流“示范校”；进入新世纪，又重点推进学生综合素质全面发展；当前，内涵发展、创建办学特色，又成为她和学校的新追求。

7个三年，很多“不变”：始终关注学生自主学习与身心和谐不变，始终关注教师岗位成才不变。最大的变化，是“以人为本”理念日益深入，学生成长的平台日益丰富。“办好一所学校，必须耐得住寂寞，认定一个方向踏实努力。这么多年，无论社会上的教育风潮如何变化，我们从不跟风。”

资料来源：李爱铭．只想用一辈子办好一所学校．虹口报，2012-05-17.

（二）理论阐述：自我意识

意识是人脑对客观现实的反映，它可以分为自我意识和对周围事物的意识。马克思曾经指出：“意识在任何时候都只能是被意识到了的存在。”这个被意识到了的存在，包括自身的存在、客观世界的存在，以及自身同客观世界的复杂关系。人不仅能意识到周围事物的存在，而且能意识到自己的存在。能意识到自己在感知、思考和体验，也能意识到自己有什么目的、计划和行动，以及为什么要这样做而不那样做，这样做的后果将是怎样，应如何调节自己的行动等，这就是人的自我意识。

自我意识对自己身心活动的觉察，即自己对自己的认识，具体包括认识自己的生理状况、心理特征（如兴趣、能力、气质、性格等）以及自己与他人的关系（如自己与周围人们相处的关系、自己在集体中的位置与作用等）。

自我意识具有意识性、社会性、能动性、同一性等特点。自我意识由自我认知、自我体验和自我调节（或自我控制）三个子系统构成。自我意识的形成原理包括：正确的自我认知、客观的自我评价、积极的自我提升和关注自我成长。在人生不同的发展阶段，自我意识的形成各有特点。

（三）实践启示：教师“自我成长”三阶梯

从案例中可以发现，陈珏玉作为教师和校长的自我意识具有三个层次：

第一层次表现为自主性与独立性。具体表现在学校发展规划与科研课题方面，坚持独立自主不跟风：每三年，学校都要制定新一轮发展规划。有些学校办学口号三年一变，以图跨越式发展；有些学校校长更迭，规划另起炉灶……陈珏玉坚守虹口区第四中心小学，参与制定了7轮规划，始终坚持不断传承、“小步”前进。7个三年，很多“不变”：始终关注学生自主学习与身心和谐不变，始终关注教师岗位成才不变。最大的变化，是“以人为本”理念日益深入，学生成长的平台日益丰富。“办好一所学校，必须耐得住寂寞，认定一个方向踏实努力。这么多年，无论社会上的教育风潮如何变化，我们从不跟风。”

第二层次表现为在立足课堂的自主改革中，陈珏玉的专业能力不断提升，获得了更协调的“自我概念”。为打破“满堂灌”的课堂常规，陈珏玉在全校推行教改，要求教师在课堂上预留两段时间让学生讨论。一开始很多老师不理解，但她引导全校先后开设多堂“研究课”，带领和帮助老师摸索，在共同进步的过程中，先进经验得以顺利推广，陈珏玉赢得师生的认同。

“很多校长搞改革不触动课堂，因为这是深水区，多半吃力不讨好。阻力大、周期长、见效慢。去报奖，这种最底层的改革又离热点很远，顶多是个三等奖。”但陈珏玉不失落：多年坚持课堂改革，教师专业成长、学生受益、办学质量不断攀升。在她看来，奖项不重要，只要学生好学、学好，就够了。

第三层次表现为强烈的自我意识支撑，最终达到“自我实现”的最高境界。教育是一个缓慢而优雅的过程，一个教育政策或者项目的实践，要等很长的时间才能看到其效果，学校的教育实践也是如此。30年来，大学一毕业就走进这所当时新建的学校，从教师、教务主任再到校长，陈珏玉始终与虹口区第四中心小学相伴成长，“希望做到退休”。陈珏玉的职业目标指向非功利化：“在这个功利化的社会中，还能享受一份职业尊荣，比一等奖更宝贵。”创造与享受教育的职业尊严与体面感，体现出高度的身份认同感。

强烈的自我意识和内生发展动力、高度的职业忠诚度，使得陈珏玉长期扎根教育实践，并表现出极大的创造性。陈珏玉的职业成就动机，源于清晰的自我意识：用一辈子去办一所学校，“把一生中最美好的时光都给了这所学校，这里留下了我的青春，也成就着我的办学梦想”，从一而终、淡定坚守，体现出一名优秀校长忠诚于教育的情怀。

从师范院校毕业到成为一名专家型教师、校长，这一漫长的成长过程，是其敬业精神形成并发挥作用的过程；是其教育教学素质不断提高的过程；是一个不断实践、创新的过程；是不断自我调节、自我实现、自我超越的过程。其中“自我实现”的需要是最核心的内驱力，职业成就感是维持发展动力的重要因素，关键事件或关键个人等因素还会对个体发展造成偶然性影响。这意味着，教师成长与其说是外力“培养”的结果，不如说是教师个体内在“成长”的过程。

（四）成长建议：自我意识如何激发

综上所述，在教师成长过程中，可以以外在机制激活教师发展的内生动力，激活教师的“自我意识”。

在个体职业发展生涯中，会有一些特殊的人或者事件，成为自己的职业发展榜样、触发自己强烈的职业情感、激发自己的自我发展动力等，这些人和事件被称为专家型教师成长过程中的“关键他人”或“关键事件”。

上海每年的新班主任入职仪式，都会邀请全国教书育人楷模于漪等名师进行宣讲。于老师“一辈子教学、一辈子学教育”的人生追求、“教师职业一肩挑着孩子的现在，一肩挑着祖国的未来”的职业情感等，激发了一代又一代新手教师对教育事业的认同感和忠诚度，他们以于漪老师为榜样献身教育，不断追求卓越，终成大器。新教师入职的这项政策制度设计，使得于漪等一批德艺双馨的专家型教师成为上海教师群体的“关键他人”，激励教师以专家型教师为目标向前迈进。

此外，不少教师在自我提升的过程中，会受到某件事情的正向激励，如第一次公开课获得好评、第一次科研论文获奖、获得区级市级学习培训机会、获得优秀园丁等荣誉称号等。外在的专业荣誉或者发展机会，往往让教师获得一种被机制认可的成就感，并激活教师内在的专业发展追求。因此，政策层面的教师荣誉制度、专业交流制度、高端培训制度等，会为教师个体创造职业发展过程中的“关键事件”，助推教师向更高阶段、更高目标成长。

二、自我管理

（一）案例呈现：学生跨度从“70后”到“90后”，特级教师与学生相伴成长

让大批学生迷上了数学

“德艺双馨”的特级教师群体一直被视为教师的典范。市北高中数学特级教师金荣生不仅培养出了奥赛金牌学生、丘成桐数学奖一等奖获得者，还让大批学生迷上了数学；拥有深得“民心”的教育方法——学生跨度从“70后”到“90后”，金荣生当班主任一直广受好评；更拥有一份从容与淡定——年届不惑的他，以不变的坚守，诠释着新时代为人师表的“幸福生活”。

别在学生面前“装权威”

从教20年，金荣生培养出了很多奥数金牌选手和高考成绩优异者，教学上堪称权威。但他却认为，做班主任，要想德育入心，秘诀恰恰是“别在学生面前装权威”。

1992年，金荣生从温州师范学院数学系本科毕业，留校教授“中学数学教材教法”和“竞赛数学”。与他年龄相仿的“70后”学生很喜欢他的课，不少学生毕业后担任中学教师，教出了奥赛金牌弟子。这让金荣生也跃跃欲试：“我能不能也带出一批这样的学生？”6年后，金荣生“下水”到温州中学教高中，他带教的“80后”学生，不少入选国家奥数集训队并夺得金牌。2007年，金荣生来到上海市北中学，担任首届“创新班”班主任。虽然入校时成绩居中游，但毕业时，这群“90后”学生中不仅出现了奥赛金牌得

主、数学论文获奖者，也不乏作文大赛获奖者、英语演讲获奖者。

从教20年，学生从“70后”跨越到“90后”，金荣生的数学课征服了很多学生，但他自己却从不在学生面前以“权威”自居。“时代在变、学生在变。以前，教师是知识的化身，具有很高的权威。进入现代信息社会后，很多方面学生甚至超过老师，老师再‘装’，板起面孔拉开距离，学生哪能服气？”

不少老师抱怨，“90后”学生个性十足，难以管教。金荣生却用一次游戏比赛，拉近了和学生的距离。他发现，班上不少同学为了逃避学习压力，沉迷于网络游戏，他索性专门组织了一场班级游戏比赛。“足球、炸弹超人……很多学生玩的游戏我闻所未闻”，他自己上阵，与2个学生对垒一个小时。最终败北后，金荣生当场对学生表示佩服：“你们在游戏方面高超的技艺，老师难望项背。其实，你们每个人身上都有专长，虽然很多技巧高考并不考，但这并不意味着没有用，将来到社会上工作创业，肯定有用武之地。”这份宽容、理解，让很多学生感觉知心。金老师又因势利导：“游戏玩得好算你有本事，但好好学习将来考进大学，去开发游戏让别人玩，那才是真本事！”他的鼓励，增强了不少学生的自信。

与亿万富翁比幸福

“好学生不都是教出来的”——金荣生说，选优材而育之固然会成绩斐然，但发现学生的特长并因势利导，才是教育的根本，并让老师更有成就感。今年刚毕业的学生陈波宇，高一时数学成绩并不突出，但家访时金荣生发现他与众不同：从初中时就开始看大学数学系学生才选读的《几何原本》《九章算术》等书。“别人都花很多时间做习题，他却读‘枯燥’的原典，不是为了提高成绩，是真心对数学着迷。”金老师大有知音之感，不仅在课堂上与小陈互动交流，甚至在课后向他请教问题。在金荣生的精心栽培下，陈波宇考上了哈工大，他的论文今年还获得了丘成桐数学奖一等奖。

弟子青出于蓝，金荣生比自己得奖还高兴。教学相长、桃李成材，这就是做教师的幸福。“都说温州人有商业头脑，我的高中同学，有人做生意、炒股票，已成为亿万富翁。”同学常常聚会，相形之下，金老师心态却很淡定：“赚钱的快乐，对个人来说是享受人生乐趣、对社会来说是创造了价值。这些快乐，我都已得到。我衣食无忧、生活安定，看着一届届学生成才，相比之下，我的幸福指数一点也不比他们低！”

资料来源：李爱铭．让大批学生迷上了数学．(2011-09-13)［2020-03-03］．http://news.zxxk.com/article/148778.html.

（二）理论阐述：自我管理

自我管理是自我控制、自我调节等的更为高级的形式，是内隐自我和外显自我对内部认知与外显行为所进行的综合调节，具有现代性、主体性、系统性和道德性等特征。

从社会发展来看，“自我管理”本身是一个现代性概念。现代化是人的现代化、社会现代化和管理现代化的系统工程，即自我管理与人的现代化、社会现代化、管理现代化是有机联系的整体。现代化使自我管理的突显和发展既成为必要，也成为可能。

从心理学发展来看，心理学界对“热认知”的研究和对情绪的重视，从一个侧面给予我们启示或支持，自我调节或控制的概念应与时俱进，纳入动机和情感内容的自我管理更切合外在时代的内涵和自身发展的内在规律。因此，动机和情感问题是自我管理研究特别关切的内容。

从心理学实践来看，自我管理的提出也是解决实际问题的需要。首先，心理和行为的改变有时要求当事人重塑自己原来的行为习惯或生活风格，仅仅依靠外部的干预和控制，往往会给当事人带来心理上的不快甚至对抗。其次，不少心理问题具有内隐的特征，即与当事人的自我反应、思考、想象、幻想、计划等密不可分，干预者难以直接观察，无法准确把握，而只能通过当事人自己如实的报告、描述来间接地了解与判断。这些都需要个体的自我参与和管理并充分发挥自我的主体作用。因此，行为改善、自我（特别是内隐自我）参与也应是自我管理研究的关切对象。

从德性发展来看，个体道德的生成与演进离不开人的理性精神的自我管理（自律）。一定的道德规范能否成为人们的行为准则并被人们的实践所遵从，在很大程度上既取决于道德活动主体对道德原则的理性认同，也取决于道德活动主体精神上严格的自我管理。而为了满足自我与他人的存在和发展的需要而进行的自我管理也具有道德属性。正是由于道德与自我管理之间有这样的互属性和互融性，道德行为自我管理研究才具有重要的理论立意和实践价值。

从教育实践来看，新课改要求“完善学习方式”“培养积极的情感”。自我管理应是有价值的重要选项，研究学习者的心理环节、基本条件、支持环境等有助于提高其自我发展能力、改善其学习效果。

自我管理是人类理性之花，是文明发展之源，深入探讨个体、群体、社会的自我管理机制，特别是伦理道德方面的自我管理机制，既是一个迫切的现实问题，也是一个永恒的历史问题①。

（三）实践启示：名师的自我管理

对教师而言，自我完善与发展水平与其自我管理能力密不可分。

教师的自我管理，首先要直面时代的变化。时代变迁给师生双方都会带来巨大的变化。如案例中所述，金荣生从教 20 年，学生从“70 后”跨越到“90 后”，时代在变、学生在变：以前，教师是知识的化身，具有很高的权威。进入现代信息社会后，很多方面学生甚至超过老师，老师再“装”，板起面孔拉开距离，学生哪能服气？不少老师抱怨，“90 后”学生个性十足，难以管教。金荣生却不仅有自我心理调适——不装权威，而且有应对策略——用游戏比赛拉近和学生的距离。他带教出了很多奥赛金牌选手和高考成绩优异者，教学上堪称权威。但他做班主任、德育入心，秘诀恰恰是“别在学生面前装权威”。利用“同理心”，金老师组织游戏比赛与学生“打成一片”，宽容、理解，

① 唐芳贵，岑国桢．自我管理研究回顾与前瞻：心理学的视角．湖南师范大学社会科学学报，2012（4）：141-144.

与学生建立亲密关系。而自己游戏败北后，勇于当场对学生表示佩服并因势利导，鼓励学生自信。

“与亿万富翁比幸福”，从金荣生老师身上可以看出，教师的自我管理还体现为纯正的动机与情感、用高尚的道德引领专业发展。教师的职业成就感，是教师自我管理、自我实现的重要心理支撑。金老师的价值观很纯正：首先人才观实事求是，好学生不都是教出来的——选优材而育之固然会成绩斐然，但发现学生的特长并因势利导，才是教育的根本，并让老师更有成就感。中等生陈波宇被他慧眼发现、精心栽培最终考上了哈工大，他的论文获得了丘成桐数学奖一等奖。弟子青出于蓝，金荣生比自己得奖还高兴。教学相长、桃李成材，这就是做教师的幸福。其次职业观认同度高，教师职业让他衣食无忧、生活安定，对个人来说是享受人生乐趣，对社会来说是创造价值。看着一届届学生成才，金荣生职业与人生的幸福指数一点也不比亿万富翁们低。

从金荣生老师身上还可以看出，教师的自我管理还可以有机落实在教育实践中。新课改要求“完善学习方式”“培养积极的情感”等，自我管理成为有价值的重要选项。金老师精心研究学生心理，数学课不讲枯燥的计算，不机械式刷题，而是讲数学史、数学家、数学之美丽，慷慨意气让学生入迷。创办数学杂志，学生试水撰写的数学论文，其中 2 篇发表在核心期刊上，让学生彻底爱上数学。有了爱数学的原动力激发，学生的成绩水到渠成。同时，尊重学生的主体地位，课上让学生“唱主角”，将数学知识和技能与生活实际紧密联系，让学生自己主动去探索，培养学生独立思考和解决问题的能力，从而帮助学生提高自我发展能力、改善学习效果。

（四）成长建议：教师自我管理策略演进

教师的思维方式、教学方式与时俱进，这是自我管理与成长的基本前提。在信息时代，知识的传授方式从纵向转向横向，教师、家长不再是知识与技能的权威，教师的职业地位和角色受到较大的挑战，教师的育德能力、教学能力等都需要持续更新、与时俱进。对于教师的成长而言，直面变化的世界、以变应变，与学生共同成长，将成为职业发展与自我成长、自我管理的新常态。

高尚的职业道德，激发教师自我管理的成就动机。教师是育人的职业，育人的特点，是用师德去唤醒生德、用高尚的道德情操去引领学生的道德发展。教师的自我管理，需要端正自己的职业动机，以育人为乐。同时，在日常从业中，师德润物无声，在潜移默化中改变与引领学生。

“德艺双馨”是对优秀教师群体的要求。教师的自我管理，还需要精益求精，不断完善自己的教学策略，完善学习方式，培养学生积极的情感；减少教育教学过程中急功近利的做法，尊重学生的学习主体性、激发与保持学生的学习兴趣，以人文的从容与厚度，让教育回归到育人本原。

三、自我激励

（一）案例呈现：悉心培养“大国工匠”

杨浦职校：以工匠精神打造“工匠摇篮”

2017 年 10 月 19 日，在阿布扎比举行的第 44 届世界技能大赛颁奖典礼上，当杨浦职校的杨山巍身披国旗戴上金牌，校长卞建鸿欣慰又自豪——学校培养出的选手终于登上了世界最高领奖台。过去十年，这位心脏做过手术的校长忙得很少休息甚至经常熬夜，他把学校发展当作人生事业在拼，将这所曾经没有一个重点专业的中职学校，发展成为如今名副其实的“工匠摇篮”。

破棚棚里走出金牌专业

其实，杨山巍已经是世技赛赛场上的第三位杨浦职校选手，他的校友申鑫和罗良分别在第 42 届和第 43 届大赛中获得车身修理项目的优胜奖和银牌。而实际上，从优胜奖到冠军的过程，也是杨浦职校发生翻天覆地变化的过程。人们很难想象，今天这个抢手的金牌汽车专业曾经一度可谓惨淡。

十年前，卞建鸿接舵时面临的局面是，这所全国首批国家级重点职校竟然没有一个拿得出手的重点专业，杨浦职校由 7 所学校合并而成，专业有的重复，有的严重落后于市场。例如，当时的汽车专业一个方向是美容美饰，说白了就是洗车、贴膜、打蜡、抛光。“这有什么技术含量?! 可是我们的学生得学三年!”卞建鸿感到，专业调整迫在眉睫。他带队去一家家 4S 店调研，对同类学校进行专业比对，发现汽车维修最缺钣金工，汽车碰擦常见，车身修复需求非常大，但同类专业却几乎没有，他找到了一条专业发展的“新路”。

可本土师资难以支撑转型，卞建鸿就去找企业谈合作。2010 年，杨浦职校以 300 万元的价格采购了一套卡尔拉得车身修复设备。在一个专业上花这么大的投入，卞建鸿不是没有压力，但他很清楚，除了设备，他看中的是这家世界一流车身修复企业的技术。通过这次校企合作，卡尔拉得将中国华东区的培训点设在了杨浦职校，企业的技术真正进了校园。

通过与卡尔拉得和上汽等企业合作，学校打破了专业发展的困境——曾经破棚棚里的两部破车子是唯一的“实训设备”，而现在学生可以在整齐规范的工位上用最先进的设备学习技能；教师实力单薄，通过引进专家传、帮、带，现在也可以在世技赛技术团队中占据一席；以赛促教，世界技能大赛的技术点成为教学模块，世界技术的标准成为教学培养的目标。今天，杨浦职校车身修复专业已发展成为上海市示范性品牌建设专业、教育部批准的全国交通运输类示范专业点和第二批现代学徒制试点专业，培养出的毕业生供不应求。

“吃了药接着干，我们看着都心疼”

“很多事，简单当作一份工作，可能也就混过去了，可是当作一份事业，那就不一样了。”卞校长为了这份教育事业的拼劲，老师们看在眼里，很受鼓舞。这几年，学校师生参加国内国际大小比赛无数，凡是备赛阶段，白天卞建鸿在校处理事务，下班必到训练场，一边跟着学专业，一边关心选手动向，训练到几点他待到几点。他的心脏药就夹在手机壳里，可有时候连饭都顾不上吃，更顾不上吃药。

杨山巍出发前两天，卞建鸿起码有 30 多个小时没有合眼。世技赛组委会再次修改试题，卞建鸿和专家、教练立即制定应对方案，加急训练持续到凌晨三点半。原本心脏就不好，那天卞建鸿还感冒了，他吞了几颗药继续镇守现场，第二天上午还亲自帮杨山巍打包工具，送去机场。那几天他的身体状况很差，老师们在会上发现，卞校长的衬衣后背汗湿了一片，“看到卞校长吃了药接着干，我们都心疼”。

“这份事业不到终点站，就得继续干。”尽管目前学校已经形成现代汽车、旅游烹饪和创意设计三个专业群，但卞建鸿深知，教师发展还有许多工作要做，“我们现在‘劳模型’教师很多，但‘学术型’的几乎没有，还没有一个特级教师，接下来要重点为教师个人发展营造氛围。教师结构合理了，学校发展才真的好了”。

资料来源：上海市人民政府. 杨浦职校：以工匠精神打造“工匠摇篮”.（2017-11-08）[2020-03-03]. http://www.shanghai.gov.cn/nw2/nw2314/nw2315/nw15343/u2/aw1266456.html?fcbaaiekfkngdiek.

（二）理论阐述：自我激励

自我激励机制是激励主体与激励客体为同一个体的情况，指激励主体根据组织设定的目标，通过引导、领导等方式进行自我管理从而达到预定目标的一套规范化、固定化的思路、策略及方法①。自我激励是自我管理中的关键一环。从人性需求的角度上看，美国著名心理学家威廉·詹姆士说：“人类本质中最殷切的需求是渴望被肯定。”习近平总书记在全面深化改革领导小组第十次会议上首次提出“获得感”。无论是“被肯定”还是“获得感”，都是自我激励从思考雏形到付诸行动的原动力②。

自我激励与激励、激励机制等概念紧密相关。激励，就其心理学的意义来说是指激发人动机的心理过程；就其管理学的意义来说则是指管理者根据组织的战略目标，对成员的行为进行强化，采取领导、引导的方式鼓励组织成员自我管理，使其行为加速达到组织预定目标的心理过程。激励的要素包括激励主体、激励客体、激励物和激励方法。其中，激励物可以是物质或非物质因素；激励方法是指激励主体利用激励物对激励客体实施激励的方式、方法。激励机制是指在组织系统中，激励主体系统地运用多种激励方法并使之规范化、相对固定化，而与激励客体相互作用、相互制约的结构、方式、关系及演变规律的总和。激励机制包括个人的需求、行动成效、报酬、满足和个人努力、组织评价等因素。

（三）实践启示：办学从低谷到登顶国际

教师的自我成长，离不开强大的内在动力，自我激励是教师自我发展的重要内在动力

① 赵琳．论教师专业发展自我激励机制研究．继续教育研究，2015（3）：58-60.

② 王菲．自我激励教育问题研究．长春：吉林大学，2016.

之一。

由卞建鸿的成长案例可见，教师自我激励的第一层次是要把自己当作一个主观能动者。顺境有助于教师的成长，但对很多优秀教师而言，逆境与困难反而更是激励其自我成长的良好契机。卞校长上任时，面临着职业教育社会地位低、不被认可的客观挑战。杨浦职校由 7 所学校合并而成，硬件薄弱——汽车专业破棚棚里的两部破车子是唯一的“实训设备”；专业调整迫在眉睫——专业重复、严重落后于市场，作为全国首批国家级重点职校，没有一个拿得出手的重点专业；本土师资难以支撑转型……卞建鸿充分发挥自己的主观能动性以扭转局面：带队去一家家 4S 店调研，找到专业发展的新路；去企业谈合作，将卡尔拉得华东区的培训点引进学校，顶住压力斥巨资采购车身修复设备，引进世界一流车身修复技术。卞建鸿的主动作为，引领学校一步步打破了专业发展的困境，使学校发生了翻天覆地的变化，自己也登上了职业发展的高峰。

教师自我激励的第二层次是自我决定感。自我决定感是内在动机的中心成分，内在动机激发的活动过程中总是伴随着兴趣、兴奋、快乐与惊讶等情感体验。当个体认为行为起源于自身的需要、兴趣、情感和欲望时，内部动机就会激发个体的行为，使人们努力迎接挑战，并且从中体验到满足感和成就感。卞建鸿没有把办学校简单当作一份工作混过去，而是当作一份事业去打拼。师生参加国内国际大小比赛，备赛阶段他白天上班，下班必到训练场，一边跟着学专业，一边关心选手动向，全程陪同，心脏药就夹在手机壳里，可有时候连饭都顾不上吃，更顾不上吃药。学校教师参加世界技能大赛前，他有 30 多个小时没合眼，组委会修改试题，他和专家、教练立即制定应对方案，加急训练持续到凌晨三点半。看到卞校长吃了药接着干，师生们都心疼。卞建鸿的自我决定感、全身心投入感，不仅发挥了强大的自我激励作用，而且激励和鼓舞了全校师生的发展。

教师自我激励的第三层次是自我效能感，它是自我激励的重要内在动力来源。在卞建鸿的引领下，学校汽车专业从破棚棚里起步，到夺得世界技能大赛车身修理项目金牌，发生了翻天覆地的变化。杨浦职校车身修复专业已发展成为上海市示范性品牌建设专业、教育部批准的全国交通运输类示范专业点和第二批现代学徒制试点专业，培养出的毕业生供不应求。找准学校专业发展的“新路”、培养跻身世界舞台的大国工匠，坚定了他的自我认同与对职业发展的自我激励：“这份事业不到终点站，就得继续干。”

（四）成长建议：自我激励的策略

持续的发展动力，是教师成长与发展必不可少的。从组织管理的专业角度来看，教育行政管理部门与学校探索实施了不少外在激励的举措，如师德引领、生涯规划、在职培训等，通过外力激励教师专业发展，取得一定成效。不过，对于教师个体成长而言，要善于将外在激励内化，转向自我激励，以主体姿态发挥主观能动性，去规划自我发展与完善的进程。

用自我激励去抵抗挫折，把挑战与困境视为自我发展的机遇。困境是挑战，对教师的个体发展造成障碍，容易引发挫折感，导致发展停顿。但强大的内部进取动机，会激发人的行为，使人努力去迎接挑战，并且从克服困难、解决问题中体验到满足感和成就感。

通过行动创造自我效能感，获得职业发展的自我激励，并形成良性循环。人的发展与心理状态密切相关。面对挑战，要积极应对而非退缩，通过行动产生良好的成效，从成果中取得较高的自我效能感，进而增强教师的职业成就感与认同感。而内化的职业成就感与认同感，会进一步强化教师的自我激励，使教师在教学过程中努力作为，不断提升专业能力，进入新的自我激励与自我效能的循环圈。

四、情绪管理

在心理学领域，情绪与情感、社会性密切相关，也与个体的动机、意志力等有较大的关系。

（一）案例呈现：教育，就是成长

王运淼：教育，就是成长

美国教育家杜威认为，“教育即生长”，王运森老师非常认同这个观点。他认为，教育的目标就是生长本身，教育的存在状态就是成长，因此，一切教育教学行为都要围绕着“成长”来进行。

从“严师”到“良师”

20 世纪 90 年代，从北京师范大学毕业后，王老师成为一名中学物理老师。他怀着满满激情投身工作，对自己、对学生都严格要求，一如自己学生时代接受的教育一样。他认为，只有严格管理、严肃纪律、严厉督促，才是对学生负责，才是一名好老师。直到后来发生的一件事，给了王老师当头一棒。

一天，班主任交给他一封信，是班上一个女生写的，信中写道：“写作业时，每涂错一个字，都想象着您可能会对这个痕迹表示不满，您愤怒的表情就瞬间出现在我的脑海里，好可怕！您可能永远只是我的严师，却很难是朋友。”读完之后，王老师愣住了，信中的每一个字都深深刺痛着他的心，年轻的王老师开始反思：自己并没有对这个女生进行过严厉的批评，为什么会给她留下这样的印象呢?

回想与学生相处的一幕幕，他渐渐明白了，原来，是自己对学生的要求过严了，不允许他们犯一点错——学生不认真完成作业，他当着全班同学的面呵斥；发现学生让别人代写作业，他曾愤怒地把作业摔在地上……刚接手一个班，还没有跟学生进行深入的情感交流，就一味地严格要求，会无意中伤害到一些学生，尤其是比较内向的学生。想明白了这一点，王老师给这个女生写了回信：“师生交流的不仅是知识，还有情感。倘若我的‘严’导致大家害怕上我的课，那我的教育就是失败的。我多想让我的爱像阳光一样播撒在每个学生身上，我会在以后的教学中朝着这个目标前进的。”

在此后的教育教学中，王老师将严与爱有机结合起来，在给学生外在压力的同时，注重保护学生的好奇心和求知欲，激发学生的内在动力。学生没有完成作业，他会先跟学生沟通，问清楚原因，放学后陪着学生一起做；学生总是缺席值日，他就连续一周陪着学生值日，直到学生形成习惯；考试成绩不理想，不少学生情绪上出现波动，王老师就挨个与学生谈心，帮他们疏解压力……慢慢地，心与心之间的距离拉近了，学生们不再只将王老师看成“严师”，更把他当作自己的朋友，学习的主动性和积极性也大大提高了。

“没有规矩不成方圆。面对未成年的学生，教师必须要严格要求，但是要处理好爱与严之间的关系。”从“严师”到“良师”，仅一字之差，但王老师明白其内涵大不相同。

从“好成绩”到“好学生”

“什么样的学生是好学生?”

“成绩好、考上名牌大学的学生。”

很长一段时间里，这是很多老师对“好学生”的定义。刚工作那几年，王老师也是这么认为的。

为了让学生取得好成绩，他除了认真备课、讲课之外，还利用周末和节假日义务为学生补课，有时甚至会挤占学生课外活动的时间。然而王老师却发现，虽然学生的物理成绩提升了，但对物理的兴趣却减弱了，有些物理成绩非常优异的学生在报考大学时甚至排斥物理专业。“物理教学追求的到底是什么?”“我的教育教学是‘以学生为本’还是‘以学生为成本’?”王老师不停地问自己。

好成绩只是学生发展的一部分，学科教学要让不同层面的学生在原有基础上得到个性化的发展，这才是学生主动学习的内在动力。明白了这一点，王老师开始变革教学方式。他引入情境教学，通过创设或再现真实的物理情境，让学生体验到物理与实际生活的密切关联，以此激发学生对物理的兴趣。为了让每一个学生都有“获得感”，他根据学生实际水平有针对性地开展教学——面对水平较高的学生，王老师为其创设自主学习的空间和时间，在完成课堂的学习任务后，为他们提供更深层次的物理知识；面对基础比较薄弱的学生，王老师则对其进行个性化辅导，让每个学生都“带着微笑来，一定有收获”。

知识的获取是物理学习的一个重要部分，但更重要的是思维的发展。只有掌握了思维的“内核”，学生才能实现持续发展。这个“内核”，在王老师看来，是独立思考的能力和探究精神，而这些，都离不开物理实验教学。

为了给学生更多动手实验的时间和机会，王老师将描绘半导体二极管的伏安特性曲线、研究滑动变阻器在电路中的作用、铅蓄电池内外电压的关系、产生电磁感应的条件等演示实验改成分组实验，让学生经历概念形成的过程。

在进行实验探究教学的过程中，王老师注重发挥学生的主体作用，指导学生自主发现问题、独立解决问题。在牛顿第二定律的教学中，王老师在实验前指导学生自主阅读教材，从看不懂的地方提出问题。如教材中提到的实验方法，学生在阅读时不太懂为什么这样做，他指导学生通过“用打点计时器测量小车在长木板上运动的加速度实验”自主发现并解决问题。在这一过程中，通过让学生亲自观察、分析、思考、解决问题，促进其科学精神和探究能力的形成。

慢慢地，学生们发现物理学习并不是枯燥的概念记忆，也不是单纯的习题训练，他们发现了物理与生活的关系，试着用课堂上学到的物理知识去解释生活现象。有的学生发现了自己对物理的兴趣，并将其作为今后的职业方向；有的虽然毕业后没有选择物理相关专业，但他们将物理的思维方式引入其他学科的学习，运用到今后工作和生活的方方面面。

“好学生的标准是什么？”王老师问自己。

“要有强烈的好奇心、开放的心灵，有独立的思维和个性。”

资料来源：汪倩. 王运森：教育，就是成长. 北京教育（普教版），2019（9）.

（二）理论阐述：情绪智力

情绪和情感指人对客观事物与自身需要之间关系的态度体验。情绪与情感的功能，主要包括适应功能、组织功能、信息功能与动机功能四类。情绪和情感是个人适应环境、求得生存与发展的重要形式。情绪和情感是与适应环境和大脑的发育完善紧密相连的，它们既具有社会性成分，也有助于人类适应社会环境。积极的情绪和情感对活动起着调节和组织作用，消极的情绪情感则具有干扰和破坏作用。情绪与情感是个人与他人相互影响的重要方式之一，如可以通过表情来传递信息、交流思想并实现其信号功能。人的需要是行为动机产生的基础和主要来源，情绪和情感作为个人需要是否获得满足的体验，激励人去从事某些活动和行为，以提高活动效率。

积极的情绪和情感会成为个人行为的积极推动力，消极的情绪和情感会起到阻力作用。情绪和情感的动机功能促使个人追求积极的情绪和情感目标而回避消极的情绪和情感目标。

人类基本情绪有快乐、愤怒、悲哀和恐惧等，人类高级的社会性情感有道德感、理智感和美感等。

情绪智力，是一种社会智力，情绪智力主要是区分或认知自己与他人情绪的能力、调节自己与他人情绪的能力和运用情绪信息去引导自己思维的能力的综合。

情绪智力主要由三种能力组成：一是准确评价和表达情绪的能力；二是有效调节情绪的能力；三是将情绪体验运用于驱动、计划和追求成功等动机和意志行为过程的能力。

情绪智力的结构，按个人发展与成熟过程分为四级：第一级，情绪的认知、评估与表达能力；第二级，情绪对思维活动过程的促进能力；第三级，理解与感悟情绪并在分析情绪的基础上获得情绪知识的能力；第四级，对情绪进行成熟调节以促进心智发展的能力①。

（三）实践启示：“情商”提升路

在王老师的案例中，一开始，他在职业领域的情绪智力处于第一级——情绪的认知、评估与表达能力，处于学习、调整期，激情与严厉并存。“他怀着满满激情投身工作，对自己、对学生都严格要求，一如自己学生时代接受的教育一样。”王老师的职业情绪认知与管理，基本克隆了自己作为学生时教师的模式：只有严格管理、严肃纪律、严厉督促，才是对学生负责，才是一名好老师。职业热情激发他从业的情绪动力，这是正向的刺激。但他对自己的职业情绪与管理模式进行了严格要求——采取严厉管教的情绪模式，教育情

① 梁宁建. 心理学导论. 上海：华东师范大学出版社，2013：211.

境的变化、与学生的代际差异，造成了他职业情绪管理的失利——学生的惧怕与排斥情绪。

一封信，帮助王老师识别了学生的情绪：怕而不爱。因为刚接班，还没有跟学生进行深入的情感交流，就一味地严格要求，会无意中伤害到一些学生，尤其是比较内向的学生。王老师在情绪管理上开始步入反思阶段：他回想与学生相处的一幕幕，反思自己的情绪——自己对学生的要求过严了，不允许他们犯一点错；学生不认真完成作业，他当着全班同学的面呵斥；发现学生让别人代写作业，他曾愤怒地把作业摔在地上……

在此基础上，王老师的情绪管理进一步提高到“有效调节”阶段，他给学生回信：师生交流的不仅是知识，还有情感。老师太严导致大家害怕，那教育就是失败的。在此后的教育教学中，王老师将严与爱有机结合起来，在给学生外在压力的同时，注重保护学生的好奇心和求知欲，激发学生的内在动力。

最终，王老师掌握了善于管理学生情绪情感、提高教学效果的能力，达到了情绪情感管理的最高层次：学生没有完成作业，他先跟学生沟通，问清楚原因，放学后陪着学生一起做；学生总是缺席值日，他就连续一周陪着学生值日，直到学生形成习惯；考试成绩不理想，不少学生情绪上出现波动，王老师就挨个与学生谈心，帮他们疏解压力……慢慢地，心与心之间的距离拉近了，学生不再只将王老师看成“严师”，更把他当作自己的朋友，学习的主动性和积极性也大大提高了。

（四）成长建议：情绪管理“三步走”

情绪的识别、管理，以及意志力的调动、动机的维持等，都是教师个体成长的重要动力。教师的情绪管理可分为三步：

第一步，教师要学会识别情绪。教师的情绪既受个人生活经历与体验的制约，又受学生情绪与情感状况的影响。家庭生活、人际关系等均会影响教师的情绪与情感，进而影响到教师在教育教学活动中的情绪情感。正向的情绪能够增进师生情感进而促进教学活动的开展，负面的情绪则会使教师的教学行为受到影响并间接影响到教师的班级管理与教学行为。因此，教师首先要学会识别自我所情绪状态，从职业角度维持相对稳定的情绪情感，并减少个人负面情绪情感对教学行为及学生的不利影响。同时，教师还要善于观察与感受学生的情绪情感状态，面对学生表现出的厌学、逆反等情绪，要及时识别诊断，以便干预。忽视或者漠视学生情绪情感的变化，往往会错过教育的良好契机。

第二步，教师要学会情绪调控的技能，有效调节自身与学生的情绪与情感。以幼儿入园初期的分离焦虑情绪为例：大多数小班幼儿在入园初期，面临首次与家人分离、新环境的适应、与陌生师生相处等挑战，会出现较为明显的分离焦虑情绪，以及哭闹等普遍现象。幼儿园老师要了解与掌握“分离焦虑”的相关专业知识与技能，并通过给予幼儿亲密的抚触以帮助其尽快建立安全感，带个别幼儿暂时离场以避免班级内更大面积的情绪传染，鼓励幼儿自带玩具并组织游戏转移幼儿注意力等方式，引导幼儿减轻分离焦虑。教师自身，也可以通过幼儿入园期半日适应等方式减轻压力，并通过积极的心理建设保持稳定的情绪，避免急躁、发怒等不良情绪。

第三步，教师要擅长利用正面情绪与情感管理策略，提高育人与教学效果。如接手新的班级后，教师可以通过家访、个别详谈等方式，了解学生的成长背景、增进师生感情互动，以提高班级管理与教学效率。在日常教学过程中，通过共情，表达出对学生情绪与心理状态的解读、理解与尊重，并用荣誉感、成就感等激发、唤醒学生的正向情绪。有些教师的“欣赏教育”策略，就是用成就动机激发行为习惯不佳的学生的积极向上的情绪情感，以成就结果激发其内在发展动力，引导帮助学生成长。同时，教师还要学会解读与减少负面情绪带来的不良影响。在日常生活与教学活动中，困难、挫折、矛盾时有发生，师生难免面临挫折感、羞耻感等，教师要正视这些负面情绪，并引导自身与学生通过恰当的方式宣泄，尽快稳定情绪、恢复积极向上的教与学的状态。

第二节 教师的人格完善

教师的人格对于年轻的心灵来说，是任何东西都不能代替的，教师的人格是教育事业的一切。

——乌申斯基

教师只能以他的整个人，以他的全部自发性才足以对学生的整个人产生真实的影响。因为培养品格时，你无须是一个道德方面的天才，但你却需要是一个完全生气勃勃的人，而且是能与自己的同伴坦率交谈的人。当他无意影响他们时，他们蓬勃的生气向他倾注着，极其有力而彻底地影响着他们。

——马丁·布贝尔

教师人格，是指教师在其职业劳动过程中形成的优良的情感意志结构、合理的智能心理结构、稳定的道德意识和个体内在的行为倾向性。教师不仅要教好书，而且要育好人，以自身的人格影响学生，以人格塑造人格[1]。教师的人格，在教学过程中的师生互动中不断完善与发展，包括但不限于责任心、耐心、爱心、正向激励，以及纯正的价值观等，教师通过人格的综合表现，引领学生成长。

一、态度负责

责任心，是教师职业操守的基础，也是教师人格完善的起点。负责的老师，会对学生

① 肖正德. 教师概论. 杭州：浙江大学出版社，2013：97.

终身发展起到榜样示范作用。

（一）案例呈现：让“创新豆子”发芽

一所让“创新豆子”发芽的学校

在宇宙中拥有一颗以自己名字命名的小行星——获此殊荣的全世界也没几个。华东师范大学二附中昨天传出消息，该校高三女生白雪霏，获准以其名字命名一颗编号为25045的小行星。今年在美国举行的全世界高中生顶级科研赛事——第59届英特尔国际科学与工程大奖赛上，白雪霏的课题《南蛇藤抗衰老作用及机理研究》获二等奖。为此，美国麻省理工学院林肯实验室向天文台申请获准，以白雪霏的名字命名一颗小行星。

“从进校时连什么叫课题都不懂，到后来在国际上获奖，这是一条‘光荣的荆棘路’。”白雪霏说。光荣背后，离不开老师的扶持。娄维义老师上的第一节科技创新课让她记忆犹新——学生迟到、拖拖拉拉，娄老师很生气地发火：“你们是未来社会的精英、可能是全球的科学研究接班人，这种作风怎么行？”整整一节课，他不是讲生物知识，而是讲如何做人，学会尊重别人、学会合作、学会感恩、不自私自利……“这是任何一个大奖都无法比拟的财富。”

更不用说，课题研究中有很多无法想象的艰苦和失败。寒假全校人去楼空，娄老师把她接回家过年。大年初二，娄老师夫妇陪她踩着积雪去实验室，陪着她、指导她，实验一做就是一整天。一个个课题，白雪霏在失败、枯燥的探索路上坚持前行。“我相信，只要坚持下去，就一定能看到结果。”

全国最高水平的青少年科技创新大赛，一所学校独揽6项大奖，在全国独一无二。其中，娄维义老师获得“全国十佳优秀科技教师”称号。这位在中学育才的博士教师，用自己的行动阐释了育人的“责任”。

“上海公共场所错误英文标识现状调查、成因分析及规范化实施研究和建议”，宋晨曦、刘莹、钟倍尔3位同学历时8个月，把这个课题做成了一本93页的报告——被评委称为“博士论文”。

学生们以“博士论文”为标准的科研探究结论和提出的建议，引起了上海市市长韩正的重视。三名高中生应邀在上海市政府专题研究会上作了专题汇报，市语委和市市政局等相关部门立即着手依此修订路牌的英文翻译，还启动了景点英译名翻译规范目录。

不过，耐人寻味的是，“金牌”学生“高产”地，其指导教师们却相当“低产”——2007年获得“全国十佳优秀科技教师”的娄维义老师，从2001年从教华师大二附中至2007年，每年只着重指导一两个学生课题。

“没时间指导更多的学生课题。”娄老师的这种态度，在别的学校或许会挨批评，但在华师大二附中却相反。娄老师带的课题都有一定的深度和高度，他指导的学生曾16人次参加全国大赛、3次参加国际科学与工程大奖赛并取得优异成绩，但娄老师却说：“培养学生的创新意识和创新能力，教会学生创新方法，激发学生科研兴趣比得奖的结果更重要，获奖只是副产品。”

看看娄维义老师办公室的书架，或许可以为他“没时间指导更多课题”找到注解：

《汉英环境科学词汇》《健康土壤学》《污染土壤修复原理与方法》《现代中医脉诊学》《外国教育实验史》……前三本“大部头”专业书，是指导学生做湿地课题时参考的工具书；《现代中医脉诊学》是指导学生做脉诊客观化时学习的。娄老师是生物学博士，学生每一个课题涉及的新领域，他都当一门新课程来对待，查资料、看文献，自己与学生一起学习研究，共同体验创新过程的快乐。

摒弃功利化，激发好奇心，才能让学生最终获得投身科研的长久兴趣和内在驱动力。2002 年，娄老师带领邹昊同学对“肢体残障人士生物眼电控制系统”展开研究，师徒两人痴迷到废寝忘食的地步。“娄老师特爱激发思考，并鼓励我说出自己的看法。不管在何地，无论有多晚，只要有新的点子，我们都会打电话沟通。”正是这种投入的快乐，让邹昊不仅获了奖，并最终走上了科学研究的道路，他考上了斯坦福大学并且硕博连读。邹昊把娄老师视作“中学有幸能遇到的最好的老师之一”。2008 年 4 月，师徒两人双双获得由硅谷之父创办的斯坦福大学工学院每年颁发给最优秀的本科毕业生和对其最有影响的中学教师的最高荣誉奖——“弗雷德里克·特曼工程学术成就奖”。

资料来源：新浪网. 一所让“创新豆子”发芽的学校.（2008－09－08）［2020－03－03］. http://naws. sina. com. cn/0/2008－09－08/0753/4418196s. shtml.

（二）理论阐述：教师责任

责任心涉及面广，在日常生活中具有重要作用，因此成为一个多种学科共同研究的课题。不同学科对责任心有不同的界定：哲学和伦理学强调责任心中的道德传承；社会学强调责任心形成过程中的社会互动；教育学重视责任心的教育意义；而心理学则研究责任心形成过程中的个性心理发展规律。

有一项大规模的研究发现，具有事业心和责任心等职业心理品质的教师能有效地促进学生的学习行为。1980 年林赛（M. Lindsey）对教师职业心理品质进行了综合研究，他认为对自己的行为和工作结果有较强的责任心的教师在教学中成功率较高。

责任心，是个体在与社会环境的交互作用中形成的一种反映个体对责任的承担程度的心理及行为的特征和倾向。它具有情境性、系统性、相对稳定性和角色规定性等特性。个体的性别、年龄和名声等都会影响到一个人社会责任行为的表现。责任心是由认知、情感和行为特征等成分组成的有机组合，以个体的信念、价值取向为基础从而具有一定的稳定性，责任心水平的表现不能脱离具体的情境。

教师的职业责任心一方面内隐地表征于教师的内在心理结构中，另一方面也外显地表现在教师的责任行为过程中。教师的职业责任心显现过程至少可以划分为三个环节：动力环节、操作环节和监控环节。

（三）实践启示：将职业责任感融入科技教育

娄维义老师指导学生进行课题研究，他对教学与学生的责任感，对学生产生了深远影响。

娄老师的治学严谨负责，事业心强，给学生起到了很好的榜样示范作用。中学老师读博士，本身就是一种高水平的事业追求。而作为一名生物学博士，指导高中生的课题本绰绰有余，但学生每一个课题涉及的新领域，娄老师都当一门新课程来对待，查资料、看文献，自己与学生一起学习研究。正是因为这份责任心，把培养学生的创新意识和创新能力、教会学生创新方法、激发学生科研兴趣看得比得奖的结果更重要，才让娄老师坚持负责的治学态度——“没时间指导更多的学生课题”，“金牌”学生“高产”地，他作为指导教师却相当“低产”：每年只着重指导一两个学生的课题。但也正是因为严谨的态度、踏实的投入，娄老师指导的课题才会有一定的深度和高度，学生 16 人次参加全国大赛、3 次参加国际科学与工程大奖赛并取得优异成绩。

教师责任心的体现，既具有体系性，又离不开具体情境。案例中，娄维义老师从课堂纪律管理到课题指导、从立德到树人，在每一个育人情境中，无不体现出强烈的职业责任感。在娄老师的第一节科技创新课上，学生迟到、拖拖拉拉，娄老师没有直奔主题教知识，而是苦口婆心讲道理，以未来社会的精英、全球科学研究接班人的角色赋予学生们强烈的社会责任感。整整一节课，他不是讲生物知识，而是讲如何做人，学会尊重别人、学会合作、学会感恩、不自私自利……把放假坚持实验的学生当自己孩子带回家过年、陪学生做实验一做就一整天……娄老师培育人才的责任感、把学生捧在手心里的温暖，引领着学生克服课题研究中很多无法想象的艰苦和失败，走上“从进校时连什么叫课题都不懂，到后来在国际上获奖”的光荣荆棘路，给了学生任何一个大奖都无法比拟的财富。

教师的责任心，还体现在育人过程中，将知识技能的教学与社会责任感培养有机融合，培育出有责任心与行动力的学生。“两耳不闻窗外事，一心只读圣贤书”的时代已成过去，功利化的教育培养出的是精致的利己主义者，无法适应未来社会的发展。而娄老师强烈的育人责任心，让他把社会责任感作为育人的明确指向。他指导高中生课题，关注环境、关注社会公共事务。学生们在繁忙的学习中历时 8 个月，对上海公共场所 5 323 块英文标识牌进行调查、走访 12 家相关单位、5 家具有代表性的广告制作商，梳理错误英文标识现状调查、成因分析及规范化实施研究和建议，总结出了一套较为完备的城市公共场所英文标识规范化实施方案。将社会责任融进科技创新教育中，是创新教育的最高境界。娄老师和他从事创新教育的同事们，始终把道德教育放在重要位置。邹昊同学在进行科技研究时，不管在何地，无论有多晚，只要有新的点子，都会与娄老师打电话沟通。邹昊把娄老师视作“中学有幸能遇到的最好的老师之一”，师徒二人也获得斯坦福大学工学院颁发给最优秀的本科毕业生和对其最有影响的中学教师的最高荣誉奖。

（四）成长建议：打造“三全育人”格局

教师的职业责任心的重要性毋庸置疑，娄维义老师的案例也提供了很好的榜样模板。教师要提高自己的责任感，除去价值观引领、职业动机激励等宏观手段外，学校和教师个体层面也可以大有作为，那就是打造“三全育人”的格局，即全员育人、全程育人、全面育人，将职业责任落到教育教学的每一个细节处。

全员育人，人人都是德育工作者——每位老师都是育人者、每门学科都可以开展德育，让每位老师都拥有育人的自觉、真正承担起育人的责任。在教育教学实践中，班主任被视为德育工作的重要承担者，部分副课老师认为，德育与自己关系不大，不是分内职责。而实际上人人都可以是德育工作者，无论什么学科，教师都能有所作为。对学科的热爱与投入、引领学生成长的爱与责任，是教师从育人后台站上前台的最大底气。

全程育人，把对学生的教育行为、对学生的关注与引领，贯穿学生在校与校外生活的全过程，实现教师责任感的提高。案例中，学生痴迷研究，无论放假还是上课、无论工作时间还是深夜，娄维义老师都全程支持、无时差指导。教师的全程育人，体现出对职业的关注与负责，往往会激发学生亲近、上进的情感，从而奋发努力走向成熟。而老师从学生的发展中获得成就感，会进一步强化全程育人的职业责任感水平。

全面育人，教师在扶助和引导学生全面发展的过程中，也能提高自己的专业水平，使事业心与责任心得以升华。教师面临的一大挑战，是学生之间存在的差异，学生成长环境不同、天赋有别、兴趣爱好各异，教育要因地制宜、因人而异、因材施教。但在班级授课制度下，目标统一、进度统一、授课方式统一，因此，教师要有“一个都不能少”的责任心，又要有引导学生各展所长、多元发展、人人成才的专业能力，并且通过专业能力的提升，向着“德艺双馨”的目标努力，去提高自己的育人能力，践行自己的职业责任。

二、热情激励

在本章的第一节内容中提到，教师的自我成长离不开自我激励。在本节中，热情激励则是指另一个维度：师生互动。在学校与班级中，“差生”、“困难生”、残障学生等均以不同比例客观存在着；而在学生的成长过程中，挫折与困难造成的低谷状态、行为暂时脱轨等问题，需要教师正向激励引领。因此，本节“热情激励”将围绕师生互动中的正向激励展开。

（一）案例呈现：“择差录取”，合格离校

不放弃一个学生的好老师

有这样两群特殊的孩子：有的孩子智商从小低于常人，但在杨浦区风帆初级职业学校，他们学会了谋生的技能；有的孩子曾经误入歧途，但在杨浦区辛灵中学，他们重回光明坦途。这两所学校拥有同一位校长，他叫谢小双。因其特殊的教育贡献，他被授予上海市五一劳动奖章和“全国教书育人楷模”称号。

魔法学校：学生从此站起来了

那一年，辛灵中学突发一起学生自杀事件，给学校和师生、家长都带来了极大冲击……谢小双临危受命，从包头中学调到辛灵中学，担任校长兼党支部书记。

当谢小双踏进辛灵中学的校园，眼前的一切让他震惊！这是一所怎样的学校啊？学生中来自离异、单亲、重组家庭的占63%，低保家庭的占33%。学生绝大多数行为不良、学习困难，打架斗殴、夜不归宿、沉湎网络、小偷小摸的情况经常上演……

谢小双震惊了，不仅因为学生偏差的行为，更因为作为一个教育工作者的良知。他知

道，每一名成长困难学生的心灵，一定遭受过伤害；他们的经历，一定有不为人知的辛酸和苦辣。他更知道，挽救一个孩子，就是挽救一个家庭，就是为社会减少一个不安定因素。于是，谢小双立下了这样的目标——让人人成功，人人成才。他对教师们说，这个“成功”的定义是这些孩子将来能够自食其力，做一个好公民。

学生：在这里我被当成“宝贝”

逃学、厌学、夜不归宿、考试成绩个位数……这样的学生在普通学校一定是被嫌弃的“差生”。但在辛灵中学，所有这些“问题学生”，都被谢小双和老师们当成“宝贝”。

学生小戴，当初被送进风帆职校，谢校长仔细检查后发现，小戴智力没问题，但是“不学好”，长期跟着社会上一些不良小青年混，逃学泡网吧、酒吧……谢校长当即把她转到辛灵中学进行工读教育。

弱小的幼苗需关怀，长歪的小树要扶正。对于小戴，谢校长和老师们倾注了大量心血。小戴当初不愿意上学，谢小双一次次上门家访，发现她自幼父母离异，随母亲生活，母亲没有正当工作，靠低保生活，对这个不听话的女儿更是无力管教。谢小双心情很沉重：“这样的孩子，这样的家庭，如果我们不拉她一把，再滑一步，她很可能一辈子无法回头。”于是，谢小双将她“请”回了学校。可是两周后，故态复萌，小戴再次逃学。谢小双再次家访，小戴母亲过意不去，劝谢小双“算了吧”。但谢小双不放弃，反而每周一早上自己开车到小戴家把她接到学校。

一次、两次、三次……从此，每周一的早上，小戴都会享受“公主待遇”，校长开车接她上学。由于成绩不好、行为偏差而经常遭人白眼的小戴感受到了从未有过的关爱和呵护。这是校长对一个学生的爱，对一个学生的不放弃。终于有一天，这个叛逆、执拗的女孩提出不需要接了，她能按时到校。之后，她再也没有逃学。

中考时，小戴以 470 分的好成绩考进一所中职校，毕业典礼上，她泪流满面，向谢校长深深鞠躬致谢；后来因母亲入狱，小戴失去了生活来源，又是谢校长和学校出资，资助她就读中职校的学费和生活费……“她跟我保证过，永远都不会再走邪路，一定会努力奋斗。因为在这个世界上，永远有片不变的温暖，在为她静静守候。”

激励学生自食其力

小李是风帆职校烹饪班的一名学生，轻度智障，但学习非常认真。前年 5 月，谢校长接到小李父亲的电话，只有一句话：“校长，我女儿从今天开始不来读书了。”还没等谢校长反应过来电话就挂断了。

长期与特殊家庭打交道，谢小双敏锐地感觉到其中可能有隐情。谢校长和老师上门家访发现，原来是因为小李父亲受伤卧床休养所迫。而此时，离小李参加劳动部门的技能证书考试只有一个月。如果休学、延期考试，小李势必要晚一年就业，对这个家庭来说更是雪上加霜。

谢小双当即自己掏钱购买了棉被和补品等送到小李家中，回到学校后，又组织全校青年教师组成志愿者服务队，每天轮流到小李家中帮助料理。小李终于重回学校。一个多月后，小李的父亲康复，小李也得以顺利通过考试，取得了中式烹饪、西式烹饪两个证书，被学校推荐到一家西餐厅工作。她努力工作，得到单位认可，大大改善了家庭的经济状况。“我逢年过节都要给谢校长打电话谢谢他。没有他，就没有我的今天！”

至今，风帆职校一届届学生凭借扎实的技能，走上餐厅等服务岗位，自食其力；辛灵中学连续三年中考合格率100%，孩子们走进普通高中和中职校，迎来阳光人生。

资料来源：教育部. 不放弃一个学生的好老师.（2013-09-06）[2020-03-03]. http://old.moe.gov.cn/publicfiles/business/htmlfiles/moe/s7596/201309/150748.html.

（二）理论阐述：激励

教师对学生的激励，可以激发学生动机，诱导学生的行为，使其发挥内在潜力，为实现所追求的目标而努力，是促进学生心理健康和社会适应的积极方式。

学生的动机，是由他所体验到的某种未满足的需要或未达到的目标所引起的。在现实情境中，学生的需要往往不止一种，而是同时存在多种需要。在任何时候，学生的行为动机总是由其全部需要中最重要、最强烈的需要（优势需要）所支配、决定的。优势需要的满足对学生有激励作用，未满足的需要对学生也有激励作用。学生的高层次需要受挫，很可能使他们转而追求较低层次需要的满足。

对学生的激励方式，包括目标激励、期望激励、情绪激励、价值激励等。

目标激励：学生的行为都有一定的指向性，这种带有指向性、具有一定目标的行为，往往是为了满足某种需要而进行的。这种为了满足某种合理需要的目标，能使学生持续发展。

期望激励：利用心理学中的暗示效应，激励学生向上发展，朝着目标努力。

情绪激励：人需要关怀与体贴。一些关心学生的行为、一番安慰学生的话语，都会成为激励学生行为的动力，激发学生积极情绪，激励学生发展。

价值激励：学生都有一种实现自我价值的需要，应该根据学生的不同特点，鼓励他走适合自己的发展道路，以实现自身价值。当学生取得成绩与进步时，应给予他恰如其分的肯定与表扬①。

（三）实践启示：激励的“魔法作用”

从谢小双的案例中，明显可见热情激励给学生带来的翻天覆地的变化。

首先是情绪激励，引领、帮助学生走出困境。无论是辛灵中学还是风帆职校，学生都相对特殊：智障或者行动习惯有偏差。在辛灵中学，学生中来自离异、单亲、重组家庭的占63%，低保家庭的占33%。学生绝大多数行为不良、学习困难，打架斗殴、夜不归宿、沉湎网络、小偷小摸等现象很普遍。但谢小双没有歧视他们，而是尊重并激励。他认为：每一名成长困难学生的心灵，一定遭受过伤害；他们的经历，一定有不为人知的辛酸和苦辣。这两所学校的学生，在情绪上都不再是被嫌弃的“差生”，而是被谢小双和老师们当成“宝贝”。一次次上门家访、校长当司机给学生提供“公主待遇”、经济困难时有校长伸

① 陈态．学生心理健康与社会适应．北京：教育科学出版社，2002：48.

出援手……由于成绩不好、行为偏差而经常遭人白眼的孩子们，感受到了从未有过的关爱和呵护。这份温暖的情绪激励，终于让叛逆、执拗的学生转好了，保证永远都不再走邪路，努力奋斗。

其次是目标激励。谢小双具有高度的职业责任感，他知道，挽救一个孩子，就是挽救一个家庭，就是为社会减少一个不安定因素。于是，谢小双立下目标：让学生人人成功，人人成才。他对教师们说，这个“成功”的定义是这些孩子将来能够自食其力，做一个好公民。“成为一个自食其力好公民”的目标，激励着师生克服困难共同努力。在重回正轨的路上，小戴历经曲折。先是要克服逃学的不良习惯，谢校长一次次接送帮助她控制行为，实现按时上学的阶段目标；再是克服学习困难，从 5 门功课总分 100 多分，逐步提高到中考考上理想的中专；读中专期间母亲入狱她又失去生活来源，谢小双继续援助，资助她读书。实现“自食其力”，一开始是谢小双为小戴制定的外在目标，经过谢小双一次又一次的帮助，这个目标逐渐内化成为小戴的内在目标，在不断激励的过程中得以实现。同时，她的成才，也意味着谢小双达成了为社会创造正能量、实现教育价值的目标。

最后是价值激励，让学生爆发无限潜力。残障学生的正常社会化，一直是特殊教育的重点研究领域，但同时也是难点。轻度智障的小李，不仅顺利毕业、学有所成，拿到职业资格证书，而且还顺利找到了工作，在这个过程中，谢小双的价值激励功不可没。小李在风帆职校烹饪班学习，认真踏实，因父亲受伤卧床休养差点被迫辍学。谢小双不仅帮助她解决现实问题，而且保障她的训练，让她顺利通过了劳动部门的技能证书考试，取得了中式烹饪、西式烹饪两个证书，并被推荐到一家西餐厅工作，改善了家庭的经济状况。价值激励，为孩子创造出阳光人生。

（四）成长建议：热情激励塑造人

合适的激励教育，会创造教育的奇迹。对教师而言，多用激励、少用惩罚和打击，有助于提高教育的有效性。

对于“问题学生”，应该多用爱的激励取代惩罚，唤醒学生的成长动力。上海市教委副主任倪闽景在《教育的核心力量》中举了一个极端个案：有个孩子因为语文考了 59 分，很绝望。59 分，对学生来说是个羞辱性的分数。如果他遇到一位教育手段高明的老师，就会把孩子找来谈话，对他说，这次可以给你 60 分，但这不代表老师算错了分数，而是希望给你 1 分你能在下次考试时还给老师 2 分，以此激发孩子前进的动力。借 1 分给孩子，既能保护孩子，又能用正向进步的暗示，激励孩子成长。

用热情的激励去改变学生，要有同理心，充分了解学生、尊重学生。很多“问题学生”，既有原生家庭的影响，也可能有阶段性成长障碍。详尽了解学生的成长环境，有助于找到学生逆反的症结，“对症下药”。如在不少班主任的工作实践中，班级丢钱问题时有发生，多数是由于出现了“内贼”。有智慧的老师，会想办法既维护被盗学生的权益，又呵护偶尔失足的学生的成长。通过仔细分析推断，了解学生拿钱的动机是经济困难，还是好奇新版钞票、捉弄报复等类型，再通过全班集体发空红包回收等方式，鼓励偷拿钱者将钱完璧归赵。这种保护性的激励，常常能使被保护学生的德性成长回到正轨。

对于不同类型的学生，采取合适的激励方式，可以取得更好成效。前文提到，对学生的激励方式，包括目标激励、期望激励、情绪激励、价值激励等多种方式，但不是每一种方式对不同学生都有用。老师可分析学生性格特点、情绪状态等，结合不同情境，采取不同的激励方式，推动学生发展。

三、耐心自制

作为教师，在教育过程中首先要意识到育人是一个慢的过程，对学生德性的培养并非一朝一夕，而是需要长期的坚持。

（一）案例呈现：放慢脚步去长大

告状

前一天外出，今天一早我刚进教室，就有五六个孩子冲过来迫不及待地告状。吵成一团中，隐约听到“小新”的名字反复出现。

“老师，昨天你不在学校，小新把教室闹翻了，他谁的话也不听。”

“对的，他一直在教室里跑来跑去，我让他不要跑他也不理我。”

“他还把小晨的铅笔弄坏了，也不说对不起。”

“他还在走廊里跑，大姐姐过来劝他，他还跑，肯定被扣分了。”

“我们这个月的流动红旗要没有了。”

短短一天，小新的不良表现就数不胜数。短短几分钟内我的大脑高速运转：小新的表现确实不尽人意，为何平时的教育难以奏效？要是换一种方式，他会不会改变呢？

换种办法

于是，我说：“其实呀，小新昨天做了这些事情呀，自己也很不高兴，他也很想改一改，可是没有好办法。小新，对吗？”说完，我看向小新，他一个劲地点头。

“同学们，你们愿意帮小新想想办法吗？”

“愿意！”可爱的孩子们齐声回答。

就这样，一场“想办法”行动就拉开了序幕。

有的同学说：“让小新做课间管理员，专门管理奔跑打闹的同学。”

有的同学说：“可以让小新跟着小干部一起管理同学，有不好的地方就要告诉同学不能这样做。”

“小新有什么优点呢？大家来找找看，这样就能为班级做更多事了！”我询问道。

“小新值日的时候，地扫得很干净！”

“那可以让他做‘小师傅’，教教大家。”

小新听了，完全接受同学的意见，欣然接受了任务。

晚上，我和小新父母联系，告诉了他们发生的一切，并提出了一起教育管理小新的好办法，他们欣然接受。

祖辈干涉

第二天傍晚，小新做起了值日生的“小师傅”，他正埋头和同学一起清扫垃圾。突然，小新的爷爷奶奶出现在教室门口，他们一把拉起小新，不让他继续干，还质问我：“老师，今天又不是我孙子值日，为什么又让他干活？我们家孩子有病的，和别的孩子不一样的。”

我很困惑：小新是我从一年级开始带上来的，3 年来从未发现他有病痛问题。难道是我工作的疏忽吗？不等我了解小新的病情，他爷爷奶奶就为他背着书包，急匆匆地离开了。

晚上，我再次联系小新父母，首先了解病情。原来，小新在幼儿园时有一次被老师严肃批评后生了一场病。从此，他无论做什么，家里人都不敢对他生气发火，尤其是爷爷奶奶，更是宠爱有加。家长的想法是只要他健康、快乐，别的怎么样都行。

原来如此！小新在校的表现找到了症结。

合力向前

小新要向好改变，家庭的配合和影响非常重要。于是，我和小新父母商定，小新的生活照料由祖辈负责，教育问题由父母负责。然后，父母和小新一起设计一张“每日打星卡”，内容包括学习、生活、劳动等方面，主要目的是培养良好习惯和能力。

渐渐的，我发现小新有了变化，地上有垃圾，他会捡起来；课间游戏，他会守规则；离开教室，他会随手关灯……

这一切变化令人欣喜。小新的故事依然继续着，我们不念过往，只着眼未来，让我们一起期待……

资料来源：上海市师资培训中心德育基地“身边的好老师”课题组，作者谈冰，浦东新区晨阳小学教师。

（二）理论阐述：耐心与自制力

耐心自制，是教师重要的心理素质与情绪智力。自制力是一种重要的意志品质，人的意志活动的水平非常明显地表现在他控制自己的能力上。对教师来说，具有自制力，善于控制自己的情感、行为，能够约束自己的动作、语言，抑制无益的激情和冲动，这既是职业修养不可缺少的心理品质，也是高超的教育技巧。

教师的耐心是以教师的教育机智为前提的。它是建立在对事物的深刻了解、周密考虑而具有充分根据的基础上，以思维的批判性和敏捷性为条件的，与草率从事、刚愎自用毫无共同之处，后者恰恰是意志薄弱的一种表现。

教师的耐心、自制的意志品质，不仅表现在善于支配自我和节制自我的能力上，也表现在能以宁静耐心说服的态度对待学生上。赞科夫就说过：“教师这门职业对一个人要求很多，其中一条就是要求自制。”

在教育实践中，教师常常会因学生不好好学习、不守纪律而苦恼，学生对教师有时又不体谅，甚至对教师傲慢无礼，这时就特别需要教师保持自制，充分意识到自己所承担的教育责任，控制住自己的情绪。否则，将会出现难堪的局面，导致教育失败。

正像一位教师所说的："一个班主任控制不住火气，动不动就训斥学生、挖苦学生、摔书包、拍桌子，那是糟糕的，若学生和老师都像火星，一接触就燃起火苗来，非坏事不可。"事实也证明，如果教师不善于控制自己，对学生大发雷霆，甚至打骂学生，学生就会认为这是无能的表现，从此轻视你，使你的威信丧失殆尽，而且还会强化对立情绪，出现师生"顶牛"的局面。

（三）实践启示：教育是"慢"的艺术

谈老师的案例表明，教师的耐心自制，很大程度上源于教学策略的优化、心理学激励效应等。教师要让教育回归"慢车道"，尊重学生的成长规律，用专业的耐心去扶助学生成长。

1. 以退为进

当孩子出现问题时，从正常的心理角度来说，大多数情况下老师情绪会受到影响，甚至会生气发火。但是，静下心来想一想，生气真的能解决问题吗？显然不能。就如故事中的小新，如果他能在老师一次又一次的生气中改变，那他就不是孩子了，孩子是在犯错中成长起来的。老师要尝试改变自己的方式，往后退一退，其实就是把孩子往前推一推，让他有一个台阶，给他一个成长的机会。

2. 期待效应

当我们对学生提出正向的期待时，他们就会向正向发展。故事中的小新就是如此，当同学们提出办法时，对他而言就是最好的期待效应。从心理学角度来说，在某种程度上他有了被认同的感觉。因此，他一定会朝着这个目标努力，做到最好。

3. 寻找根源

"透过现象看本质"，这就要求我们在处理问题时要找到背后的原因。在建班育人的过程中，无论发生了什么，都是有原因存在的，找到原因，就能"对症下药"。小新的问题在于小时候的受挫，进而发展成家庭的过度关爱问题，他的行为表现既是一种情绪发泄，又是一种肆无忌惮。因此，对他的引导和教育一定要从根源出发，这样才能有效。

4. 家校合力

在教育过程中，一定要积极争取家长的力量，原生家庭对孩子的成长影响非常大，家庭教育的理念对孩子的发展也会产生很大的影响。因此，在我们的工作中，家长就是最好的教育资源，发挥他们的作用，将会对孩子未来的可持续发展产生深远影响。

5. 长效关注

当我们在处理孩子的教育问题时，经常想到的是如何解决问题。然而，解决问题不是一劳永逸的，因为育人是一个长期的过程。在这一过程中，我们所要关注的是孩子的成长、身心的健康发展，要随着孩子的成长不断调整教育策略和方法，为孩子的终身发展奠定基础。

（四）成长建议：耐心与自制力的养成策略

青少年思想波动较大，时有反复，容易出现这样或那样的缺点，教师的耐心也在不断受到挑战。此时，如果教师简单、急躁、粗暴对待，往往适得其反。教师增强耐心的第一步，是将学生任务“去强制性”，激活学生内在动力，减少师生冲突。很多学习活动和要求带有一定的强制性，虽然活动本身有意义，但强制性往往对人的意志与行为造成约束而引发孩子的抵触情绪。或者学生的成长过程存在进度差异，强制统一进度，就会造成学生情绪情感抵触，给教师耐心带来挑战。因此，从本源上讲，要提高耐心，首先要从教育活动本身着手，去增强学生成长的动力，变“老师逼迫学”为“学生自己要学”，减少学生的抵触。

教师要经常反观自我情绪，通过合理的情绪管理策略，增强耐心。遇到师生矛盾或者学生之间的矛盾冲突事件时，教师要控制自己的言语、情绪和行为，理智地、巧妙地处理问题，这是一种教学机智。

从更高层面来看，教师耐心的涵养，与教师的师德师爱、职业责任感等密切相关。一方面，教育是综合性的活动。教师的人格品质会直接或间接影响学生的成长，教师的耐心会使学生的情绪管理策略得到提升。另一方面，教育的评价具有较强的滞后性，教师的耐心会对学生成长产生长远影响。师爱和责任感，是教师耐心自制的根源。教师以爱学生为己任，就一定会从思想、感情和行动等诸方面全面提高对自己的要求，为耐心教好每一位学生而奉献心力。

四、富有爱心

爱，是人们身上普遍存在的一种心理需要。在人们的生活中，既有崇高的慈爱、恩爱和恋爱，又有美好而亲切的友爱、喜爱等。师爱是人类复杂感情中最高尚的情感结晶，是一种崇高而伟大圣洁的爱。爱学生，是教师教育学生的起点和基础，也是所有忠诚于人民教育事业的教师的共同情感。正因如此，师爱历来受人推崇。

（一）案例呈现：用爱心构筑美丽人生

用爱心构筑美丽人生

在浦东新区特殊教育学校，学生小王的左手天生外翻，精细动作做起来很慢——3个多月前，铺块馄饨皮，他需要花费比常人多2倍的时间。如今，十几秒钟时间，小王就能包出完整的小馄饨，接着把馄饨一个个下锅，乐滋滋地闻着香味飘散。

浦东新区特殊教育学校校长周美琴说：“特殊教育的特殊之处，恰恰是要把残障孩子当正常人来教养，教会他们自主技能，让他们获得生命的尊严与生活的希望。”

“让孩子能够正常地生活”

早上，周美琴时常站在校门口，鼓励家长放手让孩子自己摇摇晃晃地走进教室。“家长们将孩子送到学校，无非是希望我们能提供专业指导，让孩子能够正常地生活。”

周美琴提出：特教老师光有爱心远远不够，还要有专业精神和技能，探索适合残障孩子的发展之路。

在浦东新区特殊教育学校，老师原创的特殊教具就有200多件，方便残障孩子身体康复和文化学习“两不误”。“生活自理室”里，油盐酱醋一字排开，白米、面粉一应俱全。电饭煲蒸饭、微波炉热菜，“自食其力”从一年级开始就成为孩子们的“必修课”。教室的开创源于周美琴的一份牵挂：“一些家长是双职工，每天都要赶回家为孩子热饭。孩子们会了，家长就没有后顾之忧了。”

10年前，浦东新区特殊教育学校在全国率先集中招收脑瘫孩子，当时无任何经验可循。历经10年探索，周美琴领衔设计了益智、康复、生活技能、心理及沟通与交往等全套课程，为脑瘫孩子提供“全面营养”。《脑瘫学生康复与教育的实证研究》还获得了全国一等奖。

但周美琴更看重的，是孩子们的改变。七年级小唐的世界，曾经就是家中几间斗室，平时只能仰望苍白的天花板。“来到学校，能够读书识字，拥有丰富的精神生活，感觉上天重新打开了一扇门。”

“你要为这些孩子带去幸福”

特殊教育要把残障孩子当成正常人，而周美琴则想要把自己当成“超人”。

2003年夏天筹建学校时，周美琴每天泡在工地上，捧着一大堆图纸，与施工人员一起商讨研究。到厂家看设备，做经费预算，到华东师大、高桥聋校、人才招聘市场设摊招聘师资……一位元老级老师说：“当时正值高温季节。工地还未通水，上一次厕所要走15分钟，为了节约时间，周校长水都不敢喝。”

2008年暑期，学校大修。周美琴感觉这是个难得的好机会，对学校布局进行了调整：“我们将校舍划分成教学楼、康教楼、体育馆三大区域，资源相对集中，更方便学生。”当时她刚做完胆囊切除手术，出院后仅休息了5天，就忙着到学校“监工”，两个月体重下降了五六公斤。

苦、累、用心付出，但对特殊孩子的关爱，未必能很快看到成效。周美琴曾被智障孩子推倒甚至动手打过，有时教了很多遍，孩子还是不开窍，有些孩子无论如何努力，还是无法敞开心扉……周美琴失落、流泪时，妈妈总会对她说：“你不能放弃，你应该为这些孩子带去快乐和幸福。”

如今，越来越多的脑瘫儿能独立行走了，好多自闭症儿童开口说话了，许多智障孩子能够生活自理了，好多聋哑学生有工作了……周美琴感慨：“他们人生美丽，我就有了美丽人生。”

资料来源：共产党员网. 用爱心构筑美丽人生.（2013-01-04）[2020-03-03]. http://news.12371.cn/2013/01/04/ARTI1357287417680460.shtml.

（二）理论阐述

教师对学生的爱，是教师情感生活的重要方面。这种情感虽然由于每个教师在思想、性格、年龄等方面存在差异而在表现形式与热烈程度上会有所不同，但它是客观存在、可感可见的。因为情感是人对客观事物的一种态度，教师在接触学生时，必然会流露出自己的好恶态度，所以，学生总是能清楚而具体地感受到它的存在。从教师方面讲，对学生不同的态度必然导致学生不同的内心变化与外部表现。

师爱，没有爱就没有激情，没有爱就没有热情，没有爱就无从谈责任心，爱是教师责任心的沃土、养料，教师有了爱才会滋养出学生健康的人格、向上的信念，才会培养出有魂有根的民族脊梁。

从广义上来说，师爱应该包含爱的情感、责任心、耐心等一系列职业人格。从狭义上来说，师爱应该是喜欢孩子、真心爱学生，是教师责任心、耐心等职业品格的基础。要想成为一名合格的教师，首先应该具备爱心。爱学生是教育学生的感情基础，是打开学生心灵大门的金钥匙，是塑造学生灵魂的巨大力量。爱是具有多种形式的，是没有具体范畴的，一个温柔的眼神，一个会心的微笑，都会如同一缕轻柔的春风。

关爱学生，首先要尊重学生的独立人格。哲学家爱默生说过：教育成功的秘诀在于尊重学生。尊重学生的差异、尊重学生不同的成长之路，才能从本质上热爱学生，教育教学和管理工作才能取得成功[①]。

教师还要有专业技能，去支撑自己对学生的爱。师德与师能相辅相成，师爱是师德的基础性要素，高尚的师德会促使教师去研究学生、解读学生，为之提供适切的教育资源与教学方式；而教师以学生为中心，凭借高超的专业能力，扶持学生的成长与发展，也是师爱的一种高层次的体现。

（三）实践启示：师爱三层次

周美琴身上，首先体现出了一种教育者的公平大爱。对处境不利群体的关注与保障，是一个城市文明程度的重要标志之一。上海为聋哑、盲、智障、脑瘫等各类残障儿童提供“全纳”教育；轻度残障的儿童可在普通学校随班就读，中重度残障儿童可就读特殊教育学校，不便于接受集体教育的重度残障儿童则享受送教上门服务。医教结合、康复与教育并举，上海的特殊教育不仅走在全国前列，与发达国家和地区相比也毫不逊色。保障特殊儿童的受教育权，离不开政府的前瞻布局与支持，更离不开特殊教育工作者们长年累月的默默陪伴与倾心付出。周美琴 30 年如一日扎根浦东新区特殊教育学校，用倾情付出温暖这些特殊儿童的心，共鸣出世间最美的爱之歌：招收脑瘫孩子集体入学，填补国内空白；捧回全国教科研优秀成果最高奖，开创了新中国成立以来残障儿童基础教育的先河；作为特教一线的普通工作者，获得国务院特殊津贴；试水“国际教育”，接收外籍残障求学儿童，登上《比利时日报》头版头条……

“让生命与使命结伴同行”，周美琴身上体现出一份职业之爱。正常学校择优录取，特殊教育学校则是“择差”守护。育人岗位不同，但爱心没有差异。每天面对残障的孩子，他们甚至无法听懂、领会一个简单的指令。苦、累、用心付出，但对特殊孩子的关爱，未必

① 张寅．如何做一名有责任心的教师．西安：太白文艺出版社，2012.

能很快看到成效。年轻时代，周美琴也曾失落过、流泪过。但教育能实实在在改变孩子们的世界。对脑瘫孩子小唐来说，以往的世界就是家中几间斗室，平时只能仰望苍白的天花板。而在学校，读书识字、康复训练、学习生活技能，他拥有了丰富的精神生活，掌握了自主生活的技能，“感觉上天重新打开了一扇门”。孩子们对教育、对生活的热切向往，打动着周美琴。教育可以使特殊孩子获得幸福，周美琴把扶助他们“康复发展，回归主流”当作毕生使命，对残障儿童实施“高期望”教育。周美琴努力着、见证着孩子的成长：学校组建了聋人舞蹈队、特奥运动队，把学生带上了国际舞台；学校培养的聋生，考上了天津理工大学、南京金陵科技大学、上海应用技术大学等；更多智障的孩子学会了自食其力，让家长看到了希望。周美琴说：“孩子们的成长，就是我的成就。”

育人的事业，没有爱的投入是不行的；但光有爱，还是远远不够的。周美琴的案例还启示我们：教师要有专业之爱。说到爱，有谁会比父母更爱自己的孩子？但家长们选择将孩子送到学校，是因为学校能提供家长所不能及的专业服务。周美琴一直在思考：只有爱，是远远不够的。要给予残障学生科学的、适宜的教育，才是对残障孩子最深沉的、最真切的关爱。专业之爱，首先是对教育价值的反思。曾经，残障孩子被歧视，被认为是“社会的包袱”；特殊教育学校，也被认为是暂纳残障孩子的“收容所”，在教育中难有一席之地。但周美琴重新“定调”：特殊教育学校不是“收容所”，而是“加油站”。要帮助残障孩子正常社会化，打开封闭的心灵、获得自主技能，支撑起他们生命的尊严与生活的希望。为此，周美琴为集听障、智障、脑瘫教育为一体的综合型特殊教育学校勾画了宏伟蓝图——走“医教结合”道路，构建以脑瘫教育为特色，适合三类残障孩子发展的教育体系。脑瘫孩子的集中教育一无课程，二无教材，三无师资，周美琴带领老师们从引进智障教育教材，到“康复训练”与“文化学习”并重，到实行“医教结合”的教育模式；从每天一节康复课，到康复与课堂教学的整合，再到24小时康复理念的确立……益智、康复、生活技能、心理及沟通与交往等课程模块，以及跟踪评估体系等一系列机制，为脑瘫孩子提供“全面营养”。这套行之有效的脑瘫儿童康复与教育的学校模式，最终荣登全国教科研成果评选最高领奖台。聋哑、智障、脑瘫——除盲童由市盲校集中教育外，各种类型的残障儿童浦东特殊教育学校“全纳”，不断探索适合不同残障类型孩子的教育与康复模式。而且周美琴并没有停止开拓的脚步，当她关注到自闭症儿童比例逐年快速增长时，开始带领教师开展自闭症儿童的教育康复实践研究，2015年9月启动“义务教育阶段自闭症学生教育模式实践研究”项目，目前首轮研究成果已初见成效。

（四）成长建议：师爱内涵提升与策略优化

新时代，教育工作面临着新的挑战，对教师来说，富有爱心的内涵，也需要不断提升，并更新策略。师爱，既是一种人格素养，又是一种职业素养，更是一种专业修养。

教师首先应该是真心爱孩子的群体，将爱学生与爱教育事业相结合，让学生获得“亲近感”。教师对学生的爱，是教师在履行培养学生这一崇高职责时所产生的感情。因此，教师的爱并不是出自个人感情，而是建立在教师对教育工作的责任感、事业心之上。正是由于这两者的一致性，师爱这种情感宽广、博大、自觉而带有自我献身精神。改革开放之初，师范类专业因为其免费服务、定向就业等优势，吸引了大批社会优秀人才报考。但报考师范类专业的群体中，既有出于功利化目标而非真心喜欢教育行业的人，也有被分配到特殊岗位（如周美琴就业于特教领域）从一开始就缺乏职业认同的人。从不喜欢孩子到真心爱学生，这个转变具有很大的挑战性。师爱的激发，首先需要教师个体培养职业认同感，喜爱教书育人的职业，肩负育人职责，以育人为中心，学会去爱学生、引领学生成长。

在教育教学实践中，师爱应该是“无差别对待”有差异的孩子，让学生获得“理解感”。人生而有差，学生也千差万别。教育的“全纳”功能是促进社会公平的重要保障，老师对所有学生的“悦纳”是教育公平的体现。无论是特殊儿童，还是正常学生；无论是品学兼优的优秀学生，还是学习动机相对欠缺、行为习惯有待完善的“问题学生”，对于教师来说，都是平等的受教育对象，都需要一视同仁的师爱，这是教师职业角色的要求。一视同仁的师爱，表现为教师发挥“共情”能力，以儿童为中心、站在学生的角度去理解学生、解读学生，并采取相应的情感及教育对策去教化学生。

教育是传递爱、教孩子学会爱的事业，教师的师爱，最终是滋养、扶助学生成长、成才，让学生获得“期望感”。心理学上有个原理“皮格马利翁效应”，也称“期待效应”，指人的情感和观念会不同程度地受到别人下意识的影响。人们会不自觉地受到自己喜欢、钦佩、信任和崇拜的人的影响和暗示。教师的师爱，表现为对学生的合理期望，通过期望引领学生发展。教师要希望学生好、期望学生有好的行为、相信学生有希望进步，无论在品德还是在学习上，都不要轻易下结论“某某学生就是不行了”，而是要抱着每个学生都可能教育好的信念，以热切的心情去捕捉和发现学生身上的优点，并用自己心中的火去点燃学生心中的火焰，用爱的期望激励、扶持学生成长。

五、纯正价值观

对于教师而言，以自身的纯正价值观引领、培养学生价值观的形成，在立德树人过程中，起着决定性作用。

（一）案例呈现：教师首先是个大写的人

学生眼中的于漪

人民教育家于漪，“共和国勋章”获得者。她曾说过，“教师首先是个大写的人”。她的语文课堂，成为育人的园地；她的为人之道，成为立德的榜样。

公开课上“真练口”

上海市特级教师、杨浦高级中学语文教师王伟，是于漪在20世纪80年代的学生代表，现在回想起来，在于漪教他的三年里，他有许多个“第一”。

“我是全班第一个走上讲台‘练口’的。”王伟说。练口，就是围绕老师给出的一个题目，面对全班同学讲几分钟的话，全班同学评价打分，最后老师综合大家意见给出分数。他至今清楚地记得，第一次练口的题目是“一件有趣的事”。于漪肯定了他第一个走上讲台的勇气，并给了80分。今天，每当王伟面对几十甚至上百人的公开课或讲座时，他眼前就会浮现出第一次“练口”的情景。“这个80分功不可没，给了我自信与勇气。”

“孩子都是有表现欲的，我们都期望自己在课堂上能提出高质量的问题，于老师总能在娓娓道来中不动声色地解开我们的疑惑。三年的公开课让我们每一个人都感受到一个‘真’字，不作秀，不摆设。上课对学生和老师来说，都来不得半点‘假’。”

当时生活条件相对艰苦，于漪拿出了自己的特级教师津贴，让每个同学购买自己喜欢的书，建起班级图书馆。王伟说，那时的语文课是欢乐的，第一次感受到语文学习天地之广阔，语文学习不仅仅是学习课本知识。

学生挑粪沃肥，从“保洁工”成长为“组织者”

于漪老师的学生卜健说：“于漪老师将‘一身正气、为人师表’的办学理念，渗透在教育教学管理全过程中，滋养了一届又一届的二师学生。”

穿校服在20世纪80年代中期还是件新鲜事，当时学校要求统一穿校服，大家都很抵触。于漪知道后，鼓励学生参与设计、比选、作方案决策。当大家拿到稳重得体、落落大方的校服时，都很兴奋。当时二师学生穿校服、戴校徽结伴出行，成为马路上的一道靓丽的风景线，赢得不少回头率。

在卜健看来，于老师成功地以校服建构了师范生正气、自律的社会形象，增强了学生对学校、对教师职业的认同感、归属感与自豪感，在社会上产生了辐射和导向作用。二师恢复建校后不久，一跃成为上海乃至全国培养小学师资的龙头学校，吸引了各区优秀初中生报考。

二师校园面积约有66亩，绿植丰富，当时全校不请保洁，保洁工作全部由学生以班级为单位轮值完成。印象特别深刻的是两人一组到隔壁小区粪池里挑大粪，为绿化带的麦冬沃肥。一开始不少同学发牢骚。为此，已担任校长的于漪老师语重心长：国家培养我们读师范学校，不仅学费全免，每月还有补贴，我们要心怀感恩和使命，让‘自力更生、艰苦奋斗’成为一种行动自觉，修身立德，用双手创造良好的校园环境，培养责任意识、家国情怀。

对孩子们的请求，她从不会说“不”

于漪老师的学生谭轶斌，曾有幸“回炉”成为于漪名师基地学员。那次基地活动在远郊金山的华东师大三附中举行，大家花了不少口舌想说服于漪不必亲自到场，可老人家坚持要去：“只要是我基地学员所在的学校，即使再远，我都不会落下。”

一大早，于漪准时来了，她坚持要与大家同上一辆面包车，那个陪伴她许多年的黑色包袋，鼓鼓囊囊。一上车，她从包里取出一袋鸡蛋分给大家：“这是我早晨刚煮的，快趁热吃了吧！”鸡蛋热乎乎的，跟小时候奶奶的白煮蛋一样好吃。

近2个小时的车程后，于漪的脚肿了，可一到华东师大三附中，她就一头扎进教室听课；中午时分，她快速扒了两口饭，撂下筷子赶去教室，和同学们见见面，敞开心扉聊聊学习和生活。“我们终于见到于漪老师啦！”整个教室沸腾起来，欢乐的笑声飞出教室。

于漪所在的杨浦高级中学语文教研组，先后走出了6名特级教师。这些年间，她带教的基地青年教师中，也有多人被评为特级教师和正高级教师。耄耋之年，她连续担任了三届上海市语文学科德育基地主持人，手把手带教了百余名青年教师，帮助他们将学科育德理念在语文学科中扎实落地，推动学科德育建设和实施。

资料来源：上观新闻．三代学生眼中的于漪，有怎样的“我与于老师的故事”．(2019－09－26)[2020－03－03]. http://www.shobserver.com/zaker/html/178588.html.

(二) 理论阐述：作为人生指南的价值观

价值观是指在日常生活中，人们对周围的客观事物的看法、态度和评价，它一方面表现为人的价值取向，另一方面则表现为价值的准则与尺度。中国政法大学教授李德顺先生认为，价值的客观形态与主观追求之间是存在差异的，“价值是指主客体之间的客观关系状态，价值观念才是对这一客观状态的主观认识或表达”。

核心价值观是居统治地位、起支配作用的社会价值理念的集中表达，是一个社会普遍遵循的基本价值准则，是一个社会得以延续发展的精神依托。尽管人们的价值观念往往是纷繁多元的，但在一定范围内，有些价值观念会因为被绝大多数社会成员所认同而在种种价值观念中居于主导和核心地位，这样就逐渐形成所谓的核心价值观。

价值观具有以下五个特点：

(1) 价值观具有多元性。价值观是社会生活的产物，是人们在生活中逐渐形成的。由于环境、教育背景以及个体差异等因素的存在，每个人的价值观不尽相同。

(2) 价值观具有一定的可塑性。马克思主义认为，人是社会的产物，在此基础上，可以进一步延伸，人也是教育的产物。人的价值取向、行为动机，除了受到人的自然属性的影响，更多的要受到家庭环境、社会教育、道德规范和舆论引导的影响。一个严格意义上的社会人的价值观，就是在上述因素的交互作用下形成的。

(3) 价值观也具有一定的历史性。在不同时代、不同生活环境下，人们的价值观也不可能一成不变。进入现代社会以来，随着世界开放程度不断加深，人们的视野得到极大扩展，传统思维的禁锢逐渐被打破，时至今日，自由、平等、民主等观念已成为我国民众价值观念的重要内容。

(4) 价值观具有主观性。价值观念是根据个人内心的尺度和标准来对客观事物进行评价与衡量的，其形成是一个主观能动的活动过程。

(5) 价值观对人的行为具有鲜明的导向性。观念是实践的产物，反过来又会对实践活动产生影响。价值观念既然是人们在社会生活中形成的关于客观对象的评价标准，那么它也必然会对人的实践活动产生能动的导向作用。

（三）实践启示：用纯正的价值观引领学生成人

作为著名的人民教育家，于漪老师的名言有很多，但广为传颂的，是她那句“一辈子做老师，一辈子学做老师”。她用自己纯正的价值观，引领学生树立正确的世界观、人生观与价值观。

“真善美”是通行的价值取向，在于漪老师身上，首先体现出对于“真”的追求。上公开课，是动真格的。于漪老师的学生们回忆，当年于漪老师的每堂课，都当公开课来上，对日常教学过程真正重视。而反过来，于漪老师的每一堂公开课，都是真的。不作秀、不摆设，上课对学生和老师来说，都来不得半点“假”。求真务实是教育的首要价值取向，于漪老师用每一堂课，诠释了她坚持用真才实学来引导学生的价值观。于漪老师对“真”的追求，还体现在破解真问题上：学生都是有表现欲的，都期望自己在课堂上能提出高质量的问题。但高质量的问题，对老师来说也是一种挑战。于老师不仅鼓励学生在课堂上真实表达、练口，而且真实回应学生的问题，并在娓娓道来中不动声色地解惑。有一个案例是在一堂讲授《木兰辞》的课上，一名学生公开质疑：“中国古代女人要裹脚的，花木兰是小脚，怎么可能行军多年不被发现?”于老师表扬了这位学生的独立思考，并大量查阅资料后给出回应：中国古代女人裹脚的习俗，始于南宋，木兰代父从军是南北朝时期的故事，当时尚无裹脚风俗。老师用严谨的治学态度回应了学生求实的问题，给学生留下深刻的印象。于漪老师还用人性之善，关爱与引领学生成长。当时生活条件相对艰苦，于漪老师拿出了自己的特级教师津贴，让每个同学购买自己喜欢的书，建起班级图书馆。学生们说，于老师的语文课是欢乐的，第一次感受到语文学习天地之广阔，语文学习不仅仅是学习课本知识。

“培养什么人、怎么培养人”，既是对教育价值的终极拷问，也是教师树立纯正价值观的基础。师范院校是培养中小学教师的摇篮，于漪老师在上海第二师范学校任教时，特别注重对学生价值观的引领与培养，将“一身正气、为人师表”的办学理念，渗透进教育教学管理全过程，滋养了一届又一届的二师学生。而她的学生，把这份纯正的价值观传承了下来。比如以校服建构师范生正气、自律的社会形象，增强了学生对学校、对教师职业的认同感、归属感与自豪感，在社会上产生了辐射和导向作用。二师恢复建校后不久，一跃成为上海乃至全国培养小学师资的龙头学校，吸引了各区优秀初中生报考。再比如让学生值日挑大粪为绿化带的麦冬沃肥。一开始不少同学发牢骚。而国家培养学生读师范学校，不仅学费全免，每月还有补贴，于漪的初衷是让学生心怀感恩和使命，让“自力更生、艰苦奋斗”成为一种行动自觉，修身立德，用双手创造良好的校园环境，培养责任意识、家国情怀。

有不少人认为，教师的纯正价值观，很容易上升为高大上的理念与空洞的口号，难以在自身落实，也难以让学生信服。在于漪老师身上我们可以看到，纯正的价值观，是一种身体力行的实践。如于老师以 70 多岁的高龄，去远郊近百公里外的郊区参加名师基地活动，这份亲力亲为的严格要求与职责担当，给学员们树立了良好的品行榜样。于老师不仅一早准时去、不讲特殊，而且自带鸡蛋分给年轻老师做早餐，这份奶奶式的关爱，给学员们情感的洗礼。更不用说，在劳累脚肿的情况下，一头扎进教室听课，午饭后搁下筷子就赶去教室和同学们敞开心扉聊学习和生活。于老师身体力行的带动，将为师者纯正的价值观化为点滴行动，可观、可感、可学，直接影响到学生的德性与专业成长。因此，她所在的杨浦高级中学语文教研组，先后走出了 6 名特级教师，带教了全国上百名骨干教师。这些年来，她带教的基地青年教师中，也有多人被评为特级教师和正高级教师。耄耋之年，她连续担任了三届上海市语文学科德育基地主持人，手把手带教了百余名青年教师，帮助他们将学科育德理念在语文学科中扎实落地，推动学科德育建设和实施。

（四）成长建议：从第一粒开始，扣好人生的每一粒扣子

纯正价值观的树立，对于学生与教师来说都很重要，应当作为立德树人的第一要务和教师职业人格完善的首要目标。

习总书记多次提及价值观的教育问题，并形象地以“扣好人生第一粒扣子”作比喻。2014 年青年节他在北大的讲话中提出：“我为什么要对青年讲讲社会主义核心价值观这个问题？是因为青年的价值取向决定了未来整个社会的价值取向，而青年又处在价值观形成和确立的时期，抓好这一时期的价值观养成十分重要。这就像穿衣服扣扣子一样，如果第一粒扣子扣错了，剩余的扣子都会扣错。人生的扣子从一开始就要扣好。”2018 年 9 月在全国教育大会上他再次提出，办好教育事业，家庭、学校、政府、社会都有责任。家庭是人生的第一所学校，家长是孩子的第一任老师，要给孩子讲好“人生第一课”，帮助扣好人生第一粒扣子。

教师要培养纯正的价值观，为孩子打下良好的道德基础，要深刻理解教育的时代特点与育人目标的内涵变化。党的十八大提出“立德树人”的根本任务，党的教育方针中提出“五育并举”，都指明了教育价值观的方向。德智体美劳五育并举，在新时代面临新挑战，被赋予新的内涵。如德育中，新的垃圾分类要求，是个体素养，还是社会规则？教师要了解并讲透个体权利与公共规则之间的界线，德育才能入心。而智育的要求与内容也在不断发展，信息素养、财经素养等未来社会所必须的能力素养，对当下教育内容和教师提出了新挑战。劳育更是如此，培养大国工匠的使命、以劳动技能为载体提高学生动手实践能力以培养创新素养，这些新的教育目标，要求教师树立以纯正的价值观引领学生成长的专业自觉。

教师以纯正的价值观引领学生成长，要落实而不落空，要不断探索以情动人、以能服人、以德树人的专业能力。为避免价值观教育停留在空洞的口号上，教师要学会“以情动人”，修炼与学生“共情”的能力，立足青少年与儿童视角，以他们喜闻乐见的方式，将高大上的社会主义核心价值观化为可以亲身参与的实践活动或者可以直接感受的教育资源，让价值观教育入心。同时，教师要提高专业能力，了解不同年龄、不同类型学生的认知与情感发展特点，有针对性地进行授课，提高价值观教育的实效。最后，教师要以德树人，通过师德垂范，向于漪老师学习，身体力行践行纯正的价值观，在自己的日常行为与教学中，挖掘育德价值、长远价值，五育并举协同育人。

教师自我成长与人格完善，是用生命在歌唱，去唤醒与影响一代人。

小　结

如何认识教师的自我成长与人格完善，本章给出了系统的指导。针对教师的自我成长、教师的人格完善这两大方面，从案例呈现、理论阐述，到实践启示、成长建议，进行了详细的梳理与点拨。前者涉及教师的自我意识、自我管理、自我激励、情绪管理等；后者则包括态度负责、热情激励、耐心自制、富有爱心、纯正价值观五个方面。

第五章 独上高楼，望尽天涯路：教师的文化视野与人生境界

内容提要

要真正提高教师的人文素养，就要拓宽教师的文化视野和人生境界。教师的文化视野涉及三个主要方面，即文化传承、国际视野与哲学思维。教师的人生境界则包括精神自由、人生价值和意义与幸福追寻。

第一节 教师的文化视野

一、文化传承

为天地立心，为生民立命，为往圣继绝学，为万世开太平。

——张载

（一）案例呈现：曾经的西南联大

曾经的西南联大

2018 年上映的电影《无问西东》，让人们回忆起八十多年前建校的西南联大。1938 年开办的西南联合大学，是一所只存在了 8 年多的大学，但它保存了中国在民族危难时期的重要文化和科学力量，并且培养了一大批卓有成就的各行业人才。西南联大的教师们在极其艰苦的条件下，真正做到了“为往圣继绝学”的文化传承。

西南联大师生名录，几乎代表了半部中国近现代史。文学院有陈寅恪、闻一多、钱穆、冯友兰，法商学院有罗隆基、钱端升、吴泽霖、费孝通、潘光旦；理工科有不少教授是中国近代若干基础学科和工程技术学科的开创者和奠基人，如饶毓泰、吴有训、叶企孙、黄子卿、孙云铸、袁复礼、吴大猷，理学院还有华罗庚、曾昭抡等。北大哲学系教授黄枬森，曾撰文回忆他在联大读书期间的课表，“国文老师是沈从文，英语老师是李赋宁，物理老师是吴有训，中国通史老师是吴晗，公共伦理学老师是冯友兰。我还选修了数论和《庄子》，老师分别是华罗庚和闻一多”。

这期间的学术成果异常丰硕。冯友兰的《新理学》、华罗庚的《堆垒素数论》、周培源的《湍流论》、吴大猷的《多元分子振动光谱与结构》、陈寅恪的《唐代政治史述论稿》、熊十力的《新唯识论》、金岳霖的《知识论》等研究成果，都是在西南联大时期完成的。

1938 年 11 月，西南联大作了一个震惊全国的决定：聘请沈从文为教授。当时，西南联大拥有功成名就的学者、留学欧美名校归来的名师，以及大量顶级学府毕业的学界名人。而沈从文，既没有学历也没有学术著作，只是一位作家，梅贻琦看重的是他的才华。“1939 年，我在西南联大入学那年，学校又干了一件震动全国的大事，聘请钱锺书、华罗庚、许宝騄当了正教授。那一年，这三位先生都只有 28 岁。”“翻译文化终身成就奖”得主何兆武回忆道。

独立制片人张曼菱的父亲告诉她，抗战时期，昆明地处边陲，生活很安逸的，有钱人家的太太小姐珠光宝气，花枝招展，对于国事没太多人关心。突然间，昆明人看到来了一大群来自北方的读书人，他们经过艰难的长途跋涉来到昆明，要么面黄肌瘦，要么衣衫褴褛，还有的先生留着大胡子，说抗战不胜利绝不剃须。昆明人猛然惊醒，“锦衣深藏，钟鼎入库，敬斯文、切战事”成了昆明的新风尚。

联大蒙自分校的建立在当地是新鲜事。起初蒙自的当地人包括文人绅士和官员认为，联大的学生打扮过于时尚，对当地影响不好。而蒙自当地女性入学的很少，几乎没有女孩小学毕业。青年男女日常交往受到严格限制，很难互相交流。北方大城市来的青年男女的交谈行走对于当地百姓而言，都无异于一种对文化习俗的忤逆和挑衅。联大师生们积极行动起来，他们播下文化的种子，向当地民众敞开学习的大门，办起了民众夜校。他们发起的“灭蝇运动”，使更多的商家食品铺子开始使用食品罩子，用以隔开苍蝇。蒙自和联大的关系日渐融洽起来，当联大离开时，蒙自的姑娘们出门已经不再打着雨伞，男女同校的中学开始建立，少数年轻人开始向往报考像西南联大这样的大学。

资料来源：何兆武．回忆我那些西南联大的老师们．(2018-02-01)［2020-03-03］．https：//www.sohu.com/a/220347240_759324；王烜．西南联大：民族精神与心灵的整合．(2017-11-08)［2020-03-03］．https：//www.jfdaily.com/news/detail?id=70395.

（二）理论阐述：文化视野与文化传承让教师安身立命

当我们在考察、分析和处理日常生活的各类问题时，不可避免地会受到自己认知能力范围的影响。这种思考和认知问题的方式、出发点和角度往往和我们本身的社会历史文化背景相关，这就是我们的文化视野，它通常会涵盖文化传承、国际视野、哲学思维等方面。不同的文化视野，就会呈现出不同的人生态度、处事方法和境界。如果一个人的文化视野是雄阔的，那么他通常能够以文化的、哲学的乃至世界的眼光来看待和处理问题，从而作出适宜的选择。因此，文化视野是人们在这个纷繁世界上安身立命而不可或缺的素质。

文化传承，是对自身文化的反省和重新构建。对既有文化进行认知、审视、改良和创新，形成值得传承的文化共识，我们需要对自身文化深入探索的意识和改进的切实行动[①]。我们是文化的继承者，更是文化发展创造的推动者。我们从前人的事迹和传统中，领略被忽略的现代价值。文化传承，就是来自传统而走向未来的价值创新。教师是文化传承的天然桥梁和纽带。从社会历史到家庭传统，从价值观到文化共识，他们通过自己的身体力行和言传身教，通过自己鲜活的思想和饱满的生命体验将这份中国和世界的文化，传递给下一代。

文化的传承和保护不会一帆风顺，教师为了学术和真理，需要有自己的责任和担当，为中国乃至世界文化的传承作出自己的贡献，从西南联大教师们的事迹中，我们可以获得启迪和前行的动力。而他们的所作所为也正体现了教师本身作为文化的保护者和传承者的作用：学术文化的传承、学术共同体的建立与中西方精神文化的融合。

① 徐显明．文化传承创新：大学第四大功能的确立．中国高等教育，2011（10）：10-11.

（三）实践启示：学术传承、学术共同体的建立与中西方精神文化的融合

1. 学术传承

西南联大的前辈们首先在学术文化传承上作出了榜样。雄厚的师资是学术文化传承的基础。教师在文化传承方面起着决定性作用，而高等教育在培养高素质人才、积极参与国家建设和发展、促进公民意识等方面都离不开教师的基础性作用。西南联大汇集了一批著名专家、学者、教授，师资充实，人才济济，涵盖了当时几乎所有学科的领军人物，其中大多都有留洋的学术背景，成为当时中国规模最大的高等学府。文科的教授多数学贯中西，那些专攻国外文学哲学的教授，同样拥有深厚的国学基础，并且对中国国情有深入了解；而擅长中国文史研究的专家也会用国外的研究方法来研究中国的传统学科。这样的师资队伍为学术传承奠定了坚实的基础。

这些大师或者是名师，是以学术为生命的，以开创一个学科或者一个学科的新局面为追求，这一点在联大的学者教师身上莫不如此。尽管图书仪器短缺，生活条件艰苦，但是大学的学习和研究气氛空前浓厚。在当时，科学考察和研究西南民族文化在学者中蔚然成风，而云南独特的自然条件和民族文化也提供了极佳的研究环境[①]。1941 年，由西南联大曾昭抡教授率领的“西康科学考察团”师生，从昆明出发横渡金沙江，经西昌，越大凉山，进入彝族区，对沿途矿产资源、交通情况进行普查和核实，为后来的攀枝花矿区开采提供了重要资料。与此同时，民族学、人类学领域的学者们，根据云南的自然环境情况，并结合边疆民族地区实际，对云南进行了广泛而深入的田野调查，这些研究不仅在当时扩展了相关学术研究，并且促进了云南经济社会的发展，支持了抗战[②]。

这些教师的学识不仅体现在学术学科领域，更体现在他们作为知识分子的社会良知，他们通过自己的学识和参政议政的热情，展现了知识分子的风骨和担当精神。这些知识分子不仅是学界的代表人物，在当时中国的政治舆论界也具有相当的影响力，他们通过报纸、杂志等媒介对抗日战争期间的各种政治社会问题提出自己的见解，使以昆明为中心的西南地区成为有生的民主力量，同时也深刻影响了中国政治的走向。

2. 学术共同体的建立

文化传承通常以学术共同体的建立为载体。学术共同体将学者们凝聚在一起，以共同的价值取向、文化生活、内在精神，通过对话交流和探索批判，推进学术发展进步和传承。而联大的学术共同体的建立，从学风到治学态度的传递，从教师精诚合作到教授治校的管理，以至于兼容并包的课程，都给予我们很多启示。北大、清华、南开等著名高等学府所固有的严谨治学态度和优良学风得以传递，学术自由的精神得以延续：联大师生们共同受到清华的严谨认真之风、北大的民主自由之风、南开的开拓活泼之风的熏陶，在办学的 8 年中毕业学生近 4 000 人，有的甚至成为举世闻名的专家学者，他们继承和发扬了联

---

① 孙希磊．抗战时期的西南联大与云南社会文化发展．北京建筑工程学院学报，2004（S1）：75－80.

② 杨绍军．抗战时期西南联大的民族学人类学研究及其意义：以云南为中心的田野调查为例，2009（4）：178－186.

大所秉承的学风和治学精神，对中国后来的建设事业、文化教育的发展乃至世界学术研究，都作出了卓越的贡献。

学术共同体表现为联大教师的精诚合作及和而不同的人文关怀，这些不仅体现在其自身，也体现在与当时兄弟院校的合作与对学生的包容。与西南联大一路之隔的云南大学，抗日战争时期在著名数学家熊庆来的主持下也聚集了大批学者，如严济慈、彭桓武等。一些知名学者在西南联大与云南大学两校兼职；许多活动也由两校师生共同参加。联大有招收转学生的制度。1945 年，联大曾委托国立武汉大学等学校帮忙代收一年级的新生[①]。除了尽可能为学生提供各种学习条件，在招生时也会考虑战时前方和后方的学生受教育的条件不同而使用不同的题目。联大灵活处理和遵守“战时须作平时看”教育方针，既做好严格的计划招生，又根据具体情况作出适时的调整，对待学生充满人文关怀。

联大所创建的学术共同体最令人瞩目的特征是教授治校的管理和以通识教育为基础的课程设计[②]。西南联大推行教授治校。通过别具一格的教授任用，联大的学术共同体展现出令人耳目一新的面貌，成为人们口中的“向往之所”。唯才是举是西南联大的用人标准。联大真正做到了唯能力而不是唯学历或“职称”，人们津津乐道于这几位没有学历的教授：沈从文小学毕业，钱穆没读完中学，华罗庚中学刚毕业，而只有高中学历的陈寅恪却成了清华的“四大导师”之一。这些背后是教授们所开设的以通识教育为基础的课程体系。在这些教师的共同努力之下，8 年时间中累计开设了 1 600 多门课程，这些课程都是当时教学和研究的最新成果，教学内容先进，内容常讲常新，使学生获得了广博的知识和不同的思维模式，极大地推动了学术共同体的建设，激发了学生的学习热情。

学术共同体的创建，除了强有力的课程体系的支撑，还得益于兼容并包的教学内容和风格。教师在讲授内容、教学方法和学业考评方面，几乎拥有全部的主动权和决定权。联大的教授们上课风格各异。卞之琳口音极重，不管学生们是否听懂，他依旧自顾自地讲；沈从文不喜欢命题作文，于是他上课“随心所欲”地聊，学生也随便写，不过他批改作业却格外认真，通过及时反馈向学生传递写作的要素，并介绍中外名家的各种写作方式；朱自清要求最严格，讲解宋词时一板一眼，既要求学生认真做笔记，还时不时举行随堂测试。课堂纪律那就更是自由得多。闻一多先生向来烟不离手，上课时也不例外；徐志摩曾一边讲课一边啃苹果；钱锺书讲课全用英文；陈寅恪则从不备课，上课时旁征博引，妙语连珠。虽然没有严格的纪律作为约束，但是这些教师通过优质的课程内容，全身心地为学生服务，沉浸在学术的妙趣之中，让学生真正体会为求真理而学、而教，使学术共同体的理念得以实践。

3. 中西方精神文化的融合

中西方精神文化的融合是传统中国士大夫精神与西方自由主义思想的结合，是刚毅卓绝与学术自由的交融。在血与火的战争岁月，西南联大的教师们经历了自身使命与国民精神的整合，经历了南迁和昆明时期的艰难岁月，与国民生活的进一步贴近使教师们完成了

① 朱端强．西南联大与国立大学的三次统一考试．云南师范大学学报（哲学社会科学版），2012（6）：68－73.

② 邵明峰．西南联大办学奇迹背后的原因探析．现代教育科学，2007（1）：44－47.

自身精神的升华，并且将这种精神传承了下来。

平日里象牙塔中的教师们与中国的普通市民并没有太多的交集，但是抗战、南迁和随后的艰难度日使大家的心一起跳动。陈寅恪和吴宓最初没有打算走，觉得自己闭门读书，没有关系。但是陈寅恪父亲的毅然绝食让他们明白，在大时代下，生存已经不是个人的事。陈寅恪说道："文化不可以亡。"知识分子从自己的小我与时代的脱节中，看到了人格成长的空间，是民族大众、厚重历史和士人精神给了这些知识分子成长的土壤。作为社会精英，他们为当时的中国传递了一种必胜的精神和前进的信心。

任继愈同样面临着选择，是读书还是杀敌？钱穆为这些争辩总结到：杀敌是爱国，读书也是爱国，为国家保留读书人，用上前线杀敌的动力来读书。可以说，钱穆的观点正是当时绝大多数中国知识分子在这段艰难岁月的真实写照，因为他们看到的不仅是中国的当下，更是中国的未来。任继愈在南迁途中深切体会到了中国的民心，感受到了中国文化在每一寸土地的渗透，理解了民族的苦痛，同时对民族的坚韧产生了信心，而这些也促使他的学术转向，从西方哲学史转而研究中国哲学。

联大教师用自己的身体力行改变了当时云南地区的社会风气和面貌。教育文化的传播和迁移，不仅保留了先进的文化思想，更促进了云南地区的发展。闻一多、刘文典先生向市民作演讲，聊时局、聊文学、聊历史，让人们明白国家是每个人的，必须爱这个国家。学者们从书桌旁来到了市民中间，将自己的见解分享给普通市民。

联大的文化和精神氛围延续和影响到了蒙自这个边远小县。一方面，尽管只存在了很短时间，但西南联大的师生给蒙自当地的思想文化及社会生活产生了极大的影响。更重要的是，联大不仅提高了当地学校的教学水准，还带来了先进的社会政治理念。这些潜移默化的变化都是从联大来了以后才开始出现的。另一方面，是蒙自给了联大生根发芽的机会，使联大的老师和学生有了服务社会、传播文明的可能。在文化传播和融合中，他们找到了自身存在的价值，体会到了文化传承和融合的实践过程。

（四）成长建议：文化传承与知行合一

当我们回顾这段令人荡气回肠的历史，对前辈的丰功伟绩发出由衷赞叹之时，也深切感受到了自身所肩负的责任之重。在新时代，教师所应具有的文化视野，首先就在于文化传承的责任和义务，包括学术传承、学术共同体的建立以及中西方文化的融合。我们可能无法做到学贯中西，但我们可以设法提升自己的国学人文素养，加强最新教学和研究动态的探究，以学术研究作为自己努力的方向，将国外的研究方法与自己的研究兴趣相结合。学术共同体意味着更深刻地理解学术评价，而不是局限在"职称"这个层次，更多理解学术自由精神和态度本身，通过更多的倾听和对话，提升自我认知，使自身的洞察力和研究的互动能兼容并包地促进课程教学和学术共同体的建设。中西方文化的融合，是既理解传统文化和国情，又接受世界先进文化的熏陶，在"知行合一"中将这些思想融入自己日常的教育教学活动中，了解和体会解决真实环境问题的社会实践和服务的过程。关于国际视野的问题，我们将在下一部分进行讨论。

二、国际视野

一个国家之所以能够独立，那是由于国民具有独立之心。

——福泽谕吉

（一）案例呈现：日本纸钞上的教育家——福泽谕吉

日本纸钞上的教育家——福泽谕吉

福泽谕吉，一个肖像被印在日本纸钞上的教育家，他以非凡的勇气、远见和智慧冲破了日本当时孤立的世界观，将日本融入了世界潮流，树立了全新的国际视野。

福泽谕吉1835年出生于大阪，早年生活艰难困苦。不幸的经历使他得以从不同的角度理解这个世界。父亲去世后，家庭陷入了贫困，他直到14岁才有机会开始学习，但成绩优异。18岁时，美国舰队叩开了日本的大门，对他的生活产生了深远影响：佩里舰队加速了幕府闭关锁国历史的终结，开启了明治维新的序曲。炮舰带来的现代文明激发了他努力学习西学的勇气。他来到横滨——日本当时向西方商人开放的三个海港之一，并自愿成为日本政府驻美国特使。他加入第一批前往美国和欧洲的使团，对英国、法国、德国、荷兰、葡萄牙和俄罗斯进行了长时间的访问。在旅欧途中，他仔细观察文明与国家社会的关系，这对他的思想生活产生了重要影响。就在30岁的时候，他带着丰富的观察笔记和书籍回到日本，随后撰写了《西洋事情初编》。这本书初步呈现了他的思想体系，向民众普及了关于先进文明国家的知识，人们争相购买阅读，一时洛阳纸贵。

在游历中福泽谕吉认识到，技术进步使西方国家更加繁荣，如果日本想要取得类似成就，那么人们的知识和思想就必须发生革命性的变化。因此，他回来后创立了自己的学校——庆应义塾，并采用自己的观点和经验进行教学，这就是庆应大学的前身。1867年，他效法西方私立学校的做法，确立课程内容，设立财团法人。福泽还亲自教授政治经济学，更从国外引进教授，为学生提供了全新的教育体验。后来二十多年中，学校课程中还增添了其他科目——数学、经济学和医学。

为了帮助普通人开阔视野和向他们介绍新思想，福泽谕吉和同事们创译了新的日语词汇来普及新的观点和思想。例如，创造了“演讲”一词对应英语中的“speech”。辩论和演讲的艺术与当时的日本社会格格不入，但福泽认为没有辩论和演讲，民主的最终目标是无法实现的。他创造的另一个新词是“科学”。福泽教育学生通过批判性思考来解决问题，以揭示真理，而不是专注于短期的实际解决方案。此外，还有“教的时候学，学的时候教”，类似中文的“教学相长”，学生和教授之间没有区别，无论是新手还是专家，两者都有能力既教又学。为了使庆应义塾成为日本高贵品格的源泉和智慧美德的典范，福泽创立了学校的校规和价值观，他希望这些规则和价值观不仅适用于学生和学校，还能改善整个日本社会的日常规范。直到今天，这些规范一直是庆应大学学生的行为准则，其中包括独立自主和自尊，保护自己和他人的尊严，在每一件事上都保持谨慎和责任。福泽谕吉一生都努力通过教育实践将日本推向现代文明。

资料来源：A. Macfarlane. Yukichi Fukuzawa and the Making of the Modern World. Londen：Palgrave，2002.

（二）理论阐述：具备国际视野，是教师提升教学能力的重要因素

进入二十一世纪，我们的生活经历着前所未有的迅疾的技术、经济和社会变革。现在的变化比以往任何时候都要快，新技术正在动摇人们习以为常的认识事物的模式，新的交流方式和内容使我们快速地朝着我们不曾预料的方向奔跑。在一个全球化的时代，教师应具有国际视野似乎是不言而喻的。这时，我们需要回顾我们先前的道路。那些在自己的时代描绘了未来世界的人，其价值观的影响持续至今。案例中的福泽谕吉，尽管他作为“启蒙教育家”所鼓吹的“脱亚入欧”思想最终塑造了滑向军国主义的日本，但在充分审视他的行为和价值观后，我们依然能够汲取有益的思想养分：走向全球化的道路曲折而漫长，我们需要国际视野的助力。

长期以来人们都认识到，拥有国际视野的人在跨文化和地区的全球环境中游刃有余，能更加有效地工作，减少由于互动过程中处理不当而造成的负面后果。国际视野能有效减少偏见，建立信任关系；能有效提升凝聚力，减少大量的沟通错误，减轻个人压力。人们意识到，无论是在国际学术交流中还是在国际政治和贸易等领域，不同文化之间的差异所造成的误解都是人们最渴望避免的陷阱。由于缺乏文化敏感性而遭受巨大损失的例子比比皆是[①]。

当前各国的教育交流进入了一个快速发展和竞争加剧的国际化新阶段。尤其是高等教育市场出现了真正的全球化：有能力的学生可以在各大洲任意一所大学或机构中进行学习。而研究对象也呈现出全球化的特征：国内外期刊，各学科的大量国际会议，以及广泛传播的对大学的研究和教学情况进行排名的榜单。教师和其他职业一样需要发展和提升国际视野，解决跨文化的复杂问题。对于教师而言，无论是参与一次性的学术活动，还是与其他机构进行持续性的合作，或者拥有来自不同国家或地区的合作伙伴，都有助于改进研究和教学的管理和合作水平，适应当前的文化多样性情境，提升国际视野。由此，我们需要进一步理解文化自觉意识，了解提升国际视野所需发展和培养的能力及方法，认识到在全球化的世界中积极提升相关能力的重要性。

（三）实践启示：国际视野的塑造不可一蹴而就

显然，国际视野的塑造不是一蹴而就的，需要经过艰苦的打磨，有时甚至是重生。首先，深思熟虑的准备是必不可少的。有时需要一些尝试性的接触和探讨，但更多的是需要培养一种开放的态度，要愿意质疑自己的想法，尤其是那些曾经认为是理所当然的信仰、态度和行为。福泽谕吉的出身背景使他几乎没有晋升的机会，1854 年他前往长崎（当时

① M. N. Yildiz. Developing Global Competency and 21st Century Skills：Redefining Curriculum Through Global Education. The Annual Meeting of the ATE，2012－02－11.

日本少数几个与西方有联系的地区之一）学习西方军事技术。而当时日本只有“兰学”（荷兰语学习），兰学是当时日本用来描述西方科学知识的术语，而荷兰语则是日本 19 世纪开放之前所使用的唯一西方语言。随着西方列强的步步紧逼，研究国内外情况变得非常重要，福泽谕吉搬到江户（现在的东京）开办了一所荷兰语言学校，这所学校后来发展成了庆应大学——日本第一所独立于政府控制的大学。福泽谕吉的兰学成就并没有给他带来多少荣耀，当他发现兰学已经不能迎合时代的要求时，他立刻开始转而勤学英语，也因此获得了前往美国的机会。这正应验了我们常说的“机会总是青睐那些有准备的人”。

其次，要通过进行大量的尝试性探索实验，寻求解决实际问题的办法。在这个阶段，保持冒险意识和愿意进行新的尝试非常重要。通过与外界的交往和能力建设，建构自己的美誉度。福泽谕吉将两次出访后写下的笔记整理成书，因为对西方政治、经济和文化机构的简单而清晰的描述，这本书一夜之间变得流行起来。他形成了一种清晰的写作风格，并开始在日本进行首次公开演讲和辩论。他开始致力于将西方文明介绍给日本，他对西方的推崇由此开始，并且持续一生。由于他以崇尚和宣扬西方文明而闻名，当日本政府开始积极寻求外国知识时，他经常被邀请加入政府，但他拒绝了，坚持做一个独立的知识分子。

最后，要通过积极主动地掌握能全面提升国际视野的应用能力，塑造独立人格。每个人都能在个人领域及专业层面上取得成效和经验。学习者在学习过程中，要不断反思自身经验，提升相互合作的效率和满意度。当然，个人在学习方法上也存在差异。福泽谕吉的《劝学篇》很好地介绍了这种观点。他从“天赋人权”出发，提出以“学问”培养日本人民的独立人格和民族精神。在福泽谕吉看来，国家的独立、社会的文明进步及个人独立人格的塑造，就是要去除专制集权。而不论是国家的平等和独立，还是个人的独立和自由，都要靠教育。只有养成独立的人格，才能肩负起振兴民族，促进“文明开化”的重担。具备现代社会文明进步的科学文化知识、适应现代社会生活方式、提高与人交往的能力等，都是培养独立人格的途径。拥有国际视野已成为独立人格培养必不可少的组成部分。需要指出的是无论是深思熟虑的准备、不断的尝试还是积极主动的学习，都是相辅相成、螺旋上升，并且相互支撑的。

（四）成长建议：强化知识观点、沟通交流、人际关系及个人素质

国际视野的能力培养通常从以下几个方面着手：知识观点、沟通交流、人际关系及个人素质[①]。

1. 知识观点

面对全球化的情境，要想对我们周遭的行为、观点和视角作出正确的抉择，挑战巨大。我们倾向于透过我们自己的文化视角来看待世界，尤其是当我们刚从一个封闭的环境转向相对开放的环境时，我们几乎没有机会或者很难让自己沉浸在其他文化氛围中。我们会错误地理解我们所看到的世界，对他人的消极刻板印象往往会盖过我们积极灵活思考的

① V. A. Mansilla. Educating for Global Competence：Learning Redefined for an Interconnected World//Heidi Jacobs. Mastering Global Literacy，Contemporary Perspectives. New York：Solution Tree，2013.

本能。为了更好地探索和理解我们所在的这个世界，我们需要国际视野下的知识和观点。我们需要以开放的心态接受新想法，准备接受对我们已经习以为常的思想的挑战，还要避免对他人的行为和思想贸然作出判断。我们需要接受多元观点和行为，容纳他人的思想观点，尽管这些观点可能与我们自己的很不相同。在多元文化群体中，我们需要分享和展示人们对问题的不同看法，以促进问题的解决。

2. 沟通交流

能够建立信任并且相互理解的关键在于善于沟通。只有通过有效和适当的沟通策略和技能，那些对于外界的想法和运作原则的初步结论才能真正转化为双方的共识。而在建构和探索意义时，语言障碍问题所导致的困扰时时存在。人们常常忽略了建立相互理解的平台的重要性以及构建该平台所需花费的巨大努力，更何况有效沟通还需考虑人们的不同交流风格。为了提高沟通交流能力，我们需要注意使用语言和沟通方式的选择，并且愿意学习对方的语言。在沟通和交往中，所使用语言的难度要考虑对方理解的能力和程度，要积极和专注地倾听。我们要能在不同文化背景下，敏锐地体察到对方所释放的非言语信号。为了建设和发展合作友好的关系，我们要预先创建双方理解和共享的对话平台，保持沟通的灵活性。

3. 人际关系

文化上的差异会导致在一些关键问题上产生误解，如对团队合作和等级制度等关键问题的看法往往是分歧的根源。文化差异导致的凝聚力缺乏是造成团队工作效率低下的关键因素之一。因此，团结协作是工作的需要，而不是可有可无的因素。为了更有效地工作，我们不仅需要关注与特定个体交往时的关系建立，还要更进一步关注他们的文化背景。我们需要积极主动地结识新伙伴，并努力建立和维持融洽的关系。我们需要对不同文化团队内的社会和职业角色保持敏感，尤其是工作环境中的等级和人际关系。

4. 个人素质

这里的个人素质主要是指情商、方向感和适应性等个人品质。这些品质可能是属于更深层次的，但在不熟悉的环境中，拥有这些品质能让别人在我们身边感到舒适。我们需要一点冒险精神，去探索多样性的变化，同时要拥有强烈的自我意识，知道自己的目标和方向。我们要沉着地应对不同的环境和情况，能够在出现问题时保持灵活性，积极地接纳不同的看法和做法。要有清醒的文化自我意识，即在某一文化背景下的模范行为，在另一种文化背景下可能恰恰相反。因此，我们需要有足够的自信，并愿意作出相应的调整。

在许多方面，开放的心态所达成的“国际视野”对我们今天生活的世界是有意义的，甚至是很有必要的。迅速变化的环境会使人不由自主产生否认、愤怒和恐惧的情感。在当今的全球化背景下，人们可能害怕失去初心和自我，也可能对科技在未来对自己的工作产生的影响表示担心和恐惧。的确，教育技术包括人工智能的发展，可能会使一些教师的工作完全消失。或者，当面临来自国内外的激烈竞争时，会表现出愤怒或不知所措。我们有两种截然不同的选择：要么是选择封闭自己，形成一道墙，与外界的新生事物隔离；要么是选择像福泽谕吉一样，向更广阔的世界开放，寻求知识，从别人的最佳实践中学习，并以此积极地改变自己的认知模式。更开放的心态和国际视野，是我们取得进步的源泉，它使我们的头脑保持新鲜、充满希望。

三、哲学思维

学而不思则罔，思而不学则殆。

——孔子

（一）案例呈现：给孩子哲学思考的机会

让孩子以自己的眼睛看世界

在教育教学过程中，与孩子进行交流，我们经常会发现孩子们的问题充满哲学意味："我是天上的星星吗？""为什么天空那么蓝？""为什么我喜欢的食物别人不喜欢？"我们曾经都有过这样充满奇思妙想的童年。随着年龄的增长，我们对于世界的提问、质疑和思考，渐渐被制度化学习所淹没。是否可以通过教师哲学思维的身体力行和课程设计，重新激发所有人的好奇心、想象力和创造力呢？

在浙江省某实验学校的展示课上，教师向学生们提出"不争辩、不出神、不取笑"的课堂规则。在课堂这个环境中，每个人都是平等的，每个人的意见都可以被听取，因此，每个人都可以举手提问，而其他人都要尊重别人的发言。在课堂上，当每个孩子开始说话，这是一个重要的开端。要为他们塑造一个轻松愉快、严谨而有序的氛围，给他们一个思考和表达的"安全空间"，使学生敢于发言、敢于表达自己，使他们获得"安全感"，不会因为一些"不可思议"的想法和观点受到别人的嘲笑。对于教师而言，这是在用儿童视角、儿童心理看待世界，需要充分尊重儿童，尤其是尊重儿童的观点和看法，尽管在成人看来，这些观点是如此的"可笑"或者"毫无意义"。成人教师需要放下自己的身段，跟孩子保持在同一高度，用自己的实际行动，表达对孩子尊重。

思维习惯和品质的养成。通过哲学的启发，教师可以重新认识学生，认识自己的教学方法和理念，为每一个孩子创造塑造真实自我的机会，让他们探索内心真正的答案，培养独立思考的习惯。教师在课程设计过程中，需要更多考虑如何训练学生的思维习惯和品质，注重通过讨论互动过程中师生之间、生生之间的情感和语言交流，给孩子更多的表达和思考的空间，使课堂成为学生表达自我和展示自己的场所。

精彩纷呈的课堂讨论实践。在昆明市某小学，教师们自行创编了儿童哲学校本教材，讨论内容涵盖"人与人"和"人与自然"的话题，以及"人与社会"的话题，让学生们学会倾听、质疑、思考、选择和担当。教师对学生的看法和表达不轻易下结论，而是更多鼓励学生大胆质疑、表达观点、张扬个性，进行思维的碰撞和交流，用举例子、打比方、反驳等理性方法去论证自己的观点，从而使学生能够丰富和发展自己对各种问题的认识，形成良好的思维习惯和品质，不断提高分析问题和解决问题的能力。

让各学科的课堂都有哲学思辨的"味道"。课堂上教师不再是仅仅为了给孩子灌输知识或结论，而是让孩子学会独立思考的本领，并且能在不同学科中探索真正的问题。这种哲学思辨的理念可以渗透在各种课程中，形成特色课程。教师在课堂中，通过不断塑造和改变教学情境，创制层次鲜明递进的问题群，激发学生的探究欲和好奇心，促使其进行深层次思考。教师要有开放的心态，接纳课堂上自然而然形成的讨论内容。由于课堂上许多无法预测的可能性，教师要敢于“冒险”，抓住学生们奇妙的思维火花，拓展文本理解，批判性思维在此过程中不断深入，思维习惯和品质随之形成。

资料来源：叶青云．儿童哲学：让孩子以自己的眼睛看世界．浙江教育报，2018－04－09.

（二）理论阐述：哲学思维的培养是一项综合工程

哲学思维是一种学习方式和氛围，教师可以通过理性的表达在自己的周围形成一个以哲学思考为基础的学习氛围，帮助教师和学习者在学习哲学和应用哲学的道路上共同成长。这种学习氛围可以让学习者与教师一起参与有趣的哲学探讨，其目的在于培养共同体意识和相互尊重意识，同时更在于学习如何深入地、逻辑地思考各种问题（例如推理、举例和举反例、有力的论证）。教师通过言传身教，以生动的实例来传达重要的哲学和逻辑原则。在这些哲学讨论和学习中，教师和学习者竞相表达自己，以促进各自创造性思维能力和逻辑能力的发展。共同体意识的构建是学习的起点，能培养学习氛围。在这种氛围中，每个人都尊重、倾听和慎重考虑彼此的想法，以便每个人都能舒适得体地表达自己的想法。如果教师和学习者都能够思考实际或理论问题，以一种合乎逻辑的方式讨论各种引人入胜的话题，那么就能丰富和激发自己对这个世界的好奇心，就能培养坚强的头脑和快乐的心。

哲学思维是一种激发彼此智慧和理性的能力，其主要元素包括：自我管理、理性思考、合作参与、人的联结和语言应用。

1. 自我管理

在参与哲学探究社区时，参与者采用合作探究规则来培养自己的自我管理技能，例如：互相倾听、相互借鉴彼此的观点和思想、尊重每个人的想法、对问题的正确答案保持开放的心态。这些探讨和研究的规则为我们的研究学习提供了一个宽容而理性的交流环境。而参与者本身也可以通过这些理性的行为和思考获得自我行为管理的益处，从而培养理性的思维习惯。

2. 理性思考

各个年龄段的人们都需要提升自己的批判性思维能力、逻辑能力、元认知能力和推理能力。这些思维技巧的熟练运用对于哲学探究以及获得严谨和令人满意的思考结果或者不仅仅局限于简单的讨论是至关重要的。知性好奇心是人类进步的源泉，也是由哲学的核心概念及问题所激发的，而持续不断的反思和实践恰恰是提升思维质量的要津。

3. 合作参与

探究社区的生动的哲学性探索既能吸引学习者又能吸引教师，激发了参与者们进行有意义探讨的兴致，促使其相互审视所讨论的想法和观点，在终身学习热情的鼓励下，获得有价值的思想盛宴的回报。在此过程中，参与者所获得的自信地表达思想和观点以及进行清晰的思考的能力和技能，可以使大家在未来学习和工作乃至社会责任方面做好充分的准备，提升参与的效能，作出自己应有的贡献。

4. 人的联结

在学习共同体进行哲学探讨时，所有的参与者都可以发出“声音”，在此期间，可以以适当的方式来表达自己的想法和观点，使我们的看法和视角为人所知。在共同体讨论过程中，要鼓励所有人参与对话。我们所培养的合作技能将为我们创造一个宽容而又严谨的互动空间。这种学习空间既能够使大家听到、欣赏和质疑彼此的想法和观点，还能引发和促进创新观点的产生。

5. 语言应用

参与哲学讨论可以提高人们的口头表达能力、理解力和社交能力。大量使用思维技能，广泛地运用质询和问答等学习方式能丰富和扩展语言的表达和运用。阅读哲学期刊和学习这类期刊的写作，也能培养写作和精确表达的能力。学会运用推理的语言能帮助我们在教师、学生、家长乃至更广泛的社区之间建立充分沟通的桥梁，使所有教育发展相关方都成为理性思考和表达的实践者。

（三）实践启示：孩子是天生的哲学家

对于那些不熟悉哲学的人来说，哲学思维听起来似乎是一个复杂的话题。但是如果教育工作者们足够仔细地观察他们的周围世界，并且去努力尝试的话，就会发现哲学思维在学校甚至是家庭环境中是很常见的。在学校和家庭环境中，我们经常发现儿童会提出一些“大问题”，如“这些事情即使是工作，你也会喜欢去做吗?”“成年人可以欺骗孩子吗?”

我们通常认为，哲学话题或者哲学思维，是不容易掌握的。人们有时想要弄清楚这些哲学概念到底是什么，以及自己是否有能力理解它，但同时，也不确定自己是否了解该如何去做。我们可以通过一些实例向人们展示他们所知事物中的哲学概念或哲学思维。

哲学思维或概念可以让我们拥有不同的思维能力，以不同的方法来完成之前的一些工作和事情。如果教育工作者或者父母们能掌握一定的哲学思维，那么他们就会觉得和孩子讨论哲学问题很有趣，改变他们之前与孩子讨论哲学问题时退避三舍的态度，与孩子的对话，就变为培养孩子和成人哲学思维的教育工具之一。事实上，哲学问题是每个人都会思考的事情，但在如今的教育环境中，我们往往没有机会和其他人真正讨论这些问题。

《苏菲的世界》的作者乔斯坦·贾德在他的“贾德哲学启蒙少儿书系”中提出，“儿童是天生的哲学家”，如果我们教育工作者和家长没有做好相应准备，那么孩子们的哲学好奇心会荡然无存，而哲学思维也就无从谈起了。为了保护儿童的童心，成年人不要贸然地认为一切都是理所当然。奥斯卡·柏尼菲的《儿童哲学智慧书》也教会我们如何去回答孩子的“为什么”，那就是以真正的哲学思维来对待儿童的哲学问题。我们要有一颗包容的心，去理解孩子的问题，我们在这个过程中和孩子一样，也是在学习。让我们与孩子一起思考，而不是纯粹地为孩子提供答案，我们应该更多提供对话和思考的机会，让孩子知道，可能有些问题不止有一个答案，或者成人有时可能也不了解真正的答案，激发他们对话和思考的愿望。在这个过程中，对话本身可能比答案更重要。通过对话了解孩子的精神世界，尊重孩子的精神世界，让父母和孩子建立平等的交流，不是向孩子灌输自己的价值观，而是培养孩子思考的能力和习惯。这样，当孩子今后遇到问题时，才有解决问题的能力和勇气。

（四）成长建议：像哲学家一样思考学习

哲学——一门在很多人看来毫无用处的学科，却能教会我们如何思考、写作和说话。在培养哲学思维的过程中，通过对话、思考、论辩可以形成思维推理模式，使学习者成为更具洞察力的探索者、更细心的作者和更好的思想者。在具备了哲学思维之后，学习者就能学会找出对方错误的论点，发现隐藏的假设，梳理出微妙的含意，认识到谬误的二分法。

当然，好的思维习惯不仅仅存在于哲学领域。任何学科或专业领域的训练都能培养大家的思维习惯，并帮助大家取得更好的成绩。但哲学思维却不同寻常，这种学习明确地把重点放在一系列论辩结构上，而且主题覆盖广泛，从词义到知识的本质，从伦理到动物的思维，等等。因此，哲学思维的培养能产生更好的思考工具，使我们能像哲学家一样思考。那么，哲学家们是如何使用这些更好的思考工具的呢？

澳洲国立大学教授、哲学家艾伦·哈耶克（Alan Hajek）提出过一个“哲学工具包”①，这个工具包既不是逻辑也不是概率论，而是普通的探索方法或“经验法则”，能帮助哲学家快速确定有问题的说法或假设。这套入门工具能帮助哲学家在应对困难的推理任务时，更加得心应手。

第一个有用的工具是假设质疑法，即对所提出的问题的假设进行质疑。例如，如果你问什么是正确的事情，那么就是假定存在一个正确的事情。在某些情况下，这种预设是错误的：可能没有正确的事情，也可能有许多正确的事情。因此，遇到这种假设类问题，就要提示自己需要考虑是否需要这种预设。

第二个工具是反证法，在评估许多情况下的论断时非常有用。在这种情况下，我们可以去寻找反例，这些反例可能会驳斥或限制论断的范围，但是在哪里可以找到这些反例呢？考虑极端或“边缘”情况通常很有效。如评价“每个人都喜欢一部好电影”的说法时，你就可以直接采用年龄的范畴举出反例（例如，新生儿或者老人会喜欢一部好电影吗?），或是以其他各种各样的人为例（例如，一个坏人会喜欢一部好电影吗?）。

如果这些思维工具如此有用，我们是否需要特别的训练来培养这样的哲学思维？如果哲学思维能力能内置于我们的认知机制中，或者通过我们多年的经验获得这种能力，对于日常生活中所遇到的各种主张和论点是否就能更加游刃有余呢？

---

① Alan Hajek. Philosophy Tool Kit. (2017-04-03) [2020-03-04]. https://aeon.co/essays/with-the-use-of-heuristics-anybody-can-think-like-a-philosopher?utm_source=feedburner&utm_medium=feed&utm_campaign=Feed%3A+AeonMagazineEssays+%28Aeon+Magazine+Essays%29.

在日常生活中，我们经常被各种认知偏见所困扰，这些偏见会导致我们误入歧途。例如，固有偏见，即我们更乐于或倾向于寻求那些支持我们的证据，而不是那些挑战我们的假设的证据。因此，有系统地考虑替代可能性（这就是哲学思维）这样的思维策略在一定程度上有助于克服这种偏见。

知道何时运用这些哲学思维可能会更重要。我们经常使用的工具之间会存在冲突：一个是我们经常使用的社会参与工具，而另一个则是批判性思维的工具。通常我们对别人并不明确的讲话和表态给予积极的理解，这样能帮助我们理解他们所说的话，使双方能够在同一话语体系下协调对话。由此，批判性思维和哲学思维，其实是有难度的，因为它们有时与我们常用的思维习惯相违背。如果我们只是想要交朋友，那么这些思维方式是很有用的，但当我们真正想要探究事物的客观事实，以及进行论证时，可能就不大方便了。因此，仅仅学习这些哲学工具是不够的，更关键的是知道在何时才能正确地使用它们。

第二节　教师的人生境界

一、精神自由

惟此独立之精神，自由之思想，历千万祀，与天壤而同永，其三光而永光。

——陈寅恪

（一）案例呈现：燕京大学当年的抉择

司徒雷登的三重身份探析

司徒雷登出生在一个美国传教士家庭，出生地在中国杭州。他一直不喜欢传教士的生活，喜欢独立思考，也非常适应不同文化和不同生活。后来的人生中，司徒雷登曾经有过多次抉择：当教师还是传教士？在中国还是去美国？要不要担任燕京大学创校校长？如何作出正确的选择？他的选择不只是为自己，也是为别人，他的所作所为体现的正是独立与自由的思想精神。

司徒雷登多种身份的转化都是经过了理性思考的：放弃传教转而教学，到放弃教学转而行政。而在被提议担任燕京大学创校校长前，中外双方都有大量的矛盾问题，怎样使建校的初心成为冲突双方的共识呢？那就是：程序是一切难题选择的最佳方式。他作了一个提议，如果能通过，他就准备接受邀请。通过辩论的程序，对问题依次作出双方一致同意的决定。于是，双方立刻相互成为朋友和同事。

这一年，在他的主持下，燕京大学确定了“因真理，得自由，以服务”（Freedom

through Truth for Service）的校训。初心决定宗旨，宗旨决定校训，也决定了一切。这则校训成为后来处理学校一系列问题的宗旨——男女同校问题、校园与校舍建筑问题、教会保守与大学自主之间的矛盾问题，充分展现了现代大学的独立自主精神。

1920年春季，华北协和女大正式并入燕京大学，这一年秋季实行男女同校同班。除燕大外，当时国内仅有北京大学实行男女同班。同年，燕大决定按中国的建筑形式来建造校舍，而主体则采用钢筋水泥结构，并配以现代化的照明和水暖设施。这样，校舍本身就象征着我们的办学目的——保存中国传统文化的精髓。学校建筑风格都体现着中西文化的融合。

在实质性的办学方向上，司徒雷登更是处在保守教会势力与大学自主权的矛盾当中。他锐意改革，力争大学学术自主权。为提高教师质量，他力求燕大聘任教师的自主权。为吸引更多师资人才，他决定不过问教师的政治倾向、宗教信仰和学术观点，并从自筹经费中拿出一笔钱来大幅提高中国教师的待遇，实现与外籍教师同工同酬。

燕京大学的辉煌基于司徒雷登的选择，而他的选择则基于这所大学的未来。“当官员”和“做服务”之间，司徒雷登作出了他的选择。1949年，司徒雷登离开中国回到美国，仍然没有得到应有的对待。半个多世纪以后，司徒雷登回到了他的“家乡”杭州，2008年11月17日，遵照司徒雷登先生遗愿，他的骨灰被安放于杭州半山安贤园。

资料来源：周双双．司徒雷登的三重身份探析．考试周刊，2012（31）：34－35.

（二）理论阐述：学术自由与精神自由

1. 学术自由

对于教师而言，学术自由是其精神自由程度的标志之一。几十年来，关于学术自由的讨论在高校及其他机构已经很多，但是，学术自由却经常出现在其不适用的情况下，因此，作为一名教师，澄清学术自由究竟能做什么和不能做什么是非常重要的。

学术自由是教师追求知识的自由，由知识生产的各种活动组成，包括选择研究重点、确定课堂教学内容、向同事展示研究结果以及发表研究结果。教师无论作为个人还是集体，都有权在不受外界干扰的情况下决定课程、课程内容、课程教学以及进行学术研究。学术自由的理念认为在校园里自由地交换思想对完善教育是至关重要的。当然，学术自由并不意味着“一切都会自然而然地发生”。例如，没有人认为教授可以让学生相信太阳绕着地球转。教师必须在学术研究、教学以及与学生和其他教师的互动中表现出其专业素质。

学术自由意味着教师和学生能参加学术争论，而不必担心不必要的干扰。学术自由赋予教师坚持其教学理念的权利。教师有自由选择研究和学习主题并由此得出相应的研究成果的权利，同时，他人也有对这些研究工作及结果进行评价的权利。教师在研究和学习中没有学术禁区，有权表达自己的观点。当然，这种表达不能以损害他人的权利为代价。教师有权对彼此的观点提出质疑，不会仅仅因为持有不同观点而受到惩罚。教师拥有完全的给予学生分数的权力，同时需要保证评分标准的严肃性和一致性。教师在很大程度上能决定如何教授他们自己负责的课程。

教师的学习和研究自由对大学的使命至关重要。学术自由的目的是保证学术作为言论和思想自由的堡垒，不受当时的政治和公众思想的影响。学术自由不是为了教师的个人利益，而是为了整个社会的利益。从长远来看，教育能促进知识生产，而知识则是通过不受约束的研究来促进的。

学术自由旨在确保教授们能够自由地进行研究，发表合理的观点。然而，这并不意味着要保护非法的工作。人们通常认为所有的观点和研究领域都应该在大学中占有一席之地，但学术自由的存在是为了给那些理性表达的偶尔可能不受欢迎的观点提供舞台，而不是为那些非理性或破坏社会法律的观点提供场所。

学术自由并不意味着教师可以骚扰、威胁、恐吓、嘲笑学生或把自己的观点强加给学生。教师有权要求学生掌握课程内容和教师所教授学科的基础知识，学生并不能借口学术自由而加以拒绝。学术自由不会保护那些工作不称职的教师和那些拒绝讲授指定课程任务的教师，或者是那些违反了学校相关规章制度的教师，也不会对学术不端行为视而不见。

学术自由也是有限度的。教师应注意避免涉及与学科内容无关的争议性问题。当他们在公共场合演讲或写作时，他们可以自由地表达自己的观点，但他们应该表现出克制，并明确表明都是个人观点，而不是其直接服务的机构的观点。因此，学术自由既是一种自由，同时也是一种责任，教师有追求知识而不受干涉的自由，但同时肩负着维护学术标准和社会规范的责任。

虽然大多数国家都赋予教师不受限制地进行研究和发表研究成果的宪法权利，但教师在课堂上的自由在不同地方存在差异。在德国，大学教授可以试图将他们的个人观点和哲学体系传授给学生。而在教学领域，教授无须承担任何职责，从未规定教学大纲。然而，教授们不能在课堂以外发表他们的观点，特别是政治观点。

在美国，学术自由通常是指由美国大学教授协会（AAUP）和美国学院协会（AAC）联合起草的《1940 年学术自由和终身教授制原则声明》所界定的学术自由概念[①]。这些原则规定，“教师有权在课堂上自由讨论他们的课题”。法国公立大学的教授或公共实验室的研究员和所有公务员一样，在履行职责期间，都应保持中立，不会赞同任何特定的政治或宗教观点。成文法还宣布“教师、研究人员在其研究和教学活动中完全独立，享有充分的言论自由，只要他们尊重大学传统和本守则的规定，尊重容忍和客观的原则”。教授的提拔任命主要是通过同行评议的方式进行的，而不是通过正常的行政程序进行。

2. 精神的独立与自由

作为教师，除追求学术自由之外，更重要或者更渴望的是自身个体的精神自由。按照自己的步伐行进可能需要多花一些时间，但当你实现自己目标的时候，就会觉得这一切是非常值得的。个体的精神自由对于个人而言，是一种什么样的生命体验呢？

独立是很多人认为理所当然的事情，但也同样是很多人觉得困难的事情。过你自己理想的生活，而从不考虑别人的意见和情绪在传统社会中是很难的。而现在，独立的个体和

① 李子江．论美国学术自由的组织与制度保障：AAUP 及其关于学术自由和终身职的原则声明．比较教育研究，2003（10）：19－23.

自由的精神就意味着我们需要自己做决定，选择自己想要的生活。

独立、有主见的人经常会被认为是非传统的，或者是游离于主流社会之外的。其实并不一定是这样的，独立意味着你不会随波逐流、跟大家完全一样，你可以有自己喜爱的生活方式，有自己的想法，相信自己的能力。自己作选择，有自我意识，能为自己思考，这些都表明你是一个独立自由的个体。你不必追随潮流来显示某种个性类型，可以充分利用自己的生活空间和时间，积极地面对自己选择的结果。自由精神意味着接受你想做的事并去做，不管别人的意见如何。

（三）实践启示：在践行中明晰“何为旅行?”

一次想走就走的旅行是很多人梦想的计划，但几乎都没有实现过。人们也通常会找出种种理由，指出梦想的不现实。也有很多人把旅行列为“兴趣与爱好”的项目。那么他们真正旅行了吗?

路易威登（LV）经典广告之旅行篇也许能给大家一些启发：“何为旅行？旅行不只是一次出行，也不只是一次假期。旅行是一次过程，一次发现，一次自我发现的过程。真正的旅行让我们直面自我。旅行，不仅让我看到了世界，更让我们看到自己在其中的位置。生命本身就是一场旅行。”如果我们热爱生命，热爱生活，那么我们的生活就不仅只是努力工作，我们会热爱旅行过程中的每一秒。精神自由意味着我们的精神、思想和身体可以自由地在喜欢的任何地方漫游。

即使对旅行不感兴趣，我们也可以做其他有意义的事情，如运动或阅读。要找到真正滋养你灵魂的、有意义的事情可能需要很长的时间，所以当你找到它时，你不会因为其他事情或别人而限制你对生活意义的享受和快乐。我们要积极主动地追求那些让自己感到兴奋的事情，让我们的身体和精神获得发现的乐趣。

（四）成长建议：在日常生活中实现精神自由

1. 拥有生活情趣

生活情趣，是人们在日常生活中的人生境界、行为方式和精神风貌等诸多方面的集中表现。毛泽东在《纪念白求恩》一文中提出，做“一个高尚的人，一个纯粹的人，一个有道德的人，一个脱离了低级趣味的人，一个有益于人民的人”。德谟克利特认为，人不应该追求一切种类的快乐，应该只追求高尚的快乐。高尚的生活情趣是我们希望达到的理想境界，而在日常生活中，我们应当努力培养自己的生活情趣。

我们在探索和享受自己感兴趣的东西时能够感受到精神的自由，当然，也希望那些爱我们的人支持我们的兴趣爱好。兴趣爱好的意义在于能和周围的人分享，即使他们没有你那么热情。那些让你痴迷兴奋的兴趣爱好，不仅会让你的灵魂充满快乐，也会让你结识新的伙伴或得到新的感悟。有时，我们也会很高兴地和爱的人一起做他们感兴趣的事情，因为我们拥有同情心和同理心。这些事也许你不感兴趣，但如果你爱的人感兴趣，你就会努力参与其中。

2. 独处

精神自由所提倡的独处是调整你的身心，做一些让你快乐的事情。你对独处感到满足，并且主动渴望独处的时间，这些都是健康的生活状态。这种独处与儒家的慎独有些区别。慎独是儒家所推崇的一种理想化严格自律的道德境界。而独处的人依然有着丰富的社交生活和社交圈，以及健康的人际关系，如果发现自己和别人疏远了，可能需要仔细思索背后是否有原因。总的来说，独立而健康的心智是精神自由的标志。

独处是与他人在一起时，可以有一颗静默的心，稳定而自在。其他人不必为了你而牺牲自己，所以尽管你身边有支持你的朋友、家人和伙伴，但没有这些你也可以过得很好。与此同时，独处并不意味着疏远所有人，你仍与身边的人保持稳定的关系，随时可以请他们来支持和帮助自己，而这一切都是你自己做决定。

独处，意味着心安。我们中的许多人觉得自己很难安定下来，因为自己总是渴望冒险和刺激。其实，你自己做事情时的心态和你的身体一样，都需要安定，与周围共处，与自己和谐。

3. 自尊自爱

如果把上述所有的观点联系在一起，就是自尊自爱。一个人自我的形成不是一朝一夕的功夫。自尊自爱是爱我们自己的身躯，追求让自己快乐的东西，放弃那些不再属于自己的东西。精神自由，意味着对自己的行为负责，也不会让任何事情阻碍对自我的追求。

在追求自我的过程中，你可能蹉跎了岁月，也许只是享受当下，然后放手。但是，在这个过程中，你没有恐惧和后悔，正是所有的这些生命体验成就了你自己，你会走出自己的舒适区，去挑战自己，充分利用你有利的条件。自尊自爱意味着遵从自己的需要，尽可能地滋养自己的身心。

总而言之，精神自由，意味着为自己做事，创造自己热爱的生活。尽管每个人都在修行途中，但这是值得的旅程。

二、人生价值

征服世界的将是这样一些人：开始的时候，他们试图找到梦想中的乐园，最终，当他们无法找到时，就亲自创造了它。

——萧伯纳

（一）案例呈现：感动中国的吴孟超院士

大医为人吴孟超

数十年前，吴孟超搭建了我国第一张肝脏手术台；年届九旬，手中的柳叶刀游刃肝胆，依然没有失去精准。在“感动中国 2011 年度人物”评选中，一生与患者肝胆相照的吴孟超院士以其高尚的医德与精湛的医术入选。在 2006 年 1 月获得“国家最高科学技术奖”之后，这位被誉为“中国肝胆外科之父”的医学教育家以其人生价值定义了感动中国的意义："仁心仁德"。

吴孟超以其精湛的医术奠定了我国肝脏外科解剖学基础，带领中国肝脏外科跻身世界先进行列。他创立了肝脏外科的关键理论和技术体系，率先成功施行了以中肝叶切除为代表的一系列标志性手术，建立了我国肝脏外科的学科体系，并使之逐步发展壮大。他不断创新研究，开辟了肝癌基础与临床研究的新领域，组建了国际上规模最大的肝脏外科专业研究所，牵头指导了一系列具有国际先进水平的基础研究工作，研制了疫苗。作为医学教育家，他创建了世界上规模最大的肝脏疾病研究和诊疗中心，培养了大批高层次专业人才。他领导的学科规模从一个"三人研究小组"发展到目前的三级甲等专科医院和肝胆外科研究所，成为国际上规模最大的肝胆疾病诊疗中心和科研基地。他和同行们的共同努力，推动了国内外肝脏外科的发展，多数肝癌外科治疗的理论和技术原创于我国，使我国在该领域的研究和诊治水平居国际领先地位。

他的高尚医德体现在心里"时刻装着病人"，始终遵循他的老师裘法祖的教诲。吴孟超时时向学生强调："一个好医生，眼里看的是病，心里装的是人。"每次接诊，他都通过交谈，拉近与病人的距离。在寒冷的季节，他总是先把自己的手捂热，再去检查和触摸病人的身体。每年大年初一，吴孟超都早早地来到病房，给住院病人一一拜年，送上新春的第一声祝福。他还在医院里定下规矩：在确保诊疗效果的前提下，尽量用便宜的药，尽量减少重复检查。

吴孟超院士从青少年时代就追求光明和进步，在民族危亡之际毅然选择归国、入党、参军，始终以赤子之心满腔热忱地为人民工作、为国争光，作出了突出贡献。作为一名医学教学家，他对教育事业无比忠诚，始终坚定自己的理想信念，为事业忘我工作；他忠实践行全心全意为人民服务的价值理念，视病人为亲人，时刻为患者着想，耄耋之年仍坚持亲自上手术台。为表彰他的贡献，有关国际组织将一颗小行星命名为"吴孟超星"。吴孟超的事迹，展现了他教育家的赤诚之心，也体现着医者的仁心。

资料来源：方鸿辉．大医为人吴孟超．(2014-09-26)［2020-03-04］．http：//www.cas.cn/xw/cmsm/201409/t20140926_4215178.shtml.

（二）理论阐述：每个人都需要价值观

如果想在个人生活和工作中获得成功，就一定要基于自己的价值观来生活和工作。价值观是我们在生活和工作中被认为是正确的行为标准和做事方式，是有价值的特质或品质，代表着一个人最优先考虑的事项和最根深蒂固的驱动力和信念。这些价值观和信念会被带到我们的家庭和工作中。更重要的是，这些价值观帮助我们判断自己的生活是否正在朝着想要的方向去发展。

价值观是由人们生活中的一切经历和体验形成的，会受到父母和家庭、信仰、朋友和同龄人、教育、阅读体验、工作经历等的影响。通常，不同的人会有不同的价值观，而这些价值观往往决定了人们在生活中的所作所为。认识到了这些环境影响，我们才能塑造出自己清晰和有意义的价值观/信念。价值观一旦确立，就会成为我们与其他人关系的基础，影响到生活的方方面面。而人生目标是建立在价值观基础上的。

为什么需要确定最深层价值观？一个人最深切的信念和价值观是创造能带给自己幸福、满足、成功甚至快乐的生活的基础。这些价值观和原则为每个人作出重大抉择和需要指导意见时提供理论基石。所以，价值观能帮助我们判断自己的职业和工作是否适合，帮助我们选择自己的爱好或志愿者活动，同时促进自己与同事和上级的互动交流，并指导自己与家人和朋友的关系。当我们认识到自己的价值观时，当我们作出符合和尊重我们价值观的计划和决定时，生活工作就会变得容易得多。

遵循自己的价值观生活是极为有力的工具，能帮助我们成为想成为的人，实现人生目标和梦想，帮助影响和领导他人。我们需要遵循那些对自己最重要的原则、最坚定的信仰以及最体现自己性格的价值观。一个有价值观和原则的人最有能力创造成功和充实的生活。

当我们努力拼搏，所做的事情和自己的行为方式符合自己的价值观时，会向别人展示自己正直的形象，成为人们心目中的好榜样。而且，我们会感到心平气和。这时，生活通常是美好的——因为此时此刻我们会感到快乐和满足。但当这些事情和方式与自己的个人价值观相冲突时，我们就会觉得事情可能出问题了，可能是犯了错误，或者是自己的行为可能不道德。这有时就是自己不快乐的真正根源，也是我们需要进行价值观定位的重要原因。

（三）实践启示：树立教师正确价值观至关重要

一直以来，吴孟超院士坚持教书育人是教师最重要的工作的理念。教师在影响和塑造学生的生活方面发挥着至关重要的作用。学生是老师的映射。老师的行为、举止、说话的方式，学生都会潜移默化地遵循。因此，教师必须注意自己的言行，应该拥有正能量的价值观，这样才能有助于学生们步入正轨，选择正确的道路，并最终产生良好的教育成果。毕竟，教育成果决定了老师成功与否。这些成果可能不仅仅是分数，学生的整体表现也决定了教师的成功程度。此外，教师也应该明白，他们不仅是学科导师，也是教育领导者，要为学生指明通往美好未来的道路。

教学是一项非常具有挑战性的工作，致力于这一领域的教师往往持有特定的价值观，这些价值观激励并驱使他们献身于这项职业。教师除了对所教科目有一定的了解，还必须具备沟通能力，促进师生间的信任和信心，激发学生的学习积极性，理解学生的学习和情感需求。教师应该可靠而又有耐心、做事井井有条而富有创造力，能与人密切合作和有效沟通。教师必须能够认识和应对学生的个体差异和文化差异，并采用不同的教学方法，从而提升学生的学业成绩。

一位卓越的老师意味着什么？答案是“无价之宝”。当我们与许多教师交谈时，他们会说，不是微薄的工资、深夜改作业或是时时刻刻的在职培训课程让他们坚持自己的教师生涯，而是因为学生和他们之间的关系。作为一名教育者，教师可以随时体会和享受到来自内心的回报，并成为他们终生难忘的回忆。那么教师应有什么样的价值观？

1. 正直诚实

教师必须忠实履行自己的职责。学生们会随时跟随和审视教师的言行。教师应谨言慎行，并坚守自己的承诺。一旦学生发现老师没有遵守诺言，那么学生就会开始忽视老师。对于教师而言，在学生面前保持永远正确或者无所不知，在现代已经没有必要也没有意义。如果教师自己有任何困惑，就应该诚恳地解释，与学生一起商讨解决方案，这样比假装知识的传播者更好，也让学生懂得在追求真理的过程中，每个人都应该保持诚实。

2. 努力工作

教师对学生负有殷切期望，希望他们成为优秀的学生，获得更好的分数。这意味着教师需要进行大量的教学准备工作。这不仅是简单的几节课的准备，而且是整个学习单元或模块的准备，还要了解如何针对学生不同的学习能力和学习内容来组织、评估和修改这些课程。

一个卓越的老师是学生的榜样。教师在坚持努力工作的核心价值观的同时，自己的身体力行和表率作用也会影响到每一个学生。教师的努力会激励学生在课堂上同样努力学习，而且还会激励他们在其他场合如运动场上和人际关系等方面同样作出努力。

3. 相互尊重和责任感

不仅学生有责任表现出尊重他人，教师也需要对学生怀有尊重和责任感。事实上，一个不尊重学生的教师是不能赢得学生的尊重的。教师应该时刻为学生负起责任，如果教师推卸责任，整个学习和教学过程就会变得毫无意义。教师通过对学生进行教育，培养有文化、有能力的人才，这也是教师对社会的全面发展的责任。

教师向学生展示公正和公平的意义在于相互表达尊重以及平等对待所有学生。教师也要教导学生在课堂内外倾听和重视彼此的意见，让学生明白成为一名专业人士意味着什么。当然，教师和所有人一样，也经常会有沮丧、愤怒和情绪疲劳的感觉，但教师需要向学生展示如何保持心态的稳定和自律。

4. 关注学习者的需求

教师在日常生活中应表现出同理心，关注学生的学习能力，为学生创建适合他们的课程。富有同理心的老师能够真正将自己置身于他人的处境中，无论是观察到学生家里出了问题，还是在处理不守规矩的学生时提出善意的建议。在这个过程中，教师的帮助不在于他们所说的话语，而在于他们在有限的时间内为学生提供的切切实实的帮助。

在课堂之外，教师也要对学生表示关心。例如，关心学生课外活动如参加戏剧、体育活动的情况，能有助于建立融洽的关系。有的教师的确在学科知识方面非常精通，但学生也希望教师能关心他们的兴趣爱好。这种动态纽带打破了教师与学生之间的障碍。如果学生发现一个老师选择教育不只是为了薪水，还是因为喜欢帮助人，学生就会更有学习的动力。

5. 始终抱有希望

教师应该始终抱有希望，希望学生能做得更好。有些学生可能能力有限，跟不上进度，但教师应始终让学生在取得学业和生活的进步中保持学习的信心和动力，而不是相反。不是所有的学生都有同样的学习能力，教师要能辨别不同类型的学习者。有些学生从视频中学得更好，而有些学生从听课中学得更好，还有些学生则需要参与某项学习活动才能学得下去，教师应根据学生的不同情况灵活安排课程以及教学媒体，采用不同的教学风格，运用不同的方式解释核心概念。

6. 终身学习的实践

从某种意义上来说，教师也是学生。如果认为教师在学生面前只是教育者，那么，对教师本身的理解就是狭隘的，教师也在不断地学习。如果停止学习，他们的教学就会变得枯燥乏味。热爱学习可以确保他们的教学方法是最新的。无论教小学、初中还是高中，他们都会不断地提高自己的知识水平。随着科技和知识的不断进步，教师有责任不断更新自己的知识库，以便让学生为即将到来的社会和世界变化做好准备。

此外，教师也应该向学生学习。课堂本身就是一个小社会，教师也可以在课堂上从学生那里学到很多关于不同文化和信仰的东西，做到“教学相长”。这样教师就可以以自己对知识的尊重和对自律的重新定义激励学生重视学习，并让学生认识到自己未来不可估量的价值。

大多数教师所秉持的最重要的价值观就是不断学习、终身学习，他们努力履行着将学生引入知识海洋的承诺。虽然许多学生觉得学习“枯燥乏味”，但教师希望学生真诚地热爱学习，真正投入到对知识的渴求中。教师不仅鼓励他人追求知识，而且自己也在不断追求知识。教师们不断在课堂实践及专业发展方面进行自我提升和教育，努力成为终身学习的倡导者和实践者。

（四）成长建议：确立教师自己的价值观为第一要义

价值观通常相当稳定，不过也没有严格的限制或界限。而且，随着年龄和阅历的增长，价值观可能会改变。刚步入社会成为职场新人时，金钱和地位可能是最重要的。但在有了家庭之后，可能更看重工作和生活的平衡。当对成功的定义改变时，个人价值观也随之改变。追随和遵循价值观是贯穿一生的。我们会日复一日年复一年地不断审视自己的价值观，尤其是当自己开始感到生活中的不平衡的时候。由此，我们会发现，过去重要的价值观，在现在的镜框和视角下可能并不重要了。

那么，如何找到并确立教师自己的价值观？

当确立个人价值观时，才会发现究竟什么对自己才是真正重要的。我们需要重新审视回顾自己的生活，就像苏格拉底所说的“未经反思的生活是不值得过的”。首先，要想一想自己最快乐的时候是在干什么，为什么这么快乐。最快乐的时候往往需要从自己的个人事业和生活中寻找例子，只有这样答案才有可能是平衡的。这些快乐的时光是和别人在一起吗？和谁在一起？是什么因素让自己觉得幸福呢？然后，确定使自己骄傲的时刻，什么事情会使自己感到骄傲？同样思索职业和个人生活中的例子。为什么骄傲？其他人也一样骄傲吗？这些人是谁？是什么因素导致了自豪感？最后，确定最满足和满意的情况。对自己所做的事情感到满足的时候是在做什么？再想象工作和个人的例子。是否是满足了什么需要或愿望？这段经历给自己的生活赋予了什么意义？是什么因素导致了这种成就感？

根据这些快乐、骄傲和成就感就能确定自己的核心价值观。上述这些人生片段如此令人难忘，可以帮助我们列一个长长的价值观清单。这些价值观可以是诚实、努力、成功、创造力或自力更生，也可以是其他任何一种价值观。在这个长长的价值观清单里，我们需要专注于最能体现自己的价值观。所以我们需要确定这些价值观的优先顺序，并找出对自己而言最重要的。这个挑选的过程，可能是一个非常具有挑战性的过程，因为，在这个过程中，我们会花时间去真正思考生活中哪些事情是最有意义的。这样，我们才能真正迈向更快乐、更真实、压力更小的生活。

三、意义与幸福追寻

对人的要求，不是如一些存在主义哲学家所教导的那样去经受生命的无意义，而是忍受他无法以理性的方式把握生命自然天成的意义所在。

——维克多·E. 弗兰克尔

（一）案例呈现：谷超豪的幸福与意义

谷超豪：做教师的幸福与意义

谷超豪，世界著名数学家、国家最高科学技术奖获得者、中国科学院院士、复旦大学数学研究所名誉所长。1953 年起，谷超豪任教复旦大学，历任复旦大学副校长、中国科技大学校长。2009 年 8 月 6 日，经国际小行星中心和国际小行星命名委员会批准，编号为 171448 的小行星被命名为“谷超豪星”，作为对这位著名数学家的褒奖。

数学是科学的仆人，可以用它来解说或解答各门学科中的重要问题，为国家建设作出巨大的贡献。谷先生曾作诗抒怀：“人言数无味，我道味无穷。良师多启发，珍本富精蕴。解题岂一法，寻思求百通。幸得桑梓教，终生为动容。”诗可以用简单的语言表达复杂的思想，用具体的语言表现深刻的内涵。数学也是这样，给人无穷的想象空间。这种快乐和幸福是纯粹的。

不论是为国家建设努力奋斗还是纯粹的数学研究，都是幸福的源泉。与其说谷超豪是一位数学家，还不如说他是一位数学领域的战略家，能高瞻远瞩地看到数学未来的发展，结合国家的需求来引领数学研究。1958 年，谷超豪敏锐地看到，偏微分方程研究大有可为，而国内的研究却相当薄弱。从苏联留学归国，他没有继续微分几何研究，而是转向了偏微分方程，解决了高速飞行器相关的超音速绕流问题。先生在接受采访时曾感慨地说：“做数学研究，最喜欢做自己提出的问题，在一个领域获得突破后，我会再去做新的东西。数学家都想走一条自己的路!”在老师苏步青先生的支持下，谷超豪任中国科技大学校长。虽然学校的管理工作占据了大多数的时间，他仍尽量利用空余时间，积少成多坚持研究。

资料来源：李微．谷超豪：人言数无味，我道味无穷．神舟学人，2010（4）：28－30.

（二）理论阐述：教师的意义与幸福研究

1. 做教师的意义在于责任和奉献

选择做教师，就是选择了有意义、奉献和责任。培养年轻学者是谷超豪认为最有意义和最愿意奉献的事情。他 80 岁高龄，仍带着 3 名研究生，仍坚持每个星期至少有两个半天与学生进行讨论，这是许多年轻的博导都无法做到的。谷先生最关心的是年轻人的学术成长问题，却不在他们的论文上署名。他致力于为青年人的迅速成长创造良好的条件，着眼于数学学科杰出人才的培养。他给自己确立了“三不”原则：不压制年轻人的想法，鼓励年轻人敢想敢做；不压制年轻人的发展，鼓励年轻人走自己的研究方向；不挡年轻人的道。谷超豪先生离世前，他建言设立的上海数学中心获批筹建。老先生特别激动，他的梦想和生命意义成为更多人奋斗的基础。

2. 幸福是什么

幸福研究，即学界所称的积极心理学，是研究领域的显学。1998 年，美国心理协会新任主席马丁・塞利格曼博士宣布了一个全新的心理学分支“积极心理学”①。与之前的消极心理学倾向于研究抑郁和病态等情绪相对应，这种乐观的新心理学只关注“个人最积极的品质”，尤其是关注幸福。幸福不再只是偶然或私人的经历，而是可以通过精确的临床技术和干预措施来衡量、评估、记录、控制和操纵的。

这门新学科牢牢抓住了公众的情绪，迅速发展成为学术界发展最快的专业之一。其研究大致分为两类：第一类研究试图找出谁是幸福的、谁不是；第二类研究不仅尝试了解人类的现状，而且梦想作出改善。这些研究专门探究提升幸福感的干预措施，迅速激发了一个蓬勃发展的行业，包括书籍、应用程序、辅导、咨询和课程等等。

但是，积极心理学可能过分淡化我们无法改变的因素，即生活环境对幸福的作用，而强调个人能通过努力和意志力从根本上改变自己的满足程度。这就否认了存在着阻碍幸福的结构性障碍，导致处理社会不公问题时会采取漠视的态度，对他人经常遇到的实际问题不屑一顾，而且很容易演变成对受害者的责备。

事实上，在现代社会，我们都为彼此的福利承担责任，这才是幸福的基础。因此，在国际幸福感调查中表现最好的国家通常是挪威、瑞典、澳大利亚和新西兰等，这些国家通过健全的福利制度接纳了一个更广泛的社会契约，即每个人都对彼此的幸福负责。当每个人都得到很好的照顾时，人们通常会更快乐。这是一种更加包容、慷慨、相互支持的幸福观，不是责怪人们自己的问题，而是专注于解决问题。

（三）实践启示：每个人的生活都应该有意义

1. 幸福的生活还是有意义的生活？

是否可以如谷超豪教授一样既快乐又有意义地生活？我们大多数人，不管是否有意

① 王贺．马丁・塞利格曼．大众心理学，2013（1）．

识，都选择追求幸福而不是追求意义。比如我们通常会相互祝福“节日快乐”“新年快乐”。根据尼尔森的一项调查，45%的人制订新年计划时，目标是要过上更幸福的生活：“充分享受生活”。在该项调查中，大多数人都把幸福列为自己的最高目标。

但幸福真的应该成为激励我们的唯一目标吗？研究表明，幸福的生活和有意义的生活是不同的，而谷超豪教授的事迹告诉我们通往真正幸福的最可靠的途径不仅仅在于追求幸福，而在于追求有意义的生活。

心理学家已经开始更仔细地探究寻求幸福对人们的影响，并发现了一些令人不安的趋势。事实证明，追求幸福快乐会对我们的幸福生活产生负面影响。在一项由行为科学家进行的研究中，参与者听了一段情感上模棱两可的音乐：作曲家斯特拉文斯基的《春之祭》。研究人员告诉一些参与者在听的时候尽量感觉到快乐，而对其他人只是要求倾听。那些试图感到幸福快乐的人在实验结束后反而比那些没有试图提升情绪而倾听的人更不快乐。另一项研究中发现，那些高度重视幸福感的人，每天都会感到孤独。相比之下，对意义的追求则会导致更深更持久的幸福感。

幸福和有意义的区别在哲学上有着悠久的历史。人们很早就认识到幸福有两种形式，即古希腊语中幸福及有意义的两个词。幸福生活的定义是追求快乐和享受，而有意义的生活则目标更为远大。从亚里士多德、托尔斯泰、加缪等伟大思想家的著作到数百篇经验主义论文，研究发现有意义是指献身于那些超越我们自身的东西，如家庭、工作或者自然等等。

由于意义就是对更大的事物倾注精力和热情，因此有意义的生活通常充满了压力、奋斗和挑战。一项对500多个工作岗位的200多万人进行的调查显示，那些认为职业生涯“最有意义”的人，通常是教师和外科医生，这些艰难的工作并不是时刻都能传递幸福感，而是对社会作出了贡献，人们由此体会到满足。当人们说生活是有意义的，那是因为他们觉得他们的生活有目标、有价值、协调一致。

当然，我们可以同时拥有快乐和有意义的生活。渥太华大学的一项分析结果发现，20%的受访者表示自己很幸福，也过着有意义的生活，而另外20%的受访者则表示这两方面都很低；剩下的人中，33%的人幸福感高而意义低，26%的人幸福感低而意义高。对后两组人的研究发现，他们的生活方式有很大的不同。幸福感高而意义低的人倾向于避免困难或累赘的纠缠，是相对自我导向型的个性，花更多的时间思考当下的感受。相比之下，幸福感低而意义高的人花更多的时间帮助他人，与朋友在一起或照顾孩子，思考过去、现在和未来。

尽管不同的人有不同的意义源泉，但生活是否有意义有三个衡量标准：“目的性”，即被有价值的人生目标所引导和激励的程度；“理解能力”，即理解自己的生活经历，并把它们编织成一个连贯整体的能力；“重要程度”，即是否相信自己的存在是有意义和有价值的。当人们说他们的生活是有意义的，换句话说，这是因为他们觉得他们的生活有目标、连贯一致和有价值。

但意义并不是你拥有或没有拥有的东西，它是一种生活方式和一种心态。人们可以选择追求意义也可以选择追求幸福。人们的行为各有不同，这取决于他们更看重什么，进而影响到他们的幸福感。在一项研究中，要求大学生在 10 天内每天至少做一件事来增进生活的意义或幸福。对于意义组的人，最受欢迎的活动通常是原谅朋友、学习、帮助或鼓励他人，而幸福组的人列出了诸如睡懒觉、玩游戏和吃糖果等活动。尽管幸福组的学生在该项实验研究后立即体验到了更多的积极情绪、更少的消极情绪，但三个月后他们的情绪提升已经消退。而意义组的学生们在实验结束后并没有感觉到快乐，这也可以理解：诸如像帮助朋友这类的意义追求是需要牺牲和付出努力的，甚至在那一刻也可能是痛苦的。然而三个月后，情况就不同了。那些追求意义的学生说，他们觉得自己更“充实”“感到自己成为更崇高的人了”，而且他们的负面情绪较少。从长远来看，追求意义似乎比追求幸福更能让人心满意足。

维克多 · E. 弗兰克尔认为，“对欧洲人来说，当今文化的一个特点是，一次又一次地命令和要求人们‘幸福’，但幸福是不能追求的，必须自然而然。一个人必须有理由‘幸福’”①。

我们未来的目标不应该仅仅是幸福，我们的目标应该是有意义。与其根据爱好和人际关系给我们带来的快乐程度来挑选爱好和人际关系，不如专注于那些让我们的生活变得更有意义和有价值的事情。如果幸福接踵而至，那就太好了。但如果没有，我们仍然可以安心地知道我们的生活很重要，并且正在以某种方式为世界作出贡献。

2. 每个人的生活都应该有意义

维克多 · E. 弗兰克尔说：“世界上没有什么比知道自己的生命有意义更能有效地帮助一个人在最恶劣的条件下生存。”弗兰克尔在纳粹集中营里每天盯着死神的脸得出了这个结论。今天，我们许多人追求幸福，但幸福却离我们而去。我们已经忘记，幸福本身不可能是一个目标，幸福只能是有意义的生活的副产品。

然而，什么是意义？我们在哪里找到它？这些都是生活中的重大命题。答案很简单，但也很复杂。对每个人来说都是真真切切，但对我们每个人来说也都是独一无二的。我们曾经被教导，我们来到世界的目的是为他人服务，使世界变得更美好。当我们追求这个目标时，我们会发现这个目标的意义；当我们背弃或忽略这个目标时，我们会发现自己迷失方向了。

很幸运，作为一名教师，职业生涯就是为了见证生命成长。正如谷超豪教授，他不仅在追求真理的过程中找到了生命的意义，而且在与他人一起踏上这段美妙的旅程。每个人都处在发现自己的天赋和激情的过程中，并思考他们将如何运用自己的聪明才智和激情让世界变得更美好。这段旅程可能会令人困惑，因为我们会不断地收到许多相互矛盾的信息。消费主义者告诉我们，如果我们不拥有某些商品，我们就显得不那么重要了；有些人告诉我们，如果我们没有某种时尚的外观，我们就无法表达自己的态度；有些人看重某些东西，而同时贬低另一些东西。我们从小被要求不仅要严格地评判自己，同时也要评判别人。

---

① Alex Pattakos. Viktor Frankl's Legacy of Meaning. (2019 - 05 - 26) [2020 - 03 - 04]. https://www.psychologytoday.com/us/blog/the-meaningful-life/201903/viktor-frankl-s-legacy-meaning.

关于意义的本质，也许最清楚的建议来自特蕾莎修女，她说："不要寻找大的事物，只要用伟大的爱去做微小的事情就行。"然而，不管我们的意图如何，有时我们会遇到障碍和挫折。我们会问自己：为什么我会这样？俄罗斯作家陀思妥耶夫斯基在思考这个问题时说："有一件事使我感到害怕：我承受了这些痛苦，结果却不值得。"这个想法引起了弗兰克尔的共鸣。他每天都力图找到他之所以忍受这些难以想象的痛苦的真正意义。为此，他找到了自己存在的原因，而这个原因使他能够最终幸存下来，这个原因就是有一个所爱的人。尽管在那些可怕的日子里，弗兰克尔不幸地失去了他最亲爱的人，但他留给了这个世界最深刻的教诲——他的著作《人类对意义的探索》，20 世纪最伟大的著作之一。

追求无意义的痛苦不能达到目的，但我们人生中经历的所有的艰辛和挑战都成为我们这辈子最伟大的导师。当我们发现了痛苦的意义时，这些经历也许比其他任何东西都更能塑造我们的性格。

有意义的生活不仅是找到幸福的关键，也是成功的关键。世界需要我们的天赋，需要我们的正直和对他人的尊重。这些与价值观背道而驰的人生收益是短暂的，无论它们在那一刻看起来有多吸引人。而古人所说的"立德、立功、立言"，是实现人格持久伟大的关键。我们的生活要有意义。我们越是接受这个道理，就越能发现自己内心的善良。而当我们这样做的时候，无论外界物质环境如何变化，生活本身就变成了一次快乐的历程。

（四）成长建议：寻找幸福与意义的平衡

虽然幸福快乐是一种当下就能感受到的情感，但它最终会消失。人们感觉良好或不好与快乐相关，但与意义无关。而意义是持久的，把我们的过去、现在及未来联系起来。在这个消费驱动的社会里，要让我们快乐需要更多的东西。幸福是转瞬即逝的，是以当下为中心的享乐主义。追求幸福，实际上就是做一个"获取者"。一项研究发现，虽然消极的事件可能会降低幸福感，但矛盾的是，它们可能会增加生活的意义。创伤或情感体验可以塑造性格，给我们教训，这些教训对我们的人生意义重大，让我们更有同情心，让我们对自己和他人有更深的了解。有目标的人，比那些没有任何生活目标的人，对自己的生活满意度评价更高——即使是当他们感到情绪低落时。更多地考虑现在的人会更快乐，但是花更多时间思考未来或过去的奋斗的人会觉得生活更有意义，尽管他们不那么快乐。实际上，在我们的生活中，有意义就是做一个"给予者"。

一般来说，那些过去消极的人是不快乐的，因为他们被困在过去的消极经历或创伤中，我们称之为过去消极。那些主要关注过去美好时光的人是过去的积极分子。面向未来的人是做事的人，他们以成就为导向；然而，在极端情况下，他们可能成为工作狂。虽然我们认为他们觉得自己的生活是有意义的，但他们关于未来的想法可能会让他们错过当下的乐趣。

那么我们如何才能在生活中找到幸福和意义的平衡？如果你陷入了思考所有发生在你

身上的不好事情的泥潭，就应该用过去的积极经验来取代过去的消极，并开始为更光明的未来制订计划。如果你认为现在的生活不值得，就应该在朝着未来的积极方向努力的同时，通过践行当下享乐主义，找到乐趣和幸福。如果你是未来导向的人，没有时间享受此刻的快乐，就应该学会停止对无尽目标的追求，花时间去闻花香，变得更加富有同情心，和别人分享你的爱。

小　结

教师的文化视野涉及文化传承、国际视野与哲学思维。文化传承，是对自身文化的反省和重新构建。通过自己的身体力行和言传身教，教师承担着作为文化的保护者和传承者的角色。对于教师而言，提升国际视野，有助于提高研究和教学的管理和合作水平，适应当前的文化多样性情境。国际视野的能力培养通常从以下几个方面着手：知识观点、沟通交流、人际关系及个人素质。哲学思维是一种学习方式和氛围，教师可以通过理性表达形成哲学思考的学习氛围，帮助教师和学习者共同成长。哲学思维是一种激发彼此智慧和理性的能力，其主要包括：自我管理、理性思考、合作参与、人的联结和语言应用。

教师的人生境界包括精神自由、人生价值和意义与幸福追寻。对于教师而言，学术自由是其精神自由程度的标志之一。作为教师，除追求学术自由之外，更重要或者更渴望的是自身个体的精神自由。教师的价值观包括：正直诚实、努力工作、相互尊重和责任感、关注学习者的需求、始终抱有希望、终身学习的实践。做教师的意义在于责任和奉献。

第六章 随风潜入夜，润物细无声：教师的人文情怀与审美素养

内容提要

本章主要阐述教师的人文情怀与审美素养。前者包含人本观念、独立人格、自由灵魂，后者涵盖审美经验、审美情趣、审美能力和审美理想。“人是万物存在的尺度，是存在的事物的存在的尺度。”人的审美观念是随着修养而进步的，修养愈深，审美程度愈高。要想成为有情怀的人，除了首先成为具有审美素养的人，别无其他捷径可走。因此，优秀的教师要让自己成为一棵树、一片云，具有丰盈敏感的灵魂。

第一节 教师的人文情怀

一、人本观念

（一）案例呈现：一个男生为爱剃光头遭嘲笑，校长得知后这样做……

剃光头的校长

央视网 2017 年 1 月 15 日报道了这样一个真实的教育故事：

美国一个叫杰克逊·约翰斯顿的小学生，每天和同龄人一样，上学、放学，平淡而快乐。但是，就在上周，当他进入校园时，却遭到了同学的嘲笑。

只因为，同学们看到他剃了光头，看上去有点滑稽可笑。

有同学从他身旁走过，问他："喂，你怎么剃了光头？像是得了癌症，太滑稽了！"

他解释："我没有得癌症，我爷爷得了癌症，因为化疗头发减少而闷闷不乐，为了陪他，安慰他，我才剃头的。"

但是，嘲笑的同学不止一个两个，这让杰克逊心里有些难过。

杰克逊·约翰斯顿一家人的生活一直平常安宁，和和美美。深爱一家人的爷爷今年 58 岁，却在去年感恩节期间，身体不适去医院，突然被查出患有淋巴癌。

手术后必须做化疗。因为这个，爷爷的头发越来越少。杰克逊发现爷爷为此闷闷不乐，就决心为爷爷做点什么，鼓励爷爷，为爷爷打气。

于是，他去剃了光头，准备给爷爷一个惊喜！

在一家人一起去看爷爷的那天，进屋后，杰克逊突然摘掉帽子，跟爷爷说："爷爷，我觉得咱们可以一起剃光头。"

看着他，一瞬间，爷爷感动至极，激动之情溢于言表。

可让杰克逊没想到的是，他在学校里，却因为光头成了同学们嘲笑的对象。

很快，细心的老师把这件事报告给了校长。

校长蒂姆·哈德利在得知整个事情经过后，内心深受触动，决定身体力行，来支持杰克逊。

在蒂姆·哈德利校长的人生中，也经历过家人患癌的痛苦和悲伤：他的母亲得过甲状腺癌，岳母得过子宫癌，爷爷因患癌症去世。

他知道，当下，很多人都经历过杰克逊正在经历的事：遭遇变故，亲人重病，需要温情和力量支持。

蒂姆·哈德利校长找来杰克逊，让他亲自为自己也剃了光头，然后一起出现在校园。

他说："我并不是为了剃头而剃头，而是想告诉孩子们，人与人之间相互关爱，相互支持，这比什么都重要，都珍贵。"

孩子们很快便感受到了校长的教育理念，开始支持杰克逊。而曾经嘲笑他的同学也诚恳地向他道歉。

看到同学们的改变，杰克逊和家人为校长点了一个大大的赞，说："蒂姆·哈德利可能是有史以来最好的校长！"

（二）理论阐述："人是万物的尺度，是存在的事物存在的尺度"

人本理念，就是以人为本的理念。而以人为本，就是强调人与人之间要和谐、尊重、互信和支持。

作为人类的一种杰出思想，"以人为本"的理念在中西方都有很久的渊源。以人为本思想早在公元前四世纪就已经在古希腊文化中滥觞。其中，以哲学家普罗泰戈拉（前490—前421年）提出的著名论断最为明晰，他说："人是万物的尺度，是存在的事物存在的尺度，也是不存在的事物不存在的尺度。"如此，既强调了人的价值和决定作用，是古希腊人精神觉醒的重要标志，也歌颂了人的伟大和高贵，肯定和突出了人的地位、价值和力量，也体现了自由是天赋人权，不可侵犯和抛弃的思想。

这为以人为本精神的弘扬光大奠定了坚实基础。到了中世纪，当欧洲依然笼罩着教会神权统治的时候，各个领域的思想家们开启了思想解放运动，肇始于14世纪，绵延到19世纪。其核心价值就在于：重新弘扬以人为本的理念，渐次推动了人文主义、人道主义、人本主义思潮的发生发展，波澜壮阔。

逐渐地，"以人为本"成为西方文艺复兴时期人文主义的共同口号。其主要精神就是强调以作为个体而存在的"人"为出发点，以实现人应有的权益为宗旨，立足于反对中世纪的封建专制和宗教压迫，强调人的生存权利、充分享受世俗生活的权利、爱和被爱的权利等。在这种精神基础上，大力倡导人性解放，追求个性自由，因而具有人性解放的意义。

与之相对应，在遥远的东方，我国古代典籍中也记录了先哲的人本主义精神和思想。最早提出"以人为本"这一概念和名称的，是春秋时期的《管子》。这本书记录的是春秋时期法家代表人物、齐国名相管仲（前725年前后—前645年）及其学派的核心思想。《管子》的思想以黄老道家为主，在提出以法治国的具体方案的同时，非常重视道德教育的基础作用，主张以人为本。《管子·霸言》中提出："夫霸王之所始也，以人为本。本理则国固，本乱则国危。"由此可见，中西方关于以人为本的人本理念和认识，有异曲同工之妙。

后来，西方国家在以人为本思想的基础上，产生了人本主义理论，时间是20世纪五六十年代，地点是美国，创立者是心理学家马斯洛（1908—1970年），核心人物除马斯洛外，还有罗杰斯（1902—1987年）。20世纪七八十年代人本主义理论迅速发展，成为一个学派：人本学派。人本学派的主要思想是：强调人的尊严、价值、创造力和自我实现，把人的本性的自我实现归结为潜能的发挥，而潜能是一种类似本能的性质。

马斯洛将人的需要分为两大类、七个层次，好像一座金字塔，由下而上依次是生理的需要、安全的需要、归属与爱的需要、尊重的需要、认识的需要、审美的需要、自我实现的需要。他认为人类有真、善、美、正义、欢乐等内在本性，具有共同的价值观和道德标准。人如何达到自我实现？关键在于改善人的“自知”或自我意识，让人能够认识到自我的内在潜能或价值。只有这样，人才可以达到自我实现。

人本主义对现代教育产生了深刻的影响，那就是强调爱、创造性、自我表现、自主性、责任心等心理品质和人格特征的培育。作为人本主义心理学的创始人，马斯洛充分肯定人的尊严和价值，积极倡导人的潜能的实现。罗杰斯也同样强调人的自我表现、情感与主体性接纳，认为教育的目标是要培养健全的人格，必须创造出一个积极的成长环境。

在人本主义影响下产生的人本主义教育思想，在关注教学中知识的传授、认知的发展，以及学生的情感、兴趣、动机的同时，也注重对学生内在心理世界的了解，在对学生日常行为的管理中，顺应学生的需要、经验以及个性差异，去开发学生的潜能，激发起其认知与情感的相互作用，重视认知、情感等心理方面对学生行为的制约作用。在润物细无声之中，呵护受教育者的心灵，激发潜能，矫正行为偏颇。

（三）实践启示：好像什么痕迹都没留下，但又好像什么痕迹都凿进去了

案例呈现里，蒂姆·哈德利校长在小学生杰克逊为患癌症的爷爷剃光头而遭到同学嘲笑事件的处理上，给我们留下了人本主义理念教育行为的深刻启示。

（1）在充分关注每个学生成长的前提下，细腻体察孩子的喜怒哀乐及需要的支持。蒂姆·哈德利校长得知杰克逊剃光头的原因后，明白了杰克逊的善良、体贴、爱心，也知道杰克逊为此感到满足、愉快。而来自同学们的嘲笑，会使杰克逊受到打击、沮丧、伤心，这不利于杰克逊的身心成长。

在此情况下，作为校长，他深深懂得杰克逊需要强有力的支持和帮助，需要一种受到他人关怀的温暖、受到他人尊重的温暖。因为，处在这个阶段的孩子，这种受关怀、受尊重需要的满足，完全取决于他人，包括自己的同学。而那些嘲讽他的同学，并不知道自己的嘲讽是不恰当的、错误的。

（2）如果发现学生行为不当，应以巧妙的方式引导和矫正。在杰克逊遭到同学的嘲讽时，蒂姆·哈德利校长知道此时的杰克逊还不能明白，包括同学在内的别人对他的情感和态度、对他的关怀与尊重，都是他们根据自己的判断来的。而当下，有的同学不具备应有的成熟的社会价值观，不能透过现象看背后的东西，还不能明辨是非，不能设身处地地理解杰克逊、尊重杰克逊。这时候，需要作为校长、作为老师的他以身作则，树立一个榜样、一个标志，引导学生，矫正那些嘲讽杰克逊的学生的行为。

（3）最好的教育，是身体力行。蒂姆·哈德利校长用剃光头来支持杰克逊的行动，会给杰克逊以及其他学生一个引导，让他们把蒂姆·哈德利校长这种充分尊重每个学生、体谅每个学生、关怀每个学生的价值观念放在心中，慢慢内化，变成自我人格的一部分，变成内化了的社会价值规范。只有这样，学生们才能在以后的生活中，充分发挥个人的机

能，领悟自己的本性，学会互相信赖、互相温暖，并且可以自由表达自己的思想和感情，自由自在地健康发展。

杰出的教育者、杰出的老师给学生的成长带来的影响，就如蒂姆·哈德利校长这样，在波澜不惊的生活点滴中呈现：好像什么痕迹都没留下，但又好像什么痕迹都凿进去了。

（四）成长建议：让自己成为一棵树、一片云

德国存在主义哲学家、神学家、精神病学家雅斯贝尔斯在强调每个人存在的独特和自由性时说："教育的本质意味着，一棵树摇动另一棵树，一朵云推动另一朵云，一个灵魂唤醒另一个灵魂。"①

因此，一个教师，一个教育管理者，要想更好地培养学生，就需要成为一棵树、一片云，具有丰盈敏感的灵魂。

首先，深刻认知人文情怀的核心，即尊重人的主体地位、个性差异、个体需求，激发人内在的美好精神和潜能，助推人的自由全面发展。在心灵深处种下这样的信念：人是一种物质生命的存在，更是一种精神、文化的存在；人是自身发展、社会发展的支配者；人的价值体现在社会价值和个体价值的统一；人的主体性必须得到尊重，包括个体生命、政治倾向、精神生活、社会生活；人的需求是多方面、多层次的，既有物质层面的，更有精神文化层面的；人的努力奋斗，既是为了满足生存需要、安全需要，更是为了满足自我发展、自我完善、自我实现的需要；只有激发人的主观能动性，使人处于自由、积极、主动，而非外力强制的状态才能真正实现人的全面发展。

其次，清晰知晓每个人都是独立的个体，就像一株草、一片叶、一滴水，敞亮在生活中、在自然里。人，都有各不相同的喜怒哀乐、家庭现状。没有人可以凌驾在别人之上，以自己的好恶去评价别人、打击别人。任何恶言恶语都是对别人的伤害，都是对他人的不尊重。很多时候，我们看不惯别人，不是因为别人有错误，只是因为别人和我们不一样。因此，自己要谨言慎行，也要密切关注学生的言行，以及言行背后的生活真实、情感真实。

最后，深深懂得人性的美好，并在需要时及时对学生加以引导。每个人都具有各不相同的善意善行，就像杰克逊为患癌症的爷爷剃光头，蒂姆·哈德利校长为力挺杰克逊剃光头。即便是孩子，也有因为爱而产生的担当精神、道义行为；即便是老师，也可以在率性和笑容里，自然而然地把人美好的担当精神、道义行为推而广之。作为老师，需及时发现学生的美好行为和美好情怀，进而帮助其发扬光大，从而使生活之美、人生之美在学生日常岁月中发芽、成长、壮大，成为各自精神中最好的部分。

当教师自己成为一棵树、一片云，才能像夏日初阳穿过万物，或者像一把种子撒在土里，给学生带去足够一生享用的精神食粮，陪着他们去寻找梦想落地时的幸福。

---

① 卡尔·雅斯贝尔斯．什么是教育．邹进，译．北京：生活·读书·新知三联书店，1991.

二、独立人格

（一）案例呈现：培养孩子独立人格

罗斯福培养孩子独立人格的故事

美国第32任总统罗斯福对孩子的教育，最突出的就是格外注重对孩子人格与品性的培养。

罗斯福的大儿子詹姆斯20岁那年去欧洲旅行，临回来前买了一匹好马，然后打电报向父亲求援。父亲回电话说："你和你的马游泳回来吧！"詹姆斯无奈，知道父亲是在有意培养他的独立人格，只好卖掉了马作为路费回家。

对儿子，他有句名言："在儿子面前，我不是总统，只是父亲。"

他反对孩子们依靠父母过寄生生活，坚决让孩子们自食其力。"二战"打响后，罗斯福的四个儿子都上了前线。后来罗斯福病故，他们依然坚守在各自的军舰上，以这种特殊的方式为父亲送行，告慰父亲的在天之灵。

（二）理论阐述："人是自身的目的，不是工具"

独立人格是指人的独立性、自主性、创造性。一个人具有独立人格的具体表现就是既不仰仗外在精神权威，也不依附现实政治力量，在人生历程中向着追求真理的方向前行时，有独立判断力，有独立自主精神，敢于独立行动；在处理各种事件时，能够独立思考、独立判断、独立实践，理性、坚韧，注重维护自我参与决策的权利。

德国作家和古典哲学创始人康德说："人生活在目的的王国中。人是自身的目的，不是工具。人是自己立法自己遵守的自由人。人也是自然的立法者。"①

独立人格的形成有独特的轨迹。

首先，人作为独立的生命个体，从懂得世事以后就会面临与生俱来的追问：我是谁？我从哪里来？将往何处去？此生我为何而活？人生意义在何处？

但是，由于人的秉性差异，有些人能够清晰意识到这些问题，并且有自己独立的答案，有些人则意识不到，也就不会有相应的答案。也就是说，有些人既是一种肉体存在，也是一种精神存在，而有些人则不具备较强的精神性。这样，就导致有些人具有独立的人格，而有些人则不具备。缺少独立人格的人，因为不能拥有真正的自我，可能成为别人精神的奴役，不能独立思考，无法形成独立的价值观念，常常生活在奴役之中，却不知晓，有时还乐而为之。他们有的是为所崇拜的偶像而活，有的是纯粹为金钱而活，有的甚至根本就不知为什么而活，糊里糊涂，一辈子缺少自我。

其次，作为生命的独立个体，人的最高境界是追求独立的精神价值，形成高度独立的人格，有独立的思维、独立的行为准则，有选择独立生活方式的权利。但是，每个人从出

---

① 康德．实践理性批判．韩水法，译．北京：商务出版社，2017．

生的那天起便无时无刻不处在各种各样的束缚和制约之中，被来自环境、文化、家庭、社会的各种无形框架局限着。

面对束缚，有些人敢于抗争，一边反抗，一边发展自己、完善自己，践行自己的人生理想，追寻自己的人生目标，实现自己的人生价值。一生的历程，就是力争成为最好的自己的过程。有些人则畏缩害怕，裹足不前，没有清晰的自我意识、人生目标、价值判断，时时处处都在听从别人的号令，唯别人的马首是瞻，更不会懂得人生的意义，无法实现内在自我的发展与完善。

同时，独立人格的形成也受人格特质的影响。科学研究发现，由于行为、思维和情感不同，人格特质是有很大差异的，这种差异大大影响着每个人独立人格的形成：

第一，开放性特质：富有想象力，不墨守成规，具有艺术气质。相对应的是拘泥、僵化和教条。

第二，外倾性特质：开朗、合群、热情、喜欢社交。相对应的是谨慎、内敛、害羞。

第三，尽责性特质：勤劳、可依赖、有序。相对应的是不可靠、粗心大意。

第四，宜人性特质：富有同情心，合作性强，对人信任。相对应的是易怒、暴躁和充满敌意。

第五，神经质特质：善变，容易担忧、焦虑和愤怒。[①] 相对应的是稳定、乐观、平和。

（三）实践启示：“路要靠自己去走，才能越走越宽”

罗斯福对孩子独立人格的培养实例，给我们提供了可资借鉴的家庭教育和学校教育启示。作为教育工作者，无论是在家庭培养子女的独立人格，还是在学校培养学生的独立人格，都应注重从以下几方面着手。

1. 总体方向

让孩子在成人之后，能够及时与原生家庭分离。这种分离是物理性的，能够让孩子学会自我生存、自我发展、自我负责；也是精神上的、心理上的，即让孩子和父母建立清晰的边界意识，不会轻易受父母的干扰，也不会轻易越界干扰父母的思想和行动。

2. 行动目标

能够让孩子及时适应新环境、新状态。当他们独立进入社会，进入新的生活环境、工作环境时，要善于深入了解环境、熟悉环境、适应环境，处理好自我和环境的新关系，并很快在新环境里扎根、发展。在应对新的挑战和困境时，能够很好地应对，顺利过关，完成工作，进入生活状态。如果遇到人生重大抉择、重要关口，也能依据自己的世界观、人生观、生活观，作出良好决断，选择适合自己的方向，开启新的人生阶段。

3. 内在提升

让孩子能掌控自己的情绪。人的心灵就像是一艘船，不良情绪都是有重量的，如果一个人不懂得管理自己的情绪，就会不停地往心灵之船中装有重量的东西。时间久了，

① 罗兰·米勒．亲密关系．王伟平，译．北京：人民邮电出版社，2017.

心灵之船总有一天会被这些不良情绪压得不堪重负。因此，拥有独立人格的人一定能够善于处理自己的不良情绪，善于掌控自己的情绪，使之尽量少受他人影响，也尽量不让自己的不良情绪影响他人。为什么有些人在生活或工作中，只是很小的一件事，就会引发特别大的脾气？原因在于他在自己的成长环境中以及成年后的家庭和工作中，累积了很多愤怒，这些愤怒早就积压成了一个烈性炸药包，而那件小事只不过是一根导火线。

4. 自我展现

让孩子敢于表达自己的情感和价值观，哪怕与别人有很大的不同。遇到具体事情时，不以权威为标准，看问题有主见、客观、全面、理性。在处理问题时，能在是和非之外，找到更多的可能性。无论是工作，还是家庭生活，也无论遇到多大的困境和难题，都能拥有足够的智慧来面对和处理。因为具有独立人格的人，内心有一套自我价值标准，不会随波逐流。

这一切，正像法国著名波兰裔科学家、物理学家、化学家居里夫人所说的那样："路要靠自己去走，才能越走越宽。"

(四) 成长建议："世界上最坚强的人，就是独立的人"

每个教师都能够把自己最好的东西传递给学生，但永远无法给出他自己也没有的东西。因此，要培养学生的独立人格，教师自身就需要具备独立意识和独立人格。

对很多中小学教师来说，左有上级领导指示，右有各种文件规定，前有各种专家指导，后有高考、会考、中考指标要求，压力巨大，困境重重，如何保持自己的人格尊严，如何以自己的独立人格去影响学生、教育学生呢?

首先，必须树立保持自我人格独立的意识。在这个强烈的意识下，内心明确自己作为生命的独立个体，应有完全独立的精神价值、独立的思维、独立的行为准则，具有选择独立生活方式的权利。

其次，能够在实践中形成自我独立人格价值取向，比如独立思考，独立实践，理性辨析，自我控制情绪，善于维护自己的权益，积极参与社会活动。

最后，能够把自己的独立人格和独立精神渗透到日常教学工作中去。以中学语文教师为例，人教版教科书中体现独立人格的作家作品很多，如苏轼《前赤壁赋》、鲁迅《纪念刘和珍君》、毛泽东《沁园春·长沙》、马丁·路德·金《我有一个梦想》等。可以结合这些课文和课后的一些开放性的练习题，进行一些开放性的讨论，带领学生进行思考，指导学生进行比较、去伪存真，让学生的灵魂在教学过程中得到沐浴，增强学生对自我独立精神的认同感。具体来说，主要从以下几个维度进行：

(1) 教学内容维度。一是从文本中感受作者独特的人格气质；二是注重挖掘作品中容易被忽略的独立人格内容。

(2) 教学方法维度。一是在宽松的氛围中张扬个性；二是以对话式教学建构"我和你"的人际关系；三是在阅读教学中，重视学生个体的独特体验；四是个性化的作文教学。

(3) 学习方式的维度。一是激发学生自主、合作、探究的学习方式；二是学会尊重别人的发言与负责任地表达。

(4) 评价标准维度。一是重视学生的差别性、精准性、固定性；二是注重评价主体的多元性。

总之，能够强化独立人格意识，拥有独立思想、独立行动能力，又能在教学中点滴渗透、润物无声地培养学生的独立人格，就是真正有光亮、有力量的教师了。

正如挪威戏剧家、欧洲近代戏剧的创始人易卜生所说的那样："世界上最坚强的人，就是独立的人。"

三、自由灵魂

(一) 案例呈现：不屈服于命运，不退缩于对手

不屈服于命运，不退缩于对手

乔治·戈登·拜伦，不仅是英国 19 世纪初期伟大的浪漫主义诗人，还是一个为理想战斗一生的勇士。他参加了希腊民族解放运动，积极而勇敢地投身其中，成为领导人之一。这是因为，他拥有一颗决意追求自由的灵魂。

拜伦有一只脚天生是跛的，这使他性格格外敏感，加上没落贵族的家庭，造就了他极强的自尊心和不屈的精神。

在他十岁那年，家族的世袭爵位及产业落到他身上，使他成为拜伦第六世勋爵。三年后，为了同拜伦的贵族地位和身份相称，家里送他到哈罗公学就读。这所已有 200 多年历史的著名学府，素有名望，在英国历史上培养了许多知名人物。

在这所学校里，拜伦对自由灵魂的孜孜以求在许多小事上日益彰显，让他的生命力蓬勃旺盛起来。

他天生跛足，身体也比较虚弱，和同学相处时，难免受到同学欺侮。一开始他总是忍着，默然而过。但是后来，一件事让他终于觉醒了。

那一天，拜伦正在球场边看人打球，一个名叫印司的同学心生恶意，故意拉他上场，让他出丑。其实印司和大家一样，知道跛足的拜伦是不可能去打球的，但这个印司不依不饶。他见拜伦无论如何也不愿上场，就找来一个竹篮子，强迫拜伦把一只脚放进去，然后强拉着拜伦绕着场边走一圈。

"哈哈哈"，场边的同学都哄堂大笑，把拜伦当马戏团的小丑。

这件事大大刺激了拜伦，他一下子明白了一个强有力的好身体有多重要。自己，无论如何也必须强壮起来，具有抗摔打、抗暴力的能力，才能真正活得像个男人！

在那之后，拜伦每天都坚持锻炼身体，进行各项运动，打球、拳击、击剑、游泳，只要能做的，他都参加，都自我练习，风雨无阻。

之后，有一次学校开运动会，拜伦一下子报名了拳击和游泳两个项目。

阴差阳错，在拳击比赛中，拜伦和印司恰好碰到了一起。同学们以为拜伦根本不是

印司的对手，甚至不堪一击，因为印司十分强壮，他肯定可以轻而易举地战胜跛足的拜伦。

可是，比赛开始后，印司竟然渐渐体力不支，最终被越战越勇、意志力超群的拜伦打翻在地。

再之后，拜伦又在游泳比赛中拿了冠军，更令所有人惊诧不已。

从此之后，再没有人敢小看拜伦了，更别说嘲笑戏谑了。偶尔还有人想试探性地欺负他，每次都遭遇到拜伦毫不退缩的还击，败下阵去。

这种自由精神，不屈灵魂，也表现在了他的作品中：不屈服于命运，不退缩于对手，勇敢应战，顽强斗争。他塑造的人物，也因此被称为“拜伦式英雄”①。

（二）理论阐述：“只有自由的灵魂才能永葆青春”

马克思、恩格斯在《共产党宣言》中指出，取代资产阶级的社会的，“将是这样一个联合体，在那里，每个人的自由发展是一切人的自由发展的条件”。马克思在《资本论》中也说：“一个把每一个人都有完全的自由发展作为根本原则的高级社会形态。”检索《马克思恩格斯全集》可知，《德意志意识形态》是他们关于个人自由发展的最早、最系统的思想：在共产主义社会中，即在个人的独创的和自由的发展不再是一句空话的唯一的社会中，这种发展正是取决于个人间的联系，而这种个人间的联系则表现在下列三个方面，即经济前提，一切人的自由发展的必要的团结一致以及在现有生产力基础上的个人的共同生活方式。

个人的自由发展，其重要基础就是要具有自由的灵魂。

当下，在科学技术进步和社会生产力发展的大背景下，人们的物质生活水平得到了很大提高，但是精神生活方面的问题却越来越多。站在历史唯物主义的角度看人与世界，每一个个体的解放程度，都是与历史完全转变为世界历史的程度一致的。个人在精神上的现实是丰富的还是贫乏的，取决于他和现实之间的关系。那么，在当下世界日益走向全球化的背景下，如何在学校教育中理解和把握精神生活的时代状况，与时俱进反思和省察精神生活存在的问题，思考和澄明精神生活的理路和方向，也是教师和教育管理者最重要的课题。

南怀瑾先生曾经说过，真正的贵族精神，有三根重要的支柱，一是文化的教养，二是社会的担当，三是自由的灵魂。

但是，什么是自由的灵魂，每个人都有自己的理解。总体而言，自由的灵魂包括以下几个层面：第一，对把握不准的事物和方向，能够明白自己是不确定的，客观而谦逊。第二，能够尽力去理解别人的见解，理解别人的思想。第三，对别人的利益与自己的利益能够一视同仁，不带偏见，一并考虑。第四，心存万物平等、公正仁慈的理念。第五，有独立的意志，坚强勇敢，坚忍不拔，一直向着强化自我的方向奋进。同时，在权力与金钱面前敢于说不，具有知性与道德的自主性，能够超越时尚与潮流，不为政治强权与多数人的

---

① 鹤见佑辅．拜伦传．陈秋帆，译．长沙：湖南人民出版社，1981.

意见所奴役。

德国著名作家让·保·里克特说："只有自由的灵魂才能永葆青春。"苏联作家高尔基也说："思想自由是一个人所能得到的唯一的、最珍贵的自由。"

（三）实践启示：自由是人性完善的主要力量

在自我成长历程中，无论是教师还是学生，首先都必须是一个独立自强的人。自我中自由精神的培养，是家庭教育、学校教育的事，更是每个人自我教育的事。外界的所有教育目的只能通过个人才能实现，因此，自由的灵魂首先必须来自个人自我的追求。在上述案例中，拜伦的自由灵魂最主要的源头，是他那颗决意追求自由的心。

在天生跛脚的情况下，他形成了格外敏感的性格，有极强的自尊心和不屈的精神。在学校里，一开始他是退缩的、怯懦的，但是同学印司的恶作剧一下子激活了他内在追求自由灵魂的生命力，让他从此走向了自强与抗争的新阶段。他每天坚持锻炼，强身健体，学习各种运动项目，强化自我能力。正因如此，他才会在后来的学校运动会里脱颖而出，并且有力回击了欺负他的同学印司，以崭新的形象出现在众人面前。

其实，在这个过程中强化的最主要的不是他的身体，而是一个倔强、不屈服于命运、不退缩于对手、勇敢应战、顽强斗争的自由灵魂。而这种灵魂又从此呈现在他的作品中，成为感染人心的最迷人的力量。这种力量和他本人与他的作品，共同构成了"拜伦式英雄"的意蕴。

一个国家的强大，一个时代的强大，首先是每一个个体的强大。而个体的强大，首先在于个体的灵魂自由，在于独立精神。正如爱因斯坦所说："一个人的真正价值首先取决于他在什么程度上和什么意义上从自我解放出来。"可以肯定，没有精神高度自由的爱因斯坦，就不会有充满想象力和创造力的天才的《相对论》。

无论是家庭教育，还是学校教育、自我教育，第一要义都是培养人的自由灵魂。独立意识、自强意识，在一定时刻必然会唤起人潜藏在生命深处的自由精神。身为教师或教学管理者，只有自身先具有自我精神，才能明白教师对学生展开的教育和管理者从事的管理工作，目的都不是要管住人，而是激发人的自由精神，培养人的自由精神。因为，人是焕发创造力的主要源头，自由是人性完善的主要力量。

（四）成长建议：身虽未动，心已远行的超越

印度诗人泰戈尔说："只有人类精神能够蔑视一切限制，相信它的最后成功，将它的探照灯照向黑暗的远方。"

在中国古代文化中，以老庄为代表的道家所呈现的生命理想，最接近身体自由和精神自由的状态。老子的"道法自然"，就是以诗性的笔墨告诉我们，大道之行，是遵循宇宙运行法则、社会运行法则、人生运行法则的合一。

其后，庄子把老子的思想与个人生命形态结合到更为紧密、更为艺术的境界，因而他对自由的感受也更为强烈。在《逍遥游》中，庄子以瑰丽的笔墨描写的大鹏正是他心灵驰骋和自由精神腾飞的象征，它能扶摇直上九万里，能背负青天激越云间，上可飞天下可入

水，自由往来于天地间。那颗自由自在的心，开阔六合，涵纳古今，超越世俗，纵横时空，达于化境。

庄子把自己的生活现状自比为曳尾涂中的龟，把自己的内心状态自命为鹓鸰之凤，高飞于空，不染纤尘，可以变为蝴蝶翩翩而飞，物我合一。与其说这是一种庄子的心灵理想，不如说是一种内心体验。在无处不受限制的世俗生活中，唯有心的自由，才是一个人精神自由的最佳境界。生存在天地之间，人力所能永远是有遗憾的，人生环境永远是被设限的，而心的开阔可以超越现实局限，使人自由翱翔在无边无际的精神世界。

无独有偶，如庄子这般能以一具受现实艰难拘束的身躯，放飞一颗自由快乐洒脱的智慧之心的，还有儒家学派里孔子的得意门生颜回："一箪食，一瓢饮，在陋巷，人不堪其忧，回也不改其乐。"箪食瓢饮，清贫陋巷，别人都不堪忧苦，只有颜回不改其乐，安然自得。这种身虽未动，心已远行的超越，就是自由灵魂闪烁的星光。

第二节 教师的审美素养

一、审美经验

审美观念是随着修养而进步的，修养愈深，审美程度愈高。

——蔡元培

（一）案例呈现：对五四时期经典诗歌《天狗》的阅读体验

《天狗》阅读体验教学案例

讲到20世纪初期的中国现代诗歌，我们肯定要讲到最能体现五四的时代特色、被现代文学史公认为经典的作品——郭沫若的《女神》，因为它标志着新诗初期创作的最高成就。我们以其中的名篇《天狗》为例，完全自主阅读，不带任何成见地去获取阅读后的第一印象和直观感受。

天狗

我是一条天狗呀！
我把月来吞了，
我把日来吞了，
我把一切的星球来吞了，

我把全宇宙来吞了。
我便是我了！

我是月的光，
我是日的光，
我是一切星球的光，
我是X光线的光，
我是全宇宙的Energy的总量！

我飞奔，
我狂叫，
我燃烧。

我如烈火一样地燃烧！
我如大海一样地狂叫！
我如电气一样地飞跑！
我飞跑，
我飞跑，
我飞跑，
我剥我的皮，
我食我的肉，
我吸我的血，
我啮我的心肝，
我在我神经上飞跑，
我在我脊髓上飞跑，
我在我脑筋上飞跑。

我便是我呀！
我的我要爆了！

调查显示，不少学生第一次阅读此诗时，内心并不喜欢这首诗，因为感觉没有诗情画意，没有含蓄温婉的诗歌的韵味，甚至不理解这怎么就成为五四经典名篇了？当然这跟传统的诗中有画和画中有诗的意境美与意象美的唯美审美趣味有关，一般而言，学生第一次阅读《天狗》时很难有能力从中国文学史发展的链条上深思经典之为经典的价值和意义。

笔者曾尝试让学生在没有任何思想准备的情况下，自由地表述对《天狗》这首诗的第一印象或直观感受。反馈结果是，有喜欢的，有不喜欢的，还有读了没有任何感觉的，也有质疑这首诗的创作意义的。记得有一位女学生说这首诗狂躁无聊，是“神经病”。而另一位喜欢此诗的男生却说，太痛快淋漓了，太酷了，正好最近心情不爽，要是能够站在香山鬼见愁山顶上大声朗诵或大声呐喊几遍，一定更加开心！这是一种常见的仁者见仁、智者见智的审美体验，也是一种两极分化的阅读现象。

文学专业的两极阅读现象是指，一方面文学史和文学评论专家对某部作品评价很高，而另一方面一般读者却对其评价很低，甚至不感兴趣。这里实际上就存在着一个审美经验的问题。

（二）理论阐述：审美经验是一种审美活动的主观感受

审美经验是属于美学与美育范畴的概念。“美”人人都知道，美景、美文、美食、美梦……在日常生活中“美”字使用频率很高，但是“美”是什么，以及美学与美育是什么，却不是人人都能够表达准确的。“美本身加到任何一件事物上面，就使那件事物成其为美，不管它是一块石头，一块木头，一个人，一个神，一个动作，还是一门学问。”① 美学是与“美”有关的学问，是突出运用形象和直接的体验方式，通过具体审美活动研究人的感性认知的整体形象的人文学科。美育是关于“美”的教育，也称审美教育或美感教育。

“美”在甲骨文中的本义是头戴花环的人，引申义是令人满意的、称心如意的人或事物。《说文解字》里“美”字归“羊”部，称“美，甘也。从羊从大。羊大则美”。古人很早就知道利用装饰物来扮美了，最美的打扮是“戴羊角”，形成了“以羊人为美”的审美观点，也有人解释为“羊大为美”。“美”又引申为满意的、得意的、称心的，诸如美餐、美酒、美味、美貌、美意、美德、美名、美誉等，“美”既是物质的感性存在，也与人的感性需要直接相关，具有社会理性精神。

审美是人类理解世界的一种特殊形式，指人与自然和社会形成的一种无功利的、形象的和情感的关系状态。审美是在理智与情感、主观与客观上认识、理解、感知和评判世界上的存在。“审”需要主体详究、考察、知悉、介入，“美”是“审”的客体或对象。

经验，一般是指人们在同客观事物直接接触的过程中通过感觉器官获得的关于客观事物的现象和外部联系的认识。个人的经验经过实践检验是正确的，就可以上升为普遍经验。普遍经验是建立在个人经验的基础之上的，所以任何经验都是主观的经验。

审美经验，是指审美主体在审美活动中感受、知觉审美对象（自然、艺术作品和其他人类审美产品）时所产生的愉快的心理体验，是人的内在心理活动与审美对象（其表面形态及深刻内蕴）之间相互交流、相互作用的结果。审美经验永远不可能离开具体审美对象的感性特征，总是在直接感受审美对象的过程中产生的。

（三）实践启示：“美不在乎外表，而在乎内在的精神”

从前面的《天狗》教学案例中，我们发现，虽然《女神》在五四时代能够引起年轻读者的共鸣，《天狗》最能体现五四的时代精神，但是时过境迁，由于对历史和作者的隔膜，脱离五四环境和时代背景的年轻读者就较难被《天狗》唤起热情，也较难产生那么大的时

① 柏拉图．文艺对话集．朱光潜，译．北京：人民文学出版社，1963.

代共鸣和情绪反响。

诗人郭沫若在《蜩螗集·神明时代的展开》中说："美不在乎外表，而在乎内在的精神。"所以作为教师，我们无须去否定学生的第一阅读感受。学生所有的直观感受和第一印象都无所谓对与错。反而是学生的不同感受和阅读体验，给了我们更多新鲜的多元化的解读体悟。问题的关键是作为教师，应该怎么给予已经具有一定审美定势经验和不同知识基础背景的学生正确的价值引导和审美导向，使学生能够体验到这类狂放粗糙的诗歌的内在精神。

无论是 20 世纪八九十年代的学生，还是 21 世纪更年轻的学生，在阅读《天狗》时，主观感受和第一印象都难免是其形式上的粗糙散漫和艺术方面不完善不优雅的特质，这就是所谓不同时代背景下不同的审美体验。《天狗》很难在内容方面提供深刻的思想，也很难使人感受到悠扬的细腻诗情，但是在反映五四时代特色方面，确是先锋先觉的诗歌，是打破桎梏、张扬自由与自我精神的白话诗，契合了五四青年读者的审美趣味，在宣泄主观情绪方面确是让人感到有一种淋漓尽致的愉悦感。

朱光潜在《文艺心理学》中指出："美感经验是一种极端的聚精会神的心理状态。"如上阅读诗歌的案例给我们以下启示：

（1）审美经验具有直观性的特点。审美经验就是形象的直观和直感。直观可以分为个体直观与本质直观两种类型，多数人最初的审美经验都是个人化的直观感受。

（2）审美经验具有非功利性的特点。正如朱光潜所说："美感的世界纯粹是意象世界，超乎利害关系而独立。"

（3）审美经验具有超越性的特点。"美感经验的特征就在物我两忘。""美和实际人生有一个距离，要见出事物本身的美，须把它摆在适当的距离之外去看。"教师要引领学生在第一直觉的基础上，回到历史的现场去进行本质直观的体验与感悟。

（四）成长建议：尊重每一位学生的个体直观的审美感受

首先，教师需要尊重每一位学生的个体直观的审美感受。每一个个体的审美经验是不同的，不是先入为主的，也不是经过理性思考的。教师要能够在学生直观感受、审美第一印象和第一感受的基础上，帮助学生梳理直观感受的合理之处和值得肯定的有价值的地方，引导学生突破碎片化的感受的局限，进一步思考直观感受背后的原因以及第一印象背后值得理性思量的地方。同时，引导学生在个体直觉的基础上，运用理性的思考，尝试回归审美对象本来特质的体验和共鸣感悟，由个体直观逐渐靠近本质直观。

其次，教师可以尝试采用知人论文、知人论世的方法，体察审美对象的非功利性价值和超越时代的积极的传承意义。教师可以带领学生回到审美对象的历史现场，从更加广阔的视野重新审视审美对象，比如结合诗歌作品的历史背景，作家的创作思想、个性特点和创作出发点，以及当时的阅读风气等，思考经典能够成为经典的时代特征和深层原因。任何经典作品都是时代的产物，都具有不可重复之美，教师可以尝试引导学生从作品和读者所构成的互动互涉的关系中去寻找历史的现实感，理解经典之为经典的原因，而不是局限于自己个人化的感受和主观认识。任何经典作品的独特魅力的产生都离不开特定历史氛围下阅读的心境和读者的反应。

蔡元培认为："美学观念者，基本于快与不快之感。与科学之属于知见，道德之发于意志者，相为对待。科学在乎探究，故论理学之判断，所以别真伪。道德在乎执行，故伦理学之判断，所以别善恶。美感在乎赏鉴，故美学之判断，所以别美丑。是吾人意识发展之各方面也。"作为21世纪的学习者，应该采用扬弃的态度，对经典作品或富于现实意义的审美对象，以更加理性的态度和合乎美学的鉴赏方法去判断和评价，尝试消除历史距离或其他因素带来的隔膜，不仅仅是从一个偏狭的主观视角解读，也不仅仅是以不加思考、支离破碎的感受来评价，而是能够真正感受到审美对象的时代精神、领略其特有的审美价值。

二、审美情趣

（一）案例呈现：一部关于爱与音乐的电影——《放牛班的春天》

用音乐开启生命的春天

《放牛班的春天》是2004年上映的一部法国音乐电影，以回忆的手法讲述了一位怀才不遇的过气的音乐家马修来到一家被叫作"池塘之底"的辅育院（教养中心）担任代课教师的故事。所谓"放牛班"就是最差班的意思，马修面对的不是普通学生，而是许多有问题的学生，他们大多数都是父母丢弃或无暇教育的野男孩，因此需要一些特殊的教育方式。

已经秃顶的助理教师马修到任后，发现学校的校长以残暴高压的手段管理整治这些问题少年，体罚在这里司空见惯。马修尝试用自己的方法改善这种状况，他利用自己的专业特长创作一些合唱曲目，在这所没有音乐课的寄宿学校里，组建了第一个男生合唱团，用音乐的方法来打开学生们封闭扭曲的心灵。弱小的贝比诺是马修在校门口遇到的第一个男孩，他在战争中失去了父母，不会唱歌却依然获得了马修老师的喜爱和保护。马修让贝比诺坐在身后担任音乐指挥助理，无依无靠的小男孩在音乐的浸润中得到了良好的启蒙，当马修被校长辞退时，他拎着小包袱追到了校外，将马修老师当成了最值得信赖的亲人。拥有天使面孔和天籁歌喉却喜欢恶作剧的调皮的皮埃尔，在马修老师的循循善诱下，将音乐天赋发挥得淋漓尽致，逐渐走上了正轨，长大后成为世界著名的大音乐家。

马修老师的出现改变了辅育院的氛围，为孩子们带来了温暖和爱。马修并没有接受过正规的教育训练，也没有很长的教龄，他只不过是一个郁郁不得志的音乐家，就是这样一个失落的助理教师，对这班调皮捣蛋的孩子投入了最真切的关爱，才使这些孩子产生了天翻地覆的变化。马修老师组建音乐合唱团，以平等之心看待品行顽劣的学生，通过音乐课堂中的音乐活动提高学生的参与度，通过美妙的旋律和积极向上的歌词提高教师与学生之间的情感交流，促进男生与男生之间的互动团结，与院长简单粗暴的体罚形成鲜明的对比。在轻松愉悦的音乐氛围里，这些学生更容易体验音乐之美，提高自身的审美体验，进而形成向善的审美情趣，甚至通过音乐改变了自己的命运。

（二）理论阐述：培养良好的审美情趣，是进行审美教育的重要任务

审美情趣，又称审美趣味，是指人们根据自己的审美观点，对自然界和社会生活中的各种现象和事物以及艺术作品的审美价值所持有的审美态度，是一种直接的富有情感的审美判断和审美评价。审美情趣是主要以个人主观爱好的形式表现出来的审美选择的倾向性。人们的审美情趣不同，既与每个人所处的社会生活状况和所进行的社会实践有关，也与自身的审美经验、审美观点和审美理想有关。培养良好的审美情趣，是进行审美教育的重要任务。

中国现代著名教育家梅贻琦一直倡导培养全面发展的人才，主张对学生实施全面教育，主张德智体美劳群诸育并举的教育思想，重视培养对国家和社会建设有用的通才。梅贻琦对人的和谐发展的教育思想，对我们今天的素质教育仍有很强的借鉴作用。“以人为本”的学校教育离不开培养学生正确的价值观以及健康的心态和审美情趣。

培养发展学生的审美情趣主要有两个途径。第一个途径就是我们通常所说的艺术教育，即通过艺术学科来对学生进行艺术熏陶和情趣培养。第二个途径就是审美教育，强调用自然美、社会美等一切美的形式，来涵养智慧、陶冶心灵。对于教育工作者来说，发展学生的审美素养就是提升学生发现美的水平。

（三）实践启示：爱与音乐是可以治愈心灵创伤的良药

电影《放牛班的春天》是关于一位音乐家马修老师用音乐唤醒学生们的审美情趣，用音乐救赎孩子们心灵的故事。马修老师的爱与音乐成了治愈孩子们心灵创伤的良药，男声合唱团的歌声是辅育院抚慰人心、滋养灵魂的阳光和清流。马修老师听到孩子们唱着羞辱他的“光头光头，你完蛋了，这里不是你当王”的自创歌曲时，并没有表现出气恼和愤怒，反而引领孩子们成立了一个全新的合唱团。作为音乐教师，马修对于合唱团的音乐课堂活动设计，是培养学生情感、唤醒学生审美趣味的一种方式。在设计歌词“我们是池塘畔底辅育院的精英，正因如此我们才令人伤透脑筋”时，他重视每一位学生的参与度，逐一分出高音、中音和低音。马修老师让孩子们排列整齐，跟着音乐的旋律，大声唱出歌词，孩子们慢慢变得开朗起来，眼神也变得清亮起来。这些淘气顽皮的男孩们在音乐课堂活动中参与了共同的情感体验和审美创造，更重要的是，马修老师通过自己所设计的音乐课堂活动培养了学生健康的情感、快乐的态度和向善的价值观。

罗曼·罗兰说过：“音乐是最情感的艺术。”音乐教育的特征也是情感性的，在马修老师的教学过程中，无论学生扮演的是什么角色，即使是五音不全的男孩作为乐谱架子，他也是集体中的一分子，也是在参与全班的审美活动，马修老师调动了每一个学生的学习情趣，大家都成为音乐共鸣和互动的情感体验者。在学校教育中，在音乐审美活动中，教师引导学生体验审美情趣、感受音乐的丰富情感是极为有效的唤醒孩子们愉悦情感和集体荣誉感的美育活动。

（四）成长建议：音乐教育能够培养学生的高尚情感

提高学生审美情趣，音乐是一种很好的途径，音乐的美育功能能够培养学生的高尚情感。如电影《放牛班的春天》中的马修老师，在音乐教育中设计出符合学生心理认知的、合理的、有利于学生审美情感培养的音乐合唱活动，起到了很好的感染情感、凝聚人心、培育正向价值观的积极作用，改变了学校严苛的教育方式和学生的散漫作风。2011 年版的《义务教育音乐课程标准》中指出："通过音乐教育培养和提高学生感受美、表现美、鉴赏美、创造美的能力，陶冶情操，发展个性，启迪智慧，丰富和发展形象思维，激发创新意识和创造能力，全面提升学生的素质。"音乐的美育功能可以培育人们美好、和谐、完整的情感，用学生喜闻乐见的形式唤醒学生自身真正的情感。通过音乐活动培养学生的审美情感，符合新课程标准实施背景下对在音乐教育中实施审美教育的要求。

首先，教师实施教学策略需要时刻以学生为核心。新课程改革的核心是发展以学生为中心的教育方式。教师需要针对学生不同的心理特点，选择合适的教学方法，合理地帮助学生在教学活动中提高审美情趣。在教学内容的选择上，可以选择与时代紧密结合的主题或学生感兴趣和期望学到的知识等。

其次，教师需要创设形象生动、富有感染力的教学情境。比如开展爱国歌曲教育，引导学生学唱包含民族情感与爱国情感的红歌，让学生们体会到歌曲的内涵，如表现革命乐观主义精神的《游击队之歌》、表现爱国主义精神的《我和我的祖国》、表现革命英雄主义精神的《红军不怕远征难》等，借助音乐艺术熏陶，帮助学生们形成一种积极向上的心态，逐渐提升学生人文素质与审美情趣。

三、审美能力

（一）案例呈现：由一堂制作狐狸面具与笑脸面具的美术课得到的启示

由一堂制作狐狸面具与笑脸面具的美术课得到的启示

以下是初一美术课程"制作面具"一课的真实案例[①]：

导入阶段，老师：同学们还记得我们小时候玩过的一种面具吗？是唐僧、孙悟空、猪八戒、沙僧师徒四人的面具。

学生齐声回答：记得。

老师：相信大家也都记忆犹新，那么今天我们就来学习制作面具吧！

学生兴致勃勃，纷纷开始动手拿纸，拿剪刀等工具。

老师：我们开始动手制作之前，老师有一个要求，今天制作的面具，必须是我们自己创作的，不可以跟其他同学的一样，也不能抄袭书本上的，必须是根据自己的想象画出来的。

---

① 刘鹏程．汤原一中美术课堂关于提高学生审美能力和创造力的案例分析．哈尔滨：哈尔滨师范大学，2015.

学生这时纷纷开始努力构思，有一些同学已经皱起了眉头开始犯难。

这时老师说：首先听老师演示和讲解制作面具的步骤，大家仔细看好。老师给大家演示的是制作一个狐狸面具的步骤。第一步，我们要把构思出来的面具的图案画在纸的中间，不管是动物还是人物或者卡通人物都要先画出草稿。第二步，同学们要把画好的草稿拿给老师看过之后才能定稿。第三步，定稿之后拿勾线笔把图案全都画下来，画完之后用马克笔或者水彩笔涂上我们自己喜欢的搭配好的颜色。第四步，把这个图案剪下来，两侧用胶水粘上我们事先准备好的细绳，这个面具才算制作完成了。

这时学生们早就跃跃欲试，迫不及待想要动手，于是不管三七二十一马上开始动手画了起来。

老师看见有的同学在画动物，如猴子、小狗等，有的同学则在凭自己的记忆画自己喜欢的动画人物，还有一些同学在画游戏人物，整个教室的气氛空前的活跃。

在来回巡视的过程中老师发现，中间组最后一桌的男同学始终低着头，好像在桌子下面摆弄什么东西，老师快速走过去，发现他在桌子下面玩手机，手机正停在QQ界面上，于是老师问他为什么不遵守课堂纪律，不动手制作，反而在玩手机，他只说了一句“我不会”，之后就再也不抬头也不说话了，产生了很强的逆反心理。于是老师问他：“你聊QQ的时候喜欢用QQ表情吗？你最喜欢哪个表情？”这时他抬起头看老师，脸上明显没有敌意了，他说：“我喜欢龇牙大笑的表情。”老师说：“那好，你既然喜欢，那这节课你就做个大笑表情的面具吧！如果你做得好，老师就给你一次机会，不会没收你的手机。”他很痛快地答应了。

这节课快结束的时候，老师看见那位男同学已经做好了一个大笑的表情，并戴在了头上，正在跟前桌的同学炫耀，于是老师把他的面具拿了过来，对大家说：“同学们看这位同学的面具，构思新颖吗？他把QQ表情稍作改动制作了这个面具，大家说做得好不好？”同学们都纷纷说好。这时老师看见他的脸上露出了一种羞愧的神情，这次事件之后，这位男同学再也没有在美术课堂上玩过手机，也没有再跟老师“对抗”过。这节课的课后作业是，把班级学生分成12个小组，来制作中国十二生肖的面具，在下节课的课堂上展示。

这个教学案例出自一篇硕士论文，案例之后并没有马上给出让学生获得审美能力的有效答案。但是这堂真实的教师制作狐狸面具和学生制作笑脸面具的美术课，不禁引起了笔者的深思，美术教师通过这样一堂实操性很强的美术课，希望达到怎样的教学目标？期待学生获得怎样的审美鉴赏能力？

（二）理论阐述：审美活动是发现美和创造美的实践活动

审美鉴赏能力是审美能力的一种，一般是指在审美鉴赏活动中主体对审美对象进行鉴别、理解和评价的能力。审美鉴赏是在审美感知的基础上加以理性的充分参与而进行的，需要调动想象、思维、情感等心理因素，特别是依据一些明确的专门化的审美标准去鉴别审美对象，然后从中获得美的享受。因而审美鉴赏能力与审美主体的生理状况、心理结构、审美经验、美学知识、文化素养有关，更与主体的审美鉴赏标准有直接关系。主体的审美鉴赏标准因其审美观的不同而显现出个性差异，但审美鉴赏标准有较强的理性因素，受人类共同的审美实践和审美对象的制约，因此个体审美鉴赏能力，既存在个性差异，也存在着历史共性。

审美的过程就是发现美的过程，审美水平就是发现美的能力。因为美是相对的，所以没有完全绝对的和一成不变的固定的标准。我们常说生活中不缺少美，而是缺少发现美的眼睛。以“美”育人，一方面是让学生学会体察美和欣赏美，另一方面更难得的是让学生掌握发现美和亲手创造美的能力。

（三）实践启示：美育课程与学生生活和学习经验是密切相关的

如上“制作面具”的美术教学案例，是来自从事初中美术教学工作已经 4 年的美术教师的真实案例，他通过对课堂教学工作的总结，以及对平时课堂教学情况的分析，针对初中学生学习美术的兴趣递减的问题，从自身做起，转变传统的教学观念，从课堂教学开始抓起，培养学生学习美术的兴趣，进而使用培养学生审美能力和创造力的具体课堂教学方法开展实践活动。

这位年轻的美术教师从调动学生学习的积极性、激发学生的兴趣入手，从了解初中学生心理出发，在课堂上尽量避免伤害学生的自尊心，尊重学生的独立见解。通过对学生课堂表现的观察，及时给予积极引导，改变课堂灌输式教学模式，激发学生学习兴趣，鼓励学生自己动手创作。这是一位讲求师生互动、及时发现问题、以鼓励为主的年轻老师，有很多值得肯定的地方。在调动兴趣的基础上，这位教师可以在树立正确的审美观方面做进一步的深化实践探索，比如狐狸面具的制作，狐狸的形象既有美丽聪明的一面，也有虚伪狡猾的一面，由此教师可以引导学生思考面具本身具有保护和伪装的双重作用。

苏轼在《超然台记》中曾说：“凡物皆有可观。苟有可观，皆有可乐，非必怪奇玮丽者也。”这位美术教师也可以带领学生解读日本动漫中狐狸面具的意义，从多元文化的角度理解面具的作用，狐狸在日本是稻荷神的象征，是人类和神之间的信使，佩戴狐狸面具是希望能拥有占卜丰凶的神奇力量。教师进而可以进行外在美与内在美统一、内在美重于外在美的中国传统文化精神的渗透，启发学生思考善与美的关系，包括对下一节课十二生肖的文化意蕴的提示以及对玩手机 QQ 的学生制作的 QQ 笑脸是仁爱的象征和快乐的源泉的审美价值导引等。

目前学校艺术教育内容越来越多元化，也越来越丰富多彩。美育教育同样需要打破传统的过多关注专业知识和技能的教学桎梏，加强与外部世界的各种连接和文化联系，了解多元文化内涵，提高学生对不同事物的感知能力。实际上美育课程与学生生活和学习经验是密切相关的，教师可以通过多种活动激发学生的想象力和创造力，帮助学生获得积极的情感体验，进而提升学生在实操过程中的审美意识和审美能力。

（四）成长建议：在实践活动中提高学生的审美创造力

从事美育工作的教师本身的教学观念和艺术创造力会影响学生的审美思维和课堂教学效果。通常来说美术等艺术类教学活动更注重主观体验，一般没有标准答案，所以教师需要更加关注教学活动的生成性和学生实操实践的回应性。如在面具制作的教学案例中，教师重视学生自己动手的创造性，也善于发现学生的个别化问题，找到学生能够接受的方式去完成面具制作。如果这位美术老师能够在制作面具的目的和价值引导方面做得更清晰和更到位的话，将会使这堂课更生动饱满、更有精神内涵。

关于成长建议，首先是树立向善向上的美育理念。教育是一项以人格影响人格，以生命影响生命，以创造激活创造的事业。美育课需要引导学生思考美是什么，美的本质就是美的事物之所以为美的最根本的性质。从主观方面认识美和探索美，不同的文化会有不同的情感体验和审美感受，这里需要注意人作为主体的主导作用。美是生活，美不是虚无缥缈的，美既是现实的社会生活，也是一种理想的生活。

其次是在活动中提高学生的审美创造力，要让学生在自然与生活中体验美，在动手实践中去感受美和创造美。皮亚杰曾说："思想是内化的行动。"他认为活动是主体认识客体的最初的中介物，因此美育应强调使教育对象在亲身感受、亲自操作、互动体验中发展自己的心理能力，生成与众不同的创造能力。教师需要将传授示范与激发鼓励相结合。美育是教师与学生的双边活动，教师应激发学生的审美动机和审美表现的热情，注意唤起学生的兴趣，着力创设审美氛围，营造一个自然和谐、有利于身心的互动场，摒弃单一灌输和简单的安排与提示。教师应尊重每一个作为个体的学生的审美个性，因材施教，不强求学生接受所谓统一的审美标准和单一规范，真正让学生在活动中、在实践中累积丰富的审美体验，提升审美能力。

四、审美理想

（一）案例呈现：《蜗牛》入选中学生爱国主义歌曲推荐目录

《蜗牛》入选中学生爱国主义歌曲推荐目录

该不该搁下重重的壳
寻找到底哪里有蓝天
随着轻轻的风轻轻地飘
历经的伤都不感觉疼
我要一步一步往上爬
等待阳光静静看着它的脸
小小的天有大大的梦想
重重的壳裹着轻轻的仰望
我要一步一步往上爬
在最高点乘着叶片往前飞
小小的天流过的泪和汗
总有一天我有属于我的天
我要一步一步往上爬
在最高点乘着叶片往前飞

任风吹干流过的泪和汗
我要一步一步往上爬
等待阳光静静看着它的脸
小小的天有大大的梦想
我有属于我的天
任风吹干流过的泪和汗
总有一天我有属于我的天

这是歌手周杰伦作词、作曲的《蜗牛》，是世界展望会的公益活动的主题曲。2005 年这首《蜗牛》被收入上海中学生爱国主义歌曲推荐目录之列，同时被收入的还有《真心英雄》《中国人》等多首港台流行歌曲。上海市德育教育工作有关负责人称，由政府部门出面向学生推荐歌曲这还是第一次，向中学生推荐的 100 首歌曲主要还是学生喜欢唱的，民族精神教育绝不是说教，要适应儿童少年身心成长的特点和接受能力。这件事引发了整个社会以及教育界讨论的热潮。一时间从四面八方涌来了斥责、批评、赞许的不同声音。我们头脑中的爱国歌曲的形式被彻底颠覆，雄赳赳、气昂昂，让人热血沸腾、豪气冲天、振奋人心的旋律被抒情化、大众化、通俗易懂的流行歌曲所代替。偶像的影响力是无穷的，就像冬天禁锢不了春绿的蔓延，老师根本无法阻挡流行歌曲的种子在学生中间蔓延。男生女生异口同声唱起《蜗牛》，这首流行歌曲正式走进了校园和课堂。孩子们单纯地喜欢这首歌曲的态度和行为，“在很大程度上反映了新世纪青少年们的审美水平与对待流行文化的心态”①。

（二）理论阐述：审美理想是形象性与观念性的完美融合

审美理想是人们对于美的最高要求和愿望，是人类审美意识高度发展的产物，是在审美感受的基础上形成的对美的一种完善形态的憧憬和向往，是一种指向未来、指向人的生活远景的创造性想象的成果。它既是具体的、形象的，又蕴含着人的系统化的理性需求。审美理想一经形成，便会渗透于审美感受之中，对一定时代、一定民族和一定阶级的美的欣赏和创造，起着能动的指导作用和规范作用。艺术作品是审美理想的集中体现，只有反映出审美理想中的时代性和民族性，才能具有强大的艺术魅力和艺术生命力。

席勒认为，现代文化建立的是一种个体与社会、精神与物质、感性与理性分裂的文化，在这种文化中，人性的完整性被破坏。而重建完整人性的途径是对人进行审美教育，建设为人的自由完整生活提供基础的审美文化。作为审美文化的结晶与升华，审美理想与一般的社会理想、观念有所不同，它有经验性的形象特征，非逻辑概念所能涵盖或替代，但是要充分表现审美理想，将其变成任何人都可以接受的东西，艺术作品是一种最佳途径。艺术作品对现实的反映是一种以审美理想为媒介的认识，往往比现实美更高、更集中、更典型。艺术家的审美理想大体上决定了艺术作品的倾向性。

审美理想多是人们在自己民族的审美文化氛围里形成的，由个人的审美体验和人格境

---

① 章峥．关于建构青少年审美理想的思考．人民音乐，2006（4）．

界所肯定的关于美的观念尺度和范型模式。审美理想产生于社会实践中，人的全部社会活动，从一定意义上说，就是不断地认识现实、产生理想，并实现理想的过程。诗人泰戈尔认为，积极的审美活动既能给人以高尚的精神愉悦，又能抹去宇宙间一切分裂的痕迹，创造出真实完整的物质世界，谱写出爱的颂歌和生命的乐章。

审美理想以感性形象方式存在于审美主体的心灵之中。审美理想首先是以具象性形态而存在的，在这种具象之中，体现着符合“美的规律”的抽象必然性，就是观念特色。审美理想是具体的存在，理想之所以是理想，在于具体形象之中蕴含了抽象观念，内在目的性见诸感性形态。审美理想是形象性与观念性的完美融合，是具象事物与抽象理念的有机统一。

（三）实践启示：树立健康向上、积极向善的审美理想

《蜗牛》是周杰伦事业处于低谷时期创作的歌曲，当时他每天给别人写歌，心情非常不好，于是写下了这首歌，一方面是为了自我勉励，另一方面也是为了鼓励像自己一样的年轻人，即使渺小如蜗牛也要为了梦想的目标一步一步往上爬。音乐是可以感化人心的。这首歌积极向上，鼓励年轻人不要被现实击垮，即使渺小如蜗牛也要努力向上前行，相信天道酬勤，相信阳光的普照，相信总会拥有属于自己的一片天空。歌词朴实无华，曲调舒缓而不失温暖，给人以向上的力量，是一首深受青少年喜爱的歌曲，具有净化心灵，鼓励追求理想，培养良好的水滴石穿精神品质的积极作用。

十几年前关于《蜗牛》入选爱国主义歌曲推荐目录的激烈讨论，焦点在于《蜗牛》是否应该归于爱国主义歌曲。反对者认为这首歌与爱国无关，入选太牵强；支持者则认为歌曲鼓励青少年奋发向上，是彰显民族精神和凝聚力的体现。关于爱国主义，除了指个人或集体对祖国的一种积极和支持的态度、依存的关系，也是人们对自己家园以及民族和文化的归属感、认同感、尊严感与荣誉感的统一。爱国主义集中表现为民族自尊心、民族自信心以及为祖国不懈努力的奋斗精神。爱国，就要爱祖国的文化，就要守护中华优秀传统文化。从歌唱坚忍不拔的民族精神、适应青少年的接受能力的角度来看，《蜗牛》具有积极向上的正面能量，入选爱国主义歌曲是一种消解简单说教的积极导向。

从审美价值来看，虽然《蜗牛》歌词带有个人化的情绪表达，但歌词像一股暖流可以温暖正在成长期的青少年的心灵。学习的压力，如重重的蜗牛之壳，学习之辛苦，也像蜗牛一样，需要一步一步往上爬，稍不留神便会掉下来，再爬，小小的蜗牛，说明每个人都在负重前行。虽然渺小如蜗牛，但也要去寻找属于自己的蓝天，不畏伤痛、坚持不懈。歌词中这种渴望阳光、追求梦想而永不放弃、自强不息的积极精神，能够鼓舞青少年努力奋斗。

从审美理想来看，《蜗牛》的歌词朗朗上口，曲风舒缓，意境优美，能够让歌唱者在蓝天、阳光、绿叶、轻轻的风、随着叶片往前飞的审美感受的基础上，形成对美好理想的憧憬和向往，是一种苦乐交加、无怨无悔、奋斗向前、指向未来、指向幸福生活远景的创造性想象的形象性与观念性的和谐融合。

2001 年，《蜗牛》入选了上海“二期课改”初中一年级上学期使用的《音乐》教材，被收入励志歌曲单元。2014 年 6 月，语文出版社修订的新版教材小学三年级的延伸阅读中收录《蜗牛》。这是教材编写者尊重青少年审美情趣的明智选择。作为教育工作者，今天我们仍然要思考如何全面提升学生的审美素养，通过什么样的审美教育途径和科学的方法去引导学生培养审美趣味，陶冶“思无邪”的情感，激发对祖国文化的热爱，树立健康向上、积极向善的审美理想。

（四）成长建议：以不背离道德的审美理想指导学生的审美实践活动

审美理想对审美创造起着选择和导向的作用。作为教师，需要以不背离道德、符合美善意愿的审美理想指导学生的审美创造和实践活动。

《周易》有言：“天行健，君子以自强不息。”教师应引领学生有所作为，追求更高的人生境界，遵循天道和仁德之本，勤劳勇敢地发奋图强，与时俱进，蓬勃向前。三国时期的思想家、文学家嵇康提出：“人无志，非人也。”教师首先要做有理想的教师，力争成为有理想信念、有道德情操、有扎实学识、有仁爱之心的“四有好老师”，然后才能更加有信心和底气指导和感染学生，并引领学生努力成为有理想的、积极进取的、对自己负责、对社会有担当的有用之才。

首先教师需要身体力行，在正确的人生观和价值观的指导下，以自身良好的审美趣味和全面的审美能力对学生进行科学的引导，特别是需要注意针对学生不同发展时期的身心特点和个性化心理特征，帮助学生在审美理想方面作出审美经验的清晰与模糊、审美情趣的高与低、审美能力的强与弱的积极的正向的引导。

其次教师需要善于挖掘日常生活学习过程中的美善品质，张扬倡导健康积极的审美理想。指向未来、指向理想的审美理想有益于人生，能感发和唤醒学生心灵中的美好梦想，使之摆脱如蜗牛壳一般的压力和桎梏，保持旺盛的活力。教师的审美理想对学生的审美活动有极大的导向和激发作用，教师可以引导学生更敏锐地发现、感受和认识现实生活和艺术作品中的美与善，选择不背离道德、符合自己意愿的实践活动和值得追求的未来目标，激励学生为创造更新更美的理想生活而不懈奋斗。

总之，教师应有的审美素养包括审美经验、审美情趣、审美能力、审美理想等主要因素。教师的审美素养对于学生丰富感知美的审美经验、培养发现美和欣赏美的审美情趣、提高创造美的审美能力、树立健康积极的审美理想，具有选择教学、价值引导和实践感染的重要作用。如马克思所说，如果你想得到艺术的享受，那你就必须是一个有艺术修养的人；如果你想感化别人，那你就必须是一个实际上能鼓舞和推动别人前进的人。

一个具备审美素养的教师，应该成为蔡元培所说的“修养愈深，审美程度愈高”的教育家，应把教学当作艺术来看待。教师的审美素养直接影响教学美的创设与创造。在教学实践过程中，教师可以用审美的眼光来看待学生的不同个性，善于发现学生进步成长的闪光点，尽可能使用学生可以接受的方式实施教育，给予学生更多的赞赏和鼓励。优秀的教师总能以充满爱的审美经验和审美情趣，赋予平淡的教材和普通的课堂以诗情画意的亮色。教师的审美素养既表现为对美的欣赏能力的传播与感染，也体现为对学生审美文化的鉴别能力的鼓舞与推动，还渗透在对学生审美文化的创造能力的情感浸润和价值指导之中。

正如习近平总书记所言："教师是人类灵魂的工程师，是人类文明的传承者，承载着传播知识、传播思想、传播真理，塑造灵魂、塑造生命、塑造新人的时代重任。"具有崇高的审美理想、拥有仁爱之心、掌握精湛的教育艺术，是新时代教师努力的方向。

小 结

教师的人文情怀包含三个主要方面：人本观念、独立人格、自由灵魂。人本理念，就是以人为本的理念。以人为本，就是强调人与人之间要和谐、尊重、互信和支持。在人本主义影响下产生的人本主义教育思想，要求教师在关注教学中知识的传授、认知的发展，以及学生的情感、兴趣、动机的同时，也注重对学生内在心理世界的了解，在对学生的日常行为管理中，顺应学生的需要、经验以及个性差异，去开发学生的潜能，激发其认知与情感的相互作用，重视认知、情感等心理方面对学生行为的制约作用。在润物细无声之中，呵护受教育者的心灵，激发潜能，矫正行为偏颇。独立人格，则是指人的独立性、自主性、创造性。其具体表现就是一个人既不仰仗外在精神权威，也不依附现实政治力量，在人生历程中向着追求真理的方向前行时，有独立判断力，有独立自主精神，敢于独立行动；在处理各种事件时，能够独立思考、独立判断、独立实践，理性、坚韧，注重维护自我参与决策的权利。要培养学生的独立人格，老师自身就需要具备独立意识和独立人格。自由灵魂包括对把握不准的事物和方向，能够明白自己是不确定的，客观而谦逊；能够尽力去理解别人的见解，理解别人的思想；对别人的利益与自己的利益能够一视同仁，不带偏见，一并考虑；心存万物平等、公正仁慈的理念；有独立的意志，坚强勇敢，坚忍不拔，一直向着强化自我的方向奋进。同时，在权力与金钱面前敢于说不，具有知性与道德的自主性，能够超越时尚与潮流，不为政治强权与多数人的意见所奴役。

教师的审美素养包括审美经验、审美情趣、审美能力和审美理想。审美经验，是指审美主体在审美活动中感受、知觉审美对象时所产生的愉快的心理体验，是人的内在心理活动与审美对象之间相互交流、相互作用的结果。审美经验永远不可能离开具体审美对象的感性特征，总是在直接感受审美对象的过程中完成的。审美情趣，是指人们根据自己的审美观点，对自然界和社会生活中的各种现象和事物以及艺术作品的审美价值所持有的审美态度，是一种直接的富有情感的审美判断和审美评价。审美情趣是主要以个人主观爱好的形式而表现出来的审美选择的倾向性。审美鉴赏能力是审美能力的一种，是指在审美鉴赏活动中主体对审美对象进行鉴别、理解和评价的能力。审美能力强的教师，能迅速地发现美、捕捉住蕴藏在审美对象深处的本质性东西，并从感性认识上升为理性认识，从而带领学生创造美和设计美。审美理想是人们对于美的最高要求和愿望，是在审美感受的基础上形成的对美的一种完善形态的憧憬和向往，是一种指向未来、指向人的生活远景的创造性想象的成果。

图书在版编目（CIP）数据

从优秀到卓越：教师文化力的 12 项修炼/杨敏主编．—北京：中国人民大学出版社，2020.12
（教师发展力丛书）
ISBN 978-7-300-28552-8

Ⅰ.①从… Ⅱ.①杨… Ⅲ.①师资培养 Ⅳ.①G650

中国版本图书馆 CIP 数据核字（2020）第 171028 号

教师发展力丛书
丛书总主编　武丽志　孟繁胜
从优秀到卓越：教师文化力的 12 项修炼
主　编　杨　敏
副主编　孙传远　张轶斌
执笔人　杨　敏　孙传远　张轶斌　董丽敏　翁朱华　李爱铭　王宁宁
Cong Youxiu dao Zhuoyue：Jiaoshi Wenhuali de 12 Xiang Xiulian

出版发行	中国人民大学出版社		
社　址	北京中关村大街 31 号	**邮政编码**	100080
电　话	010－62511242（总编室）		010－62511770（质管部）
	010－82501766（邮购部）		010－62514148（门市部）
	010－62515195（发行公司）		010－62515275（盗版举报）
网　址	http://www.crup.com.cn		
经　销	新华书店		
印　刷	北京七色印务有限公司		
规　格	185 mm×260 mm　16 开本	**版　次**	2020 年 12 月第 1 版
印　张	15	**印　次**	2020 年 12 月第 1 次印刷
字　数	335 000	**定　价**	39.00 元